Anatomie de l'horreur
2

STEPHEN KING

Stephen King

Anatomie de l'horreur (Pages noires) 2

2

Présenté et annoté
par Jean-Pierre Croquet

Traduit de l'américain
par Jean-Daniel Brèque

Éditions J'ai lu

Remerciements à Jacques Baudou, Thomas Bauduret, Patrice Duvic, Thierry Lefèvre, Jean-Jacques Schleret, Roland C. Wagner et Gudrun Zett pour l'aide précieuse qu'ils ont apportée à l'élaboration de l'édition française d'Anatomie de l'horreur.

J.-P.C. & J.-D.B.

Titre original :

STEPHEN KING'S DANSE MACABRE

L'horreur moderne, défense et illustration

> « L'horreur est de bien des façons une expérience optimiste et positive ; c'est bien souvent grâce à elle que l'esprit tente de résoudre des problèmes qui ne sont pas forcément surnaturels, mais bien réels. »
>
> (*Anatomie de l'horreur*, chap. 9)

Qu'il n'y ait pas, comme on le prétend souvent, de météore en art est une vérité d'évidence. Un créateur, quel que soit le domaine dans lequel s'exerce son talent, est le produit d'influences multiples, et de la fréquentation des œuvres du passé comme de celles du présent naît sa spécificité.

Dans le cas d'une littérature de genre – comme le fantastique –, cette proposition se vérifie d'autant mieux que le créateur évolue dans un courant fortement codifié. Il lui appartient donc, avant de trouver la place qui sera la sienne, d'assimiler les règles du genre et de méditer les leçons de ceux qui l'ont précédé.

Ainsi peut-on dire que, par-delà l'analyse de l'horreur

sous ses aspects les plus divers, cet essai répond en filigrane à la question : comment devient-on Stephen King ?

De ce point de vue, plusieurs coins du voile ont déjà été levés. Aux évocations de films, de bandes dessinées, d'émissions de radio dont son imagination s'est nourrie, vient s'ajouter, dans le chapitre initial du tome II, une plongée dans l'univers de la télévision qui clôt l'étude de l'horreur envisagée sous son aspect médiatique.

La seconde partie de l'essai trouve alors son unité autour de l'analyse de dix livres exemplaires écrits entre les années 50 et le début des années 80.

Après avoir recensé, dans les premiers chapitres du tome I, les grands thèmes du fantastique – le Vampire, la Chose sans nom, le Loup-Garou et le Fantôme – tels que les auteurs du XIXᵉ siècle les avaient fixés, Stephen King s'attache à montrer comment s'est constitué, au fil d'une trentaine d'années, le courant dans lequel il se trouve inscrit, en un mot de quelle manière est apparue l'horreur moderne dont il est aujourd'hui le chef de file incontestable.

Interrogeant les œuvres de ses aînés – Ray Bradbury, Jack Finney, Shirley Jackson, Ira Levin, Richard Matheson – et celles des écrivains de sa génération – Ramsey Campbell, Harlan Ellison, James Herbert, Anne Rivers Siddons, Peter Straub –, il établit, extraits de textes et confidences des auteurs à l'appui, les caractéristiques essentielles de cette résurgence du fantastique dont les années 70 furent le témoin. Car si les graines de l'épouvante ont bien germé dans le terreau de la littérature gothique, les fruits, eux, ont subi au cours des décennies d'importantes mutations. Certes les grands axes restent les mêmes, et les romans que Stephen King étudie, parce qu'ils « [l'] ont terrifié en même temps qu'ils [l'] enchantaient », continuent de s'organiser autour du « mal intérieur » (façon Jekyll et Hyde) ou du « mal extérieur » (façon Dracula). De même, derrière le foisonnement des intrigues, perdure l'incessant combat que se livrent Apollon et Dionysos, l'ordre et le désordre.

Trois livres, cependant, publiés en l'espace de cinq ans – *Un bébé pour Rosemary* (1967) d'Ira Levin, *L'Exorciste* (1971) de William Peter Blatty et *L'Autre* (1971) de Thomas Tryon –, pesèrent d'un poids décisif dans la métamorphose du genre. Et ce pour trois raisons principales.

Immenses succès de librairie d'abord [1], touchant pour la première fois le grand public et non plus seulement, comme par le passé, la sphère des habituels amateurs, ils contribuèrent, au-delà parfois de leurs qualités littéraires (car Stephen King ne manifeste aucune admiration pour William Peter Blatty), à sortir le fantastique de son ghetto.

Deuxième caractéristique, ces trois livres ne sont plus des recueils de nouvelles, forme sous laquelle, après l'apparition du gothique, le genre s'était surtout épanoui, mais des romans intégrant, sur un parcours plus large, les ressorts du suspense.

Enfin et surtout, diables et fantômes débarrassés de leurs oripeaux de convention y apparaissent, non pas dans un prieuré hanté, dans un château en ruine ou

1. Ajoutons que ces trois romans furent rapidement portés à l'écran et qu'on consacra à leur adaptation des budgets importants, sans commune mesure avec ceux dont bénéficiait le cinéma fantastique, cantonné d'ordinaire à la série B. Comme le démontre Stephen King dans la première partie d'*Anatomie de l'horreur*, le cinéma contribua d'une manière décisive au succès de la nouvelle littérature d'horreur américaine.

dans un cimetière abandonné, mais dans le quotidien d'aujourd'hui.

Cette « terreur au grand soleil » que déjà Henry James appelait de ses vœux (sans pour autant y céder complètement), que Richard Matheson utilisa en franc-tireur dès les années 50, et qu'Anne Rivers Siddons, l'auteur de *La Maison d'à côté* (1978), définit, quelque vingt-cinq ans plus tard, comme « la juxtaposition du terrifiant et de l'ordinaire[2] », trouve sa pleine expression dans le courant renaissant de la littérature fantastique.

Néanmoins, notre approche serait bien incomplète si l'on omettait de souligner que le nouveau gothique se caractérise également par une mise en place de scènes chocs et par un grossissement des effets terrifiants. Ainsi, l'histoire d'horreur moderne, tournant le dos à l'ambiguïté et aux effets retenus des anciennes *ghost stories*, est d'autant plus réussie « qu'elle est violente et bariolée, qu'on lui permet d'exprimer toutes celles de ses qualités qui la rapprochent de l'opéra[3] ».

Qu'une telle esthétique – baroque s'il en est – conduise parfois à des excès ou à des surenchères n'a rien d'étonnant. Stephen King le reconnaît volontiers quand il ironise sur la tendance de ses confrères et de lui-même à « verser dans le mélodrame pantelant[4] ». Mais, souligne-t-il plus loin : « L'horreur et l'humour sont les frères siamois de la littérature [...] l'un ne va pas sans l'autre. » Entendons que tout cela n'est qu'un jeu.

Un jeu grave, certes, dans la mesure où « l'histoire

2. *Anatomie de l'horreur*, chap. 9.
3. Peter Straub, cité par Stephen King dans *Anatomie de l'horreur*, chap. 9.
4. *Anatomie de l'horreur*, chap. 9.

d'horreur est une répétition de notre mort[5] », mais, paradoxalement, de ce jeu ou – pour reprendre la métaphore qui court tout au long de l'essai – de cette danse avec la peur et la mort transparaît *in fine* « la réaffirmation de la vie ».

Outre la défense et l'illustration de l'horreur comme « expérience positive et optimiste », ce qui, sans doute, ressort le mieux de ce panorama de l'évolution du genre est l'honnêteté et la modestie de l'auteur. A aucun moment, le phénomène éditorial qu'il était déjà à l'époque de la rédaction d'*Anatomie de l'horreur* ne prétend nous donner de lui-même l'image d'un météore venu de nulle part et dont l'éclat, estompant les auteurs du passé, enverrait sous terre les tentatives de ses rivaux d'alors. Bien au contraire, ce qui se dégage de cette étude de quelques œuvres exemplaires – et plus généralement de l'ensemble de l'essai –, c'est l'idée d'une grande chaîne dont chaque maillon, qu'il soit le fait d'un obscur auteur de *pulps* ou d'un écrivain mondialement célèbre, est à sa manière utile et irremplaçable. Grands et petits maîtres ont contribué à l'élaboration du genre, et, glorieux ou oubliés, il s'en réclame et leur rend confraternellement hommage ; car sur ce point, de sa part, pas d'ambiguïté : sans eux, il ne serait pas le maître de l'horreur moderne ; en un mot, Stephen King ne serait pas Stephen King.

Reste maintenant, pour compléter cette préface, à brosser à grands traits la situation de l'horreur moderne depuis 1981, date à laquelle cet essai fut publié, et à se demander de quelle manière le genre a évolué. En d'autres termes, Stephen King s'est-il montré bon prophète ?

5. *Anatomie de l'horreur*, chap. 10.

Première constatation : à partir de la brèche ouverte par la « nouvelle vague des années 70 », dont la publication de *Carrie* (1974) constitue une date-phare, plusieurs romanciers importants ont fait leur entrée. Et ce sont, en grande partie, ceux dont Stephen King analyse les œuvres dans *Anatomie de l'horreur*, à savoir : Peter Straub, James Herbert et Ramsey Campbell. A ces auteurs, qui chacun ont tenu leurs promesses (passant même, dans le cas de James Herbert, « à la vitesse supérieure »), il convient d'ajouter le nom d'Anne Rice [6] qui, avec le cycle de Lestat le vampire (débuté en 1976 avec *Entretien avec un vampire*) et celui des sorcières Mayfair (débuté en 1990 avec *Le Lien maléfique*), s'est imposée comme la reine du gothique revisité, confirmant la remarque de Stephen King : « Il y a dans l'imagination sudiste quelque chose de fertile et de terrifiant et ce quelque chose s'exprime à merveille dans le genre gothique. »

Deuxième constatation : nous assistons depuis quelques années à ce que l'on pourrait appeler l'éclatement des genres. Déjà, dès 1981, Stephen King émettait les plus vives réserves quant à la pertinence des frontières séparant la science-fiction, la *fantasy* et l'horreur ; nombre de romans publiés depuis n'ont fait que confirmer cette nouvelle donne. Témoin *Le Pays du fou rire* (1980) de Jonathan Carroll, *Le Royaume des devins* (1987) de Clive Barker, *Le Mystère du lac* (1993) de Robert McCammon ou le propre cycle de Stephen King, *La Tour sombre* (débuté en 1982), romans qui, tous à leur façon, célèbrent les noces de la *fantasy* et de l'horreur. De la même manière, *Miroirs de sang* (1977) et *Le Rideau de ténèbres* (1984) de Dean R. Koontz, comme

6. Anne Rice est née en 1941 à La Nouvelle-Orléans. La plupart des intrigues de ses romans gravitent autour de la Louisiane.

Mystery (1990) et *La Gorge* (1993) de Peter Straub, font tomber les barrières entre fantastique et enquête policière.

Enfin, deux auteurs méritent une mention particulière. Il s'agit de Clive Barker[7] et de Dan Simmons[8].

Le premier est sans doute porteur de l'innovation la plus marquante de la décennie dans la mesure où, prenant d'entrée de jeu le parti de la marginalité contre celui de l'ordre, il a réussi, au travers de sa série de recueils de nouvelles regroupée sous le titre général de *Livres de sang* (1984-1985), à bouleverser l'idée jusque-là admise que le dernier mot revenait en fin de compte à Apollon. Avec Clive Barker, Dionysos triomphe, et cette voie, encore peu fréquentée, pourrait bien être, selon la formule de Stephen King, « le futur de l'horreur ».

Quant à Dan Simmons, sa connaissance étendue du fantastique et de la science-fiction lui permet de revisiter d'une manière profonde les thèmes les plus éculés, de dresser entre le fantastique, l'histoire (le nazisme dans *L'Echiquier du mal*, 1989) et l'actualité (l'après-Ceauşescu et le sida dans *Les Fils des ténèbres*, 1992) des ponts jusqu'alors inédits.

En manière de conclusion, j'aimerais souligner que Stephen King reste aujourd'hui, d'une manière permanente, attentif à toute nouvelle publication dans le domaine de l'horreur. Sur ce point, les fantastiqueurs anglo-saxons peuvent compter sur son aide, car jamais il n'hésite à mettre le poids de sa réputation pour aider à la promotion du livre d'un confrère, que celui-ci soit un écrivain débutant ou un inquiétant rival.

7. Ecrivain britannique né en 1952.
8. Ecrivain américain né en 1948.

Autant dire que l'auteur à succès n'a pas tué en lui l'enfant capable d'enthousiasme et d'émerveillement. Son oreille reste indéfiniment à l'écoute de « la main qui applaudit toute seule, un son que seuls les meilleurs écrivains de fantastique peuvent nous faire entendre [9] ».

Jean-Pierre CROQUET

9. *Anatomie de l'horreur*, chap. 10.

CHAPITRE 8

Le téton de verre
ou
Ce monstre vous était offert
par Gainesburgers

1

Ecoutez-moi, ô foules ignorantes, j'ai une révélation à vous faire : si vous pensez que la télé vous pompe l'air, vous vous mettez le doigt dans l'œil jusqu'au coude. Comme l'a fait remarquer Harlan Ellison[1] dans ses essais tantôt hilarants et tantôt dévastateurs, la télé ne vous pompe pas ; c'est vous qui la pompez. Ellison a écrit un brûlot en deux volumes sur la télé qu'il a intitulé *The Glass Teat*, et si vous ne l'avez pas lu, permettez-moi de vous le recommander sans réserve : jamais on n'a conçu boussole plus efficace pour explorer ce territoire. Quand j'ai dévoré ces bouquins il y a trois ans, le fait qu'Ellison ait consacré autant de temps et de pages à des séries aussi peu mémorables qu'*Opération Danger*[2] ne m'a pas empêché d'être aussi secoué que si je venais d'entendre un discours-fleuve de Fidel Castro. Je veux dire : d'un Fidel Castro dont on aurait rechargé les batteries.

Ellison ne cesse de revenir à la télévision dans ses

œuvres, tel un homme magnétisé par un serpent dont il sait que la morsure lui sera fatale. Pour une raison qui m'échappe, la longue introduction de son recueil *Hitler peignait des roses*[3] (un livre sur lequel nous reviendrons dans le chapitre suivant) est une diatribe contre la télé, intitulée « Enfin révélé ! Ce qui a tué les dinosaures ! Et ça n'a pas l'air d'aller très fort vous non plus ».

Résumée à ses idées-forces, la thèse ellisonienne apparaît toute simple et guère originale (pour l'originalité, reportez-vous à son style) : la télé pourrit tout, affirme Ellison. Elle pourrit les histoires ; elle pourrit ceux qui les racontent ; et elle finit par pourrir ceux qui les regardent ; le lait qui coule de ce téton est un lait empoisonné. Voilà une thèse qui ne souffre aucune contestation de ma part, mais permettez-moi de souligner deux faits.

Harlan a une télé. Une grande télé.

J'ai une télé encore plus grande que la sienne. En fait, c'est une Panasonic Cinema Vision qui domine tout un coin de ma salle de séjour.

Mea culpa, d'accord.

Je n'ai aucun mal à expliquer la présence d'une télé chez Harlan et chez moi, même s'il m'est impossible de l'excuser – et je me dois d'ajouter que Harlan est célibataire et qu'il peut regarder cette abomination vingt heures par jour si ça lui chante sans déranger personne. En ce qui me concerne, ma maison abrite trois enfants – âgés de quatre, huit et dix ans – qui sont exposés à ce gadget diabolique ; aux radiations et aux couleurs artificielles de cette étrange lucarne donnant sur un univers racoleur où la caméra reluque le postérieur des modèles de *Playboy* quand elle ne s'attarde pas avec amour sur une vision matérialiste des classes super-supérieures totalement étrangère à l'expérience de l'Américain

moyen. La famine est devenue un mode de vie au Bia-
fra ; au Cambodge, des enfants mourants défèquent
leurs intestins atrophiés ; au Proche-Orient, une variété
de folie messianique menace d'anéantir toute forme de
raison ; et ici, en Amérique, nous sommes fascinés par
Richard Dawson, le présentateur de *Family Feud*[4], et
par Buddy Ebsen dans le rôle de Barnaby Jones. J'ai
parfois l'impression que mes trois gamins en savent
davantage sur Gilligan, le Capitaine et Mr. Howell que
sur l'incident de Three Mile Island. En fait, j'en suis
convaincu.

L'horreur n'a guère connu de succès à la télé, si l'on
excepte le journal du soir, où des films nous montrant
des GI's aux jambes arrachées, des villages et des
enfants en flammes, des cadavres entassés dans des fos-
ses communes et des portions de jungle saturées
d'Agent Orange ont poussé les jeunes de ce pays à descendre dans les rues, à allumer des bougies et à enton-
ner des chants pacifistes jusqu'à ce que nos *boys* quittent
le Viêt-nam, laissant la place aux Nord-Vietnamiens et
à une nouvelle série de famines à grande échelle – sans
oublier des champions de l'humanitaire comme ce
vieux Pol Pot. Cette triste saga n'avait pas grand-chose
à voir avec une série télé, pas vrai ? A votre avis,
aurait-on assisté à de telles stupidités dans un épisode
de *Hawaii, police d'Etat*[5] ? Bien sûr que non. Si Steve
McGarrett avait été président des U.S.A. entre 1968 et
1976, on aurait évité cette débâcle. Steve, Danny et Chin
Ho[6] auraient eu vite fait de remettre de l'ordre en Indo-
chine.

Les horreurs que nous abordons dans cet ouvrage se
caractérisent avant tout par leur irréalité (un fait dont
Harlan Ellison lui-même est conscient ; il refuse que le
contenu de ses livres soit décrit par l'étiquette *fantastique*). Nous avons déjà traité la question suivante :

« Pourquoi écrire des histoires d'horreur dans un monde déjà peuplé d'horreurs réelles ? » ; si l'horreur n'a guère connu la réussite à la télévision, c'est à mon avis à cause d'une constatation fort proche de cette question : « Il est difficile de concevoir une bonne histoire d'horreur dans un monde déjà peuplé d'horreurs réelles. » Un spectre rôdant dans la tour d'un manoir écossais ne tient pas la route face à des missiles de plusieurs milliers de mégatonnes, à des armes bactériologiques ou à des centrales nucléaires apparemment construites par des gamins de dix ans médiocrement doués pour le Meccano. Même ce bon vieux Leatherface, le héros de *Massacre à la tronçonneuse,* pâlit à côté de ces troupeaux de moutons de l'Utah tués par un de nos meilleurs gaz de combat. Si le vent avait soufflé dans une autre direction lorsque la fuite s'est produite, les citoyens de Salt Lake City seraient aussi raides que ces pauvres moutons. Et laissez-moi vous le dire, mes chers amis, un jour ou l'autre le vent soufflera dans la bonne direction. Vous pouvez me croire ; transmettez le message à votre député. Le vent finit toujours par tourner.

Quoi qu'il en soit, l'horreur télévisuelle est possible. Il existe des créateurs suffisamment passionnés pour susciter cette émotion chez le spectateur, et il est plutôt réconfortant de constater que nos semblables, pourtant exposés à toutes les horreurs de ce bas monde, peuvent encore pousser des cris d'effroi devant des spectacles foncièrement impossibles. Un scénariste et un metteur en scène peuvent parvenir à ce résultat... *à condition qu'ils aient les mains libres.*

Si l'écrivain souffre de travailler pour la télévision, c'est parce qu'elle lui interdit de faire usage de son potentiel ; à cet égard, le scénariste de télévision est victime d'un sort étrangement semblable à celui que

Kurt Vonnegut Jr[7] réserve à l'humanité tout entière dans sa nouvelle *Pauvre Surhomme* : les gens les plus intelligents sont coiffés d'une casquette leur dispensant périodiquement des électrochocs, les plus agiles doivent porter des poids, les artistes se voient affublés de lunettes dont les verres affectent leur perception de la réalité. L'espèce humaine vit désormais dans un état de parfaite égalité... mais à quel prix !

Le scénariste de télé idéal est un mec ou une nana doué d'une parcelle de talent, d'un culot monstre et de l'âme d'un robot. Dans le jargon hollywoodien, qui peut être d'une exquise vulgarité, il ou elle doit « fournir de bons meetings ». Si l'une de ces qualifications vient à lui manquer, le scénariste risque de se retrouver dans le même état d'esprit que le pauvre surhomme de Vonnegut. C'est pour cette raison, à mon avis, que Harlan Ellison, qui a notamment écrit des scripts pour *Star Trek*, *Au-delà du réel* et *The Young Lawyers*[8], est devenu un peu cinglé. Mais s'il ne l'était pas, il serait impossible de le respecter. Sa folie est assimilable à une médaille, tout comme les ulcères de Joseph Wambaugh[9] (créateur de la série *Police Story*[10]). Rien n'empêche un écrivain de gagner son pain quotidien grâce à la télé ; il lui suffit d'avoir des ondes alpha de faible amplitude et de considérer l'écriture comme l'équivalent mental du travail de manutentionnaire.

Cette situation résulte en partie des règlements fédéraux et en partie du célèbre adage qui veut que le pouvoir corrompe et que le pouvoir absolu corrompe absolument. La quasi-totalité des foyers américains est équipée d'un poste de télé et les enjeux financiers sont considérables. En conséquence, la télévision est devenue de plus en plus prudente au fil des ans. Un peu comme un vieux matou castré soucieux de préserver le *statu quo* et de déplaire au minimum de gens possible.

En fait, la télévision est comparable à une figure de notre enfance, le gros lard un peu trouillard qui éclatait en sanglots dès qu'on le bousculait un peu, qui prenait toujours un air coupable quand l'institutrice demandait qui avait planqué un cadavre de souris dans le tiroir de son bureau, ce gamin geignard qui était toujours la cible préférée des brutes précisément parce qu'il avait toujours peur de subir leurs attaques.

Quel que soit le média que l'on considère, le principe même de l'horreur – sa pierre de touche, si vous voulez – est le suivant : il faut faire peur au public. Tôt ou tard, on doit enfiler son masque de monstre et faire « bouh ! ». Je me rappelle le commentaire d'un officiel des New York Mets à propos des supporters de son équipe de joyeux lurons : « Un de ces jours, il faudra qu'on leur donne à manger la viande dont on leur fait sentir le fumet. » La même remarque s'applique à l'horreur. Le public ne se contente pas indéfiniment d'allusions et de sous-entendus ; le grand Lovecraft lui-même était souvent obligé de montrer ce qui était tapi dans la crypte ou dans le clocher.

La plupart des grands cinéastes œuvrant dans le genre optent pour l'attaque frontale ; ils enfournent une large dose d'horreur dans la gorge du spectateur jusqu'à ce que celui-ci manque de s'étouffer, puis entreprennent de titiller son imagination, retirant tous les dividendes psychologiques de ce premier accès de frayeur.

L'exemple le plus significatif que l'on pourrait proposer à l'édification des aspirants cinéastes serait bien entendu *Psychose* d'Alfred Hitchcock – sans doute le plus important des films d'horreur sortis durant la période qui nous intéresse. Le minimum de sang et le maximum de terreur. Que voyons-nous dans la célèbre scène de la douche ? Nous voyons Janet Leigh ; nous voyons le couteau ; mais nous ne voyons jamais le couteau se planter dans Janet Leigh. Si vous pensez l'avoir vu, vous vous trompez. C'est votre *imagination* qui l'a vu, et là réside le triomphe de Hitchcock. Nous ne voyons le sang que lorsqu'il coule dans le conduit d'évacuation*.

Psychose n'a jamais été diffusé à la télé à une heure de grande écoute, mais si on en ôtait les quarante-cinq secondes que dure cette scène, ce film pourrait passer pour un téléfilm (en termes de contenu, bien entendu ; son style le hausse à cent coudées au-dessus du téléfilm moyen). En fait, Hitchcock nous sert une bonne tranche de viande alors que son film a à peine entamé son deuxième quart. Ensuite, nous n'avons plus droit qu'au fumet. Et si on le prive de ces quarante-cinq secondes cruciales, le film devient complètement banal. En dépit de sa réputation, *Psychose* est une œuvre d'une retenue admirable ; Hitchcock a même décidé de tourner son film en noir et blanc afin que le sang aperçu lors de la scène de la douche ne ressemble pas à du sang, et à en croire une rumeur – presque certainement apocryphe –, il avait envisagé de le tourner en couleurs... à l'exception de cette fameuse scène, qui aurait été filmée en noir et blanc.

Au moment d'aborder ce chapitre sur l'horreur télévisuelle, il convient de ne pas oublier ce fait : la télévision a demandé l'impossible à ses séries et à ses dramatiques d'horreur – terrifier sans terrifier, horrifier sans horrifier, vendre au spectateur le fumet sans la viande.

J'ai dit plus haut que je pouvais expliquer, sinon excu-

---

* A mon sens, l'avènement de la violence au cinéma ne date pas de *Psychose* mais de deux films en couleurs ne ressortissant pas à l'horreur : *La Horde sauvage* de Sam Peckinpah et *Bonnie and Clyde* d'Arthur Penn.

ser, la présence d'un poste de télé chez Ellison et chez moi, et cette explication nous ramène à notre chapitre sur les films nuls. Bien entendu, la télé est un média trop homogénéisé pour produire des nanars aussi attendrissants que *L'Invasion des araignées géantes* et sa Volkswagen couverte de peaux d'ours, mais il arrive parfois que le talent s'y manifeste et qu'on y voie des œuvres intéressantes... et même si celles-ci ne sont pas parfaites, à l'instar du *Duel* de Spielberg ou du *Someone's Watching Me !* de John Carpenter [11], le téléspectateur y trouve au moins des raisons d'espérer. Quand il s'agit de son genre d'élection, le fan de fantastique a des réflexes d'enfant plutôt que d'adulte, et il ne renonce jamais à l'espoir. Il allume sa télé, il sait qu'il va sans doute voir un navet, mais il espère quand même – contre toute raison – qu'il va voir un chef-d'œuvre. L'excellence est une denrée fort rare sur le petit écran, mais celui-ci nous dispense de temps en temps des productions de qualité, la dernière que j'aie eu l'occasion de découvrir étant un téléfilm intitulé *The Aliens Are Coming* et diffusé par NBC en 1979. C'est ainsi que la flamme de l'espoir est entretenue.

Et, armés de cet espoir pour nous protéger des hordes de nullités, explorons à présent l'univers de la télévision. Mais je vous conseille de fermer les yeux si notre danse nous amène trop près du tube cathodique ; celui-ci a la mauvaise habitude d'hypnotiser ses proies pour mieux les anesthésier ensuite.

Demandez donc à Harlan.

La meilleure série télé d'horreur de tous les temps est probablement *Thriller*[12], qui fut diffusée sur NBC de septembre 1960 à l'été 1962 – soit en tout deux saisons, plus quelques rediffusions. A cette époque, les adversaires de la violence à l'écran ne se manifestaient pas encore : ils commenceront à se faire entendre après l'assassinat de John Kennedy, accentuant leurs critiques après ceux de Robert Kennedy et de Martin Luther King, transformant finalement la télé en un catalogue de *sitcoms* sirupeuses – l'histoire ne retiendra rien des dernières paroles de la télévision de qualité, car elles ont été étouffées par des rires préenregistrés.

Les contemporains de *Thriller* étaient également des bains de sang hebdomadaires ; c'était l'âge d'or des *Incorruptibles* (1959-1963)[13], où l'impavide Elliot Ness (Robert Stack) présidait au massacre d'innombrables gangsters, de *Peter Gunn* (1958-1961)[14] et de *Cain's Hundred* (1961-1962)[15], pour n'en citer que quelques-uns. La violence triomphait sur le petit écran. Si bien que *Thriller*, après treize épisodes un peu faibles, cessa d'être un succédané de *Alfred Hitchcock présente*[16] (ces premiers épisodes étaient consacrés à des maris infidèles tentant de pousser leurs épouses au suicide, à des neveux criblés de dettes cherchant à empoisonner leurs vieilles tantes à héritage, et autres sujets rebattus) pour acquérir sa propre personnalité. Durant une brève période que je situerais entre janvier 1961 et avril 1962 – soit cinquante-six épisodes sur un total de soixante-dix-huit –, ce fut une série unique en son genre dans l'histoire de la télévision.

Thriller était une anthologie (comme toutes les séries télé dévolues au fantastique ayant connu un tant soit peu de réussite) présentée par Boris Karloff[17]. Celui-ci était déjà apparu sur le petit écran, peu de temps après qu'Universal eut décidé d'exploiter à des fins comiques ses grands monstres des années 30. Ça se passait en automne 1949 sur le réseau ABC, alors à peine lancé. La série, intitulée à l'origine *Starring Boris Karloff*[18], ne connut pas les faveurs du public et passa à la trappe après avoir été rebaptisée un temps *Mystery Playhouse Starring Boris Karloff*. Elle présentait cependant d'étonnantes ressemblances avec *Thriller*, qui ne devait occuper le petit écran que onze ans plus tard. Voici le résumé d'un des épisodes de *Starring Boris Karloff* ; il aurait tout aussi bien pu être diffusé dans le cadre de *Thriller* :

Ce bourreau anglais adore son métier, qui lui rapporte cinq guinées par pendaison. Il jouit d'entendre se briser le cou de sa victime, de voir ses bras pendre dans le vide. Lorsque son épouse, enceinte de quelques mois, découvre sa véritable profession, elle s'empresse de le quitter. Vingt ans plus tard, le bourreau doit exécuter un jeune homme, une tâche dont il s'acquitte avec joie bien qu'il ait la preuve de son innocence. [...] Puis son ex-épouse refait son apparition pour lui apprendre qu'il vient de tuer son propre fils. Il l'étrangle dans un accès de rage, et c'est à son tour de se faire passer la corde au cou. Un nouveau bourreau empoche les cinq guinées d'or*.

Ce synopsis ressemble étrangement à celui d'un épisode de la seconde saison de *Thriller*. Dans celui-ci, le bourreau était français, travaillait à la guillotine plutôt qu'au gibet, et il nous était présenté comme un person-

---

* Extrait de *The Complete Directory to Prime Time Network TV Shows, 1946-Present*, compilé par Tim Brooks et Earle Marsh (Ballantine Books, 1979).

nage sympathique (remarquons toutefois que sa profession ne lui avait pas coupé l'appétit ; c'était un véritable bibendum). L'histoire commence alors que notre héros doit exécuter un assassin particulièrement sanguinaire. Mais celui-ci n'a pas perdu tout espoir ; sa petite copine est parvenue à se lier d'amitié avec le bourreau solitaire, et nos deux lascars comptent bien tirer parti d'un vieux texte de loi (et je dois avouer que j'ignore si celui-ci est authentique, à la façon de cette loi américaine qui veut qu'un accusé ne puisse pas être jugé deux fois pour le même crime, ou s'il n'est que le fruit de l'imagination de William Irish[19], l'auteur de l'histoire ici adaptée), lequel stipule que si le bourreau vient à décéder le jour de l'exécution, le condamné est libéré et absous de ses crimes.

La petite copine de l'assassin sert au bourreau un copieux petit déjeuner dûment empoisonné. Comme à son habitude, il mange de bon appétit, puis s'en va d'un pas allègre rejoindre la prison. Il est arrivé à mi-chemin lorsque la souffrance commence à le tarauder. Suit alors un suspense quasi insoutenable, où alternent des plans de la cellule du condamné et des rues de Paris où le bourreau avance d'un pas de moins en moins assuré. Notre héros, dont la conscience professionnelle apparaît comme digne d'éloges, est résolu à accomplir son devoir.

Il entre dans la prison, s'effondre au milieu de la cour... puis se met à ramper vers la guillotine. Le prisonnier apparaît, vêtu comme de bien entendu d'une chemise blanche au col largement ouvert (le scénariste avait sûrement relu *Un conte de deux villes*[20]), et les deux protagonistes atteignent la guillotine au même instant. Bien qu'il soit à bout de forces, le bourreau réussit néanmoins à installer le prisonnier sur la guillotine, la tête au-dessus du panier, puis il s'effondre, raide mort.

L'assassin, immobilisé dans une position rappelant celle d'un dindon qui se serait coincé la tête dans une clôture, se met à hurler : « Libre ! Je suis libre, vous entendez ? Ah-hah-hah-hah ! » Le médecin qui devait constater son décès se voit obligé de constater celui du bourreau. Il lui tâte le pouls, vérifie que son cœur a cessé de battre... mais lorsqu'il lui lâche le poignet, celui-ci tombe sur le levier de la guillotine. La lame descend en sifflant. Tchac ! Justice est faite. Fin.

Karloff avait soixante-quatre ans à la création de *Thriller*, et sa santé n'était guère brillante ; un mal de dos chronique l'obligeait à porter des poids pour se tenir droit. Certaines de ses infirmités remontaient à 1932, année où il avait interprété pour la première fois le monstre de Frankenstein. Il n'était plus en mesure de présenter tous les épisodes – nombre de ses remplaçants étaient d'illustres inconnus qui ont depuis sombré dans une totale obscurité (parmi eux figurait Reggie Nalder, qui a par la suite interprété Barlow dans *Les Vampires de Salem*[21]) – mais quelques-unes de ses apparitions sont restées dans les mémoires (*The Strange Door*, par exemple). La magie opérait encore, le talent était resté intact. Lugosi[22] a peut-être achevé sa carrière dans la misère et la pauvreté, mais Karloff, abstraction faite de quelques faux pas comme *Frankenstein 1970*[23], est mort comme il a vécu : en gentleman.

Thriller, produit par William Frye, fut la première série télévisée à découvrir et à exploiter cette mine d'or qu'est la revue *Weird Tales*[24], laquelle n'avait échappé à l'oubli que grâce aux fans du genre, à quelques livres de poche éphémères et, bien entendu, grâce aux éditions à tirage limité d'Arkham House. Si *Thriller* a acquis une telle importance aux yeux des fans d'horreur, c'est en partie parce que ses scénaristes se sont de plus en plus inspirés des écrivains figurant au sommaire de ce qu'on appelle les *shudder pulps*... des écrivains qui, durant les années 20, 30 et 40, avaient fait sortir l'horreur du boudoir hanté de l'époque victorienne où elle était confinée, pour la conduire vers la modernité qui est aujourd'hui la sienne. Robert Bloch[25] était ainsi représenté par *La Maison affamée*[26], où les miroirs d'une antique demeure abritent un sinistre secret ; Robert E. Howard par *Les Pigeons de l'enfer*[27], une des meilleures nouvelles d'horreur de ce siècle et un des épisodes préférés des fidèles de *Thriller**. Parmi les autres, il faut citer *A Wig for Miss DeVore*, où une perruque rousse permet à une actrice de rester éternellement jeune... jusqu'aux cinq dernières minutes de l'épisode, où elle perd sa perruque – et tout le reste. Le visage ridé et flétri de Miss DeVore ; le jeune homme descendant lentement le perron de la maison en ruine, une hache plantée dans le crâne (*Les Pigeons de l'enfer*) ; le type qui voit ses semblables se transformer en monstres quand il chausse une paire de lunettes un peu spéciale (*The Cheaters*[28], encore une adaptation de Robert Bloch) – ce n'était peut-être pas du grand art, mais le fan d'horreur trouvait fréquemment dans *Thriller* les qualités qu'il prisait entre toutes : des histoires bien construites dont le but avoué était de le terrifier.

---

* Et, à en croire certains, le téléfilm le plus terrifiant jamais tourné. Je ne suis pas de cet avis. Mon candidat à cet honneur serait le dernier épisode d'une série aujourd'hui bien oubliée, *C'est arrivé à Sunrise* (inspirée d'*Arrêt d'autobus*, un film lui-même adapté d'une pièce de William Inge). Cette série, qui n'avait rien de surnaturel à l'origine, disparut des écrans à la suite d'une controverse portant sur un épisode (adapté d'un roman de Tom Wicker) où le chanteur Fabian Forte interprétait un personnage de violeur psychopathe. Mais le dernier épisode diffusé virait carrément au fantastique, puisqu'il s'agissait d'une adaptation par Robert Bloch de sa nouvelle *J'embrasse ton ombre* : à mon humble avis, jamais on n'a vu histoire d'horreur plus insidieuse à la télé – et peut-être même au cinéma.

Bien des années après, une compagnie de production associée à la chaîne NBC – celle-là même qui diffusait *Thriller* – a pris une option sur trois nouvelles figurant au sommaire de mon recueil *Danse macabre* [29] et m'a invité à les adapter pour le petit écran. Parmi ces trois textes, il y avait *Le Printemps des baies*, l'histoire d'un Jack l'Eventreur moderne sévissant dans un campus en proie au brouillard. Un mois après avoir livré mon scénario, j'ai reçu un coup de fil émanant d'un bureaucrate de NBC affecté à la Commission de contrôle (*i.e.* : le Comité de censure). Mon tueur ne pouvait pas se servir d'un couteau pour commettre ses crimes. Le tueur pouvait rester mais le couteau devait partir. Le couteau est un symbole phallique. J'ai proposé de transformer mon tueur en étrangleur. Enthousiasme du bureaucrate. J'ai raccroché en me félicitant intérieurement de mon intelligence, et j'ai récrit mon script. Mais en fin de compte, celui-ci a été rejeté par la Commission de contrôle, couteau ou pas couteau. Verdict : trop terrifiant et trop intense.

Apparemment, tout le personnel de NBC avait oublié Patricia Barry dans *A Wig for Miss DeVore*.

3

Ecran noir.

Puis apparaît une image – un genre d'image –, mais elle tourne sur elle-même et perd sa définition horizontale.

Puis l'écran redevient noir, se barre d'une ligne sinueuse aux oscillations hypnotiques.

La voix qui accompagne ces visions est posée, pondérée.

« *Ce n'est pas une défaillance de votre téléviseur, ne cherchez donc pas à régler l'image. Nous avons le contrôle total de l'émission : contrôle du balayage horizontal, contrôle du balayage vertical. Nous pouvons aussi bien vous donner une image floue qu'une image pure comme le cristal. Pour l'heure qui vient, asseyez-vous tranquillement. Nous contrôlerons tout ce que vous verrez et entendrez.* »

Censé relever de la science-fiction mais ressortissant davantage à l'horreur, *Au-delà du réel*[30] fut sans doute la meilleure série télévisée du genre après *Thriller*. Les puristes vont sans doute hurler au blasphème et me rétorquer qu'*Au-delà du réel* n'arrivait pas à la cheville de l'immortelle *Quatrième Dimension*[31]. Que *La Quatrième Dimension* soit immortelle, je n'en disconviens pas ; dans les grandes villes comme New York, Chicago, Los Angeles et San Francisco, cette série semble être diffusée en permanence, dans les siècles des siècles, *amen*, coincée pour l'éternité entre le journal de la nuit et le PTL Club. Seules des *sitcoms* antiques comme *L'Extravagante Lucy*[32] et *My Little Margie* ont accédé, à l'instar de *La Quatrième Dimension*, à cette existence vampirique en noir et blanc que confère la rediffusion sur les chaînes locales.

Mais, si l'on excepte une douzaine d'épisodes mémorables, *La Quatrième Dimension* n'avait pas grand rapport avec le style d'horreur qui nous intéresse. C'était une série qui se spécialisait dans les contes moraux, le plus souvent flagorneurs (voir l'épisode[33] où Barry Morse achète un piano mécanique grâce auquel ses invités avouent leurs défauts les plus criants ; lorsque arrive la fin, c'est lui qui finit par admettre qu'il n'est qu'un sale égoïste), généralement sincères mais simplistes et péniblement ringards (voir l'épisode[34] où le soleil refuse de se lever parce que l'atmosphère d'injustice est devenue bien trop noire, mes amis, bien trop noire – le speaker de la radio rapporte que le ciel est particulièrement noir au-dessus de Dallas et de Selma, dans l'Alabama... Vous avez bien compris le message caché ?). *La Quatrième Dimension* offrait également au téléspectateur des variations sentimentales sur des thèmes surnaturels plutôt éculés : Art Carney découvre qu'il est bel et bien le père Noël[35] ; un banlieusard harassé (James Daly) trouve la paix dans un village idyllique du nom de Willoughby[36].

La Quatrième Dimension adoptait parfois le registre de l'horreur – et ses meilleures réussites dans le domaine sont restées mémorables – et nous y reviendrons avant la fin de ce chapitre sur le petit écran. Mais pour la qualité du concept et de l'exécution, *La Quatrième Dimension* était enfoncée sans problème par *Au-delà du réel*, qui fut diffusée de septembre 1963 à janvier 1965. Le producteur exécutif de cette série s'appelait Leslie Stevens[37] ; son directeur d'écriture n'était autre que Joseph Stefano[38], qui avait écrit le scénario de *Psychose* et, deux ans plus tard, celui d'un brillant exercice de terreur intitulé *Les Griffes de la peur*[39]. Stefano avait une vision extrêmement claire de la nature de la série. Chaque épisode, déclarait-il, devait comporter un « ours » – à savoir une créature monstrueuse qui faisait son apparition avant la fin de la première demi-heure, moment correspondant au décrochage des stations locales. Dans certains cas, l'« ours » en question n'était ni dangereux ni maléfique, mais on était sûr qu'une influence extérieure – en général un savant fou – l'entraînerait à commettre des dégâts avant la fin de l'épisode. Mon « ours » préféré sortait littéralement des boiseries (comme l'annonçait le titre de l'épisode,

It Crawled Out of the Woodwork [40]), pour se retrouver aspiré par l'aspirateur d'une ménagère, où il se mettait à grossir... à grossir... à grossir...

Il y avait aussi ce mineur gallois (interprété par David McCallum [41]) qui subissait une évolution forcée de deux millions d'années. A l'issue de l'expérience, il se voyait affublé d'un crâne démesuré et d'un visage nauséeux, et semait la panique dans le quartier. Harry Guardino, quant à lui, était menacé par une énorme « créature des glaces » ; dans un épisode écrit par Jerry Sohl [42] (un romancier de science-fiction dont l'œuvre la plus connue est sans doute *L'Invention du professeur Costigan*), les premiers hommes sur Mars étaient attaqués par un gigantesque serpent des sables. Dans le pilote de la série, *Ne quittez pas l'écoute* [43], une créature d'énergie pure était accidentellement absorbée par un radiotélescope terrestre et on réussissait à l'éliminer en la gavant de transmissions (ce qui me rappelle bigrement *Le Monstre magnétique* [44], un vieux nanar interprété par Richard Carlson). Harlan Ellison a écrit le scénario de deux épisodes, *Soldier* [45] et *La Main de verre* [46], ce dernier étant considéré comme le meilleur de la série, notamment par les rédacteurs de *The Science Fiction Encyclopedia* ; parmi les autres scénaristes figuraient Joseph Stefano lui-même et un jeune homme du nom de Robert Towne [47], qui devait plus tard écrire le scénario de *Chinatown**.

La disparition d'*Au-delà du réel* s'explique par la stupidité des dirigeants de la chaîne ABC plutôt que par un manque d'intérêt du public, bien que la série soit devenue plutôt mollassonne lors de sa seconde saison, après

---

* La plupart des informations que je cite ici sont puisées dans *The Science Fiction Encyclopedia* (Doubleday, 1979). La notice consacrée à *Au-delà du réel* a été rédigée par John Brosnan et Peter Nicholls.

le départ de Stefano. A cet égard, on pourrait dire que, lorsqu'il est parti, Stefano a emporté les meilleurs « ours » dans ses bagages. *Au-delà du réel* ne fut plus jamais la même. Certes, nombre de séries mollassonnes ont réussi à survivre (la télé est après tout un univers peuplé de ventres mous). Mais lorsque ABC a modifié la tranche horaire d'*Au-delà du réel*, la faisant passer du lundi soir, où la série n'était concurrencée que par deux émissions-jeux en perte de vitesse, au samedi soir – c'est-à-dire à une heure d'écoute où les adolescents, qui formaient le gros de son public, étaient soit au ciné soit en train de draguer –, elle a disparu sans faire de bruit.

Nous avons déjà évoqué le phénomène de la rediffusion, mais *La Quatrième Dimension*, où les épisodes violents étaient des plus rares, est la seule série fantastique à être régulièrement rediffusée par les chaînes locales. On a parfois la chance de revoir *Thriller* dans les métropoles, où les chaînes indépendantes la diffusent en général pendant la nuit, mais *Au-delà du réel* est moins bien lotie. Bien que cette série ait été présentée, lors de sa première saison, à une heure que l'on considère aujourd'hui comme « familiale », l'évolution des mœurs a fait d'elle une série « à risques », et les petites chaînes préfèrent diffuser des *sitcoms*, des jeux ou des films (sans parler de cette institution américaine qu'est le prêche des ondes : posez vos mains sur votre poste de télévision, mes bien chers frères, et vous serez *guéris* !).

Au fait, si *Au-delà du réel* passe dans votre coin, branchez votre magnétoscope et faites-moi parvenir la liste des épisodes que vous avez enregistrés. Réflexion faite, ne vous dérangez pas. C'est sans doute illégal. Mais bichonnez bien votre collection de cassettes si vous en avez une ; tout comme *Thriller*, *Au-delà du réel* appartient désormais au passé. Même *The Wonderful World of Disney* va disparaître des écrans après vingt-six ans de carrière.

4

N'allons pas jusqu'à dire : « du sublime au ridicule », car la télé n'atteint que rarement le sublime, et la série télé n'y parvient jamais ; disons donc : « du passable à l'atroce ».

Dossiers brûlants[48].

J'ai écrit un peu plus haut que la télévision était trop homogénéisée pour produire des nanars attendrissants ; *Dossiers brûlants* est l'exception qui confirme la règle.

Ce jugement ne s'applique pas à *The Night Stalker*[49], le pilote de la série. Celui-ci est un des meilleurs téléfilms jamais tournés. Il est inspiré d'un roman d'horreur d'une nullité confondante, *Nuit de terreur*, de Jeff Rice[50] – lequel fut publié directement en format de poche après que le manuscrit inédit eut atterri sur le bureau de Dan Curtis, qui en acheta aussitôt les droits.

Une petite digression, si vous le permettez. Dan Curtis commença à être associé à l'horreur en produisant une série qui est sans doute le *soap opera* le plus étrange jamais diffusé ; je veux parler de *Dark Shadows*[51]. Cette série connut un succès sans précédent lors des deux dernières années de sa carrière. Conçue à l'origine comme une saga gothico-sentimentale, genre fort populaire à l'époque auprès des lectrices (celles-ci se sont tournées depuis vers les romans d'amour pimentés de violence comme en produisent Rosemary Rogers,

Kathleen Woodiwiss et Laurie McBain), elle évolua au fil des épisodes pour devenir quelque chose de tout à fait bizarre. Sous l'impulsion inspirée de Curtis, *Dark Shadows* se transforma en une sorte de *tea-party* surnaturelle (elle était d'ailleurs diffusée à l'heure du thé, quatre heures de l'après-midi), et les spectateurs y découvraient avec fascination une vision tragi-comique de l'enfer – un peu comme une adaptation de *La Divine Comédie* sur un fond musical signé Spike Jones. Barnabas Collins, un des membres de la famille autour de laquelle tournaient les scénarios, était un vampire. Jonathan Frid, l'acteur qui lui prêtait ses traits, devint célèbre du jour au lendemain. Malheureusement, sa célébrité s'avéra aussi éphémère que celle de Vaughan Meader (et si vous avez oublié qui était Vaughan Meader, envoyez-moi une enveloppe timbrée portant vos nom et adresse, j'éclairerai votre lanterne).

Chaque fois que commençait un nouvel épisode de *Dark Shadows*, le spectateur était persuadé qu'il ne pouvait pas être plus dingue que le précédent... et il se trompait. A un moment donné, tous les personnages se retrouvaient transportés par magie au XVIIᵉ siècle et y passaient six semaines dans une ambiance de bal costumé. Un des cousins de Barnabas était un loup-garou. Une de ses cousines était une sorcière doublée d'un succube. Tous les *soap operas*, bien entendu, emploient régulièrement des procédés déments de ce genre ; celui que je préfère entre tous est le Coup du Gamin. Voici comment ça fonctionne : un des personnages accouche en mars. En juillet, le bébé a atteint l'âge de deux ans ; en novembre, il en a six ; lorsque vient le mois de février, il gît sur un lit d'hôpital, plongé dans le coma après avoir été renversé par un chauffard sur le chemin du collège ; et dès le mois suivant, donc un an après sa naissance, il a atteint sa majorité et se prépare à participer activement aux réjouissances, soit en engrossant la fille des voisins, soit en tentant de se suicider, soit en annonçant son homosexualité à ses parents horrifiés. Le Coup du Gamin est digne d'une nouvelle de Robert Sheckley[52], mais au moins la plupart des personnages de *soap opera* consentent-ils à rester morts après qu'on a débranché leurs appareils de survie (suit en général un procès de quatre mois qui relance le débat sur l'euthanasie). Les acteurs et les actrices qui ont ainsi « péri » encaissent leurs chèques et partent en quête de nouveaux rôles. Pas avec *Dark Shadows*. Quand un personnage venait à mourir, son fantôme le remplaçait aussitôt. C'était encore *plus fort* que le Coup du Gamin.

Dan Curtis a produit deux films inspirés de cette série en reprenant ses principaux personnages – un tel passage du petit au grand écran n'est pas sans précédent (voir *The Lone Ranger*[53]), mais c'est un phénomène plutôt rare, et ces deux films, même si ce ne sont pas des chefs-d'œuvre, sont agréables à regarder. On y trouve en abondance du style, de l'esprit, et tout le sang que Curtis ne pouvait pas verser sur le petit écran. On y trouve aussi une énergie formidable... et c'est grâce à cette énergie que *The Night Stalker* a battu un record d'audience le soir de sa diffusion. (Depuis, ce record est tombé huit ou neuf fois, et parmi les téléfilms qui se sont révélés plus populaires que le pilote de *Dossiers brûlants* figurait celui de – *gasp* ! – *La croisière s'amuse*[54].)

Curtis lui-même est un homme remarquable, presque fascinant, amical en dépit d'une certaine brusquerie, qui a tendance à s'accorder tout le mérite de ses succès, mais d'une façon si naturelle qu'elle en devient désarmante. A l'image des hardis pionniers de l'industrie hollywoodienne, il n'a apparemment aucune difficulté à juger les gens. S'il vous aime bien, il vous soutiendra contre vents et marées. S'il vous déteste, vous n'êtes à ses yeux qu'un « pauvre type sans une once de talent » (cette expression m'a toujours enchanté, et je parie que Curtis va décrocher son téléphone pour me la servir si jamais il lit ces lignes). Son importance mérite d'être soulignée, ne serait-ce que parce qu'il est sans doute le seul producteur hollywoodien capable de concevoir une œuvre aussi terrifiante que *The Night Stalker*. Le scénario de ce téléfilm est dû à Richard Matheson [55], un écrivain qui est devenu le meilleur scénariste de télé depuis, disons, Reginald Rose [56]. Par la suite, Curtis et Matheson devaient également collaborer, avec le soutien de William F. Nolan [57], sur un téléfilm qui est resté dans la mémoire des fans : *Trilogy of Terror*, interprété par Karen Black. Le meilleur des trois segments formant cette trilogie est sans doute le dernier, adapté d'une nouvelle de Matheson intitulée *Gibier* [58]. Mrs. Black y interprète avec maestria une femme persécutée par une figurine diabolique armée d'une lance. Quinze minutes de suspense et de terreur à l'état pur, qui résument à merveille ce que je pense de Dan Curtis : il est doué d'un talent sans égal pour localiser vos points de pression phobique et les empoigner de sa main glaciale.

The Night Stalker raconte l'histoire d'un journaliste nommé Carl Kolchak et travaillant à Las Vegas. Tel que l'interprète Darren McGavin, dont le chapeau mou surmonte un visage à la fois cynique et émerveillé, vif et épuisé, Kolchak est un personnage des plus crédibles, plus proche de Lew Archer [59] que de Clark Kent [60] et résolu avant tout à gagner sa croûte dans l'enfer du jeu.

Il découvre une série de meurtres qui semblent avoir été commis par un vampire, et son enquête le plonge peu à peu dans le surnaturel tandis qu'il entre en conflit avec les Maîtres de Las Vegas. Finalement, il réussit à localiser la maison abandonnée qui sert de repaire au vampire et plante un pieu dans le cœur de celui-ci. La conclusion du récit est satisfaisante en dépit d'un certain manque d'originalité : Kolchak se retrouve licencié et discrédité, rejeté par un pouvoir en place qui n'a que faire des vampires, ni dans sa philosophie ni dans ses relations publiques ; Kolchak a réussi à triompher du buveur de sang (Barry Atwater), mais ce sont les Maîtres de Las Vegas qui ont le dernier mot. McGavin est un bon acteur, mais il a rarement été aussi bon – aussi *crédible* – que dans *The Night Stalker**. C'est le sens pratique de son personnage qui nous permet de croire à celui du vampire ; si un type du genre de Carl Kolchak, à qui on ne la fait pas, pense que l'assassin est un vampire, nous en sommes aussi convaincus que lui.

Le succès de *The Night Stalker* ne passa pas inaperçu auprès des dirigeants d'ABC, qui recherchaient désespérément des séries à succès en ce temps d'avant l'apparition de Mork[61], de Fonzie et de leurs émules. On décida donc de produire un second téléfilm, intitulé *The Night Strangler*. Cette fois-ci, les meurtres étaient commis par un médecin qui avait découvert le secret de la vie éternelle : celle-ci lui était acquise à condition qu'il tue cinq victimes tous les cinq ans pour renouveler son stock d'élixir. Les médecins légistes de Seattle (ville où se situait l'action) avaient dissimulé un détail à leurs concitoyens : on avait retrouvé des lambeaux de chair humaine en voie de décomposition sur le cou des cadavres étranglés – le bon docteur devenait un peu trop

---

* Le personnage de Kolchak n'est qu'un prolongement de celui de David Ross, un détective privé interprété par McGavin dans une excellente (mais éphémère) série intitulée *The Outsider*. A mon sens, seuls le regretté David Janssen dans le rôle de Harry Orwell et Brian Keith dans celui de Lew Archer (héros d'une série qui ne dura que trois semaines – si vous avez cligné de l'œil au mauvais moment, vous l'avez sûrement ratée) sont parvenus à composer des privés aussi réussis que celui de McGavin.

mûr lorsque approchait la fin de son cycle de cinq ans. Kolchak fait éclater la vérité et coince le monstre dans sa tanière, celle-ci étant située dans le « quartier secret » de Seattle, une section souterraine de la vieille ville dont Matheson avait découvert l'existence en 1970, lors d'un voyage d'agrément*. Bien entendu, Kolchak élimine sans problème le médecin zombifié.

ABC décida de consacrer une série au personnage de Kolchak, et c'est ainsi que le premier épisode de *Dossiers brûlants* fut diffusé le vendredi 13 septembre 1974. Ce fut une catastrophe qui, heureusement, ne dura que l'espace d'une saison. Les problèmes firent leur apparition dès le début ; Dan Curtis, à qui l'on pouvait raisonnablement attribuer le succès des deux téléfilms, n'intervint pas dans la production de la série (aucune des personnes que j'ai interrogées sur ce point n'a pu m'expliquer pourquoi). Matheson, qui avait écrit les scénarios de ces mêmes téléfilms, ne collabora pas une seule fois à la série. Paul Playden, le producteur engagé à l'origine, démissionna avant la diffusion du premier épisode pour être remplacé par Cy Chermak. La plupart des réalisateurs étaient médiocres ; les effets spéciaux étaient carrément fauchés. Mon préféré parmi ceux-ci, qui n'est pas loin d'égaler la Volkswagen couverte de peaux d'ours dans *L'Invasion des araignées géantes*, figurait dans un épisode intitulé *Croque-Mitaine*. Richard Kiel – qui connaîtra plus tard une certaine notoriété en interprétant le personnage de Jaws dans les films de James Bond[62] – s'y baladait dans les ruelles de Chicago,

---

* J'ai puisé la plupart de mes informations sur *The Night Stalker* et *The Night Strangler* dans un article de Berthe Roeger publié dans le magazine *Fangoria* (nº 3, décembre 1979). Ce numéro contient également un guide chronologique de tous les épisodes de *Dossiers brûlants*, l'ensemble formant un document d'une valeur inestimable.

vêtu d'un costume de Monstre des Marais à la fermeture
Eclair nettement visible.

Mais le problème fondamental de *Dossiers brûlants*
est celui-là même qui se pose à toute série fantastique
ne reposant pas sur le principe de l'anthologie : la difficulté croissante qu'a le spectateur à suspendre son
incrédulité. On pouvait croire à Kolchak quand il tra-
quait le vampire de Las Vegas ; avec un petit effort supplémentaire, on pouvait encore y croire quand il tra-
quait le médecin zombie de Seattle. Mais ça devenait
de plus en plus dur à chaque épisode de la série. Engagé
pour écrire un reportage sur la dernière croisière d'un
paquebot de luxe, Kolchak découvre qu'un des passagers est un loup-garou. Alors qu'il écrit un article sur
un politicien lors de la campagne des sénatoriales, Kolchak découvre que le candidat a vendu son âme au diable (ce qui ne me semble ni surnaturel ni extraordinaire,
vu le scandale de Watergate et celui d'Abscam). Kolchak
découvre également un reptile préhistorique dans les
égouts de Chicago (*La Sentinelle*[63]) ; un succube (*La Terreur en héritage*) ; un sabbat de sorcières (*La Collection*) ;
et, dans un des épisodes les plus répugnants jamais diffusés sur les chaînes nationales, un motard sans tête
(*A toute vitesse*). Petit à petit, le spectateur ne parvenait
plus à suspendre son incrédulité – pas plus que les responsables de la série, apparemment, qui orientèrent peu
à peu celle-ci vers le comique. En un sens, *Dossiers
brûlants* peut être qualifiée de version accélérée du Syn-
drome Universal : de l'horreur à l'humour. Mais il a
fallu dix-huit ans aux monstres d'Universal pour passer
d'un domaine à l'autre ; *Dossiers brûlants* a effectué la
même trajectoire en vingt épisodes.

Comme le souligne Berthe Roeger, cette série a par
la suite connu un bref succès lorsqu'elle a été rediffusée
par CBS dans le cadre d'un programme voué à la nos-

talgie. Roeger estime que ce succès s'explique par la qualité des épisodes, et je suis en désaccord avec elle sur ce point. Si les spectateurs ont été nombreux, c'est à mon avis pour la même raison qui fait que des films comme *Touchez pas à la schnouff*[64] font toujours salle comble. Je me suis déjà étendu sur la séduction de la nullité, et nous revoilà en plein dedans. A mon avis, les téléspectateurs qui avaient vu par hasard un épisode de *Dossiers brûlants* n'en ont pas cru leurs yeux, et ils ont tenu à regarder les suivants pour vérifier qu'ils étaient aussi mauvais que le premier.

Ils n'ont pas été déçus ; seul *Voyages au fond des mers*[65], le tremplin télévisuel qui a fait d'Irwin Allen[66] le maître incontesté du film-catastrophe, peut se prétendre l'égal de *Dossiers brûlants*. Mais rappelons-nous que Seabury Quinn[67], un habitué des sommaires de *Weird Tales*, ne s'est guère montré convaincant dans la série des aventures de Jules de Grandin, et Quinn était pourtant un des meilleurs écrivains de l'ère des *pulps*. Et pourtant, *Dossiers brûlants* (que certains commentateurs avaient rebaptisée « *Un monstre par semaine* ») occupe encore une place au fond de mon cœur – une place *minuscule*, je le précise – et dans celui de tous les fans. Il y a quelque chose de simple et d'enfantin dans sa nullité même.

5

« *Nous sommes transportés dans une autre dimension, une dimension faite non seulement de paysages et de sons, mais aussi d'esprits. Un voyage dans une contrée sans fin dont les frontières sont notre imagination. Un voyage au*

bout des ténèbres où il n'y a qu'une destination : La Quatrième Dimension. »

C'est avec cette invocation plutôt mélodramatique –
qui ne le semblait nullement grâce au ton mesuré et
presque pragmatique de Rod Serling – que les téléspectateurs étaient invités à pénétrer dans un étrange univers infini... ce qu'ils firent sans problème. La chaîne
CBS diffusa *La Quatrième Dimension* d'octobre 1959 à
l'été 1965 – de la torpeur de l'ère Eisenhower au début
de l'escalade de la guerre du Viêt-nam, aux premiers
étés chauds de l'Amérique et à l'avènement des Beatles.

De toutes les séries dramatiques jamais diffusées sur
une chaîne américaine, celle-ci est de loin la plus difficile à définir. Ce n'était ni un western ni un polar (même
si certains de ses épisodes nous présentaient des cow-
boys ou des flics) ; ce n'était pas vraiment une série de
science-fiction (même si *The Complete Directory to
Prime Time Network TV Shows* la classe dans cette catégorie) ; ce n'était pas non plus une *sitcom* (même si
certains de ses épisodes étaient comiques) ; ni une série
dévolue à l'occultisme (même si certains scénarios faisaient appel à l'occulte – d'une façon fort spéciale) ou
au surnaturel. *La Quatrième Dimension* était unique, et
c'est sans doute pour cette raison que toute une génération associe la création de Serling à l'émergence des
sixties... ou du moins au souvenir que l'on garde de cette
décennie.

Rod Serling, le créateur de *La Quatrième Dimension*,
connut une certaine notoriété durant ce qu'il est
convenu d'appeler « l'âge d'or » de la télévision – bien
que les tenants de cette dénomination, qui ont gardé un
souvenir ému d'émissions telles que *Studio One*, *Playhouse 90* et *Climax*, aient apparemment oublié l'existence de nullités comme *Mr. Arsenic*, *Hands of Mystery*,
Doorway to Danger et *Doodles Weaver*, autant d'émis-

sions contemporaines de celles citées plus haut et à côté desquelles des shows d'aujourd'hui tels que *Vegas* et *That's Incredible !* [68] ont des allures de chefs-d'œuvre. La télévision n'a jamais vraiment connu un âge d'or ; rien que quelques saisons de bronze ne différant des autres que par la pureté de leur aloi.

Quoi qu'il en soit, la télé est souvent sujette à des crises de qualité, et trois des premières « télépièces » de Serling – *Patterns*, *The Comedian* et *Requiem for a Heavyweight* [69] – définissent ce que les nostalgiques appellent « l'âge d'or » de la télévision... bien que Serling n'ait pas été le seul responsable de celui-ci. Parmi les scénaristes qui ont contribué à la relative excellence de cette période, il faut citer Paddy Chayefsky [70] (*Marty*) et Reginald Rose [71] (*Twelve Angry Men*).

Serling [72], dont le père était boucher à Bighampton (Etat de New York), fut champion de boxe catégorie poids mouche (il mesurait environ 1,60 mètre) et servit comme parachutiste durant la Seconde Guerre mondiale. Il commença à écrire (sans succès) durant ses études supérieures et continua (toujours sans succès) pour le compte d'une station de radio de Cincinnati. « Cette expérience s'avéra des plus frustrantes, écrit Ed Naha dans sa courte biographie de Serling. Ses personnages introspectifs étaient vivement critiqués par les responsables de la station, lesquels souhaitaient que "leurs employés mordent la terre à belles dents" ! Serling déclara par la suite à propos de cette période : "Ces types ne voulaient pas des écrivains mais des charrues*." »

Serling démissionna et se mit à travailler en free-

---

* Pour tout ce qui concerne Serling et *La Quatrième Dimension*, je dois beaucoup à l'essai d'Ed Naha, *Rod Serling's Dream*, publié dans *Starlog* nº 15 (août 1978), et au guide intégral de tous les épisodes établi par Gary Gerani dans ce même numéro.

lance. Le succès lui vint en 1955 (*Patterns*, avec Van Heflin et Everett Sloane, récit du chantage moral subi par un cadre supérieur suite à des magouilles d'entreprise – cette « télépièce » valut à Serling de remporter son premier Emmy) et ne le quitta presque plus par la suite... même si ce succès demeura exclusivement lié à la télévision. Il rédigea le scénario de quelques films de cinéma – *Le Hold-up du siècle*[73] est sans doute le plus mauvais ; *La Planète des singes*[74] et *Sept Jours en mai*[75] figurent parmi les meilleurs –, mais la télévision était son domaine et il ne parvint pratiquement jamais à s'en affranchir, contrairement à Chayefsky (*L'Hôpital*[76], *Network*[77]). C'était à la télé qu'il était le plus à l'aise, et après un hiatus de cinq ans faisant suite à la disparition de *La Quatrième Dimension*, il refit son apparition sur le petit écran, en tant que présentateur de *Night Gallery*. Serling lui-même était en proie à certains doutes quant à sa collaboration à ce média de la médiocrité. « Dieu m'en est témoin, déclare-t-il lors de son ultime interview, quand j'examine d'un œil lucide mes trente ans de carrière, j'ai du mal à trouver quoi que ce soit de vraiment important. Je vois certaines choses qui ont du style, d'autres qui ont un certain intérêt, ou une certaine classe, mais très peu qui aient une importance quelconque*. »

Apparemment, Serling considérait *La Quatrième Dimension* comme une façon détournée d'exprimer ses idées après la disparition des dramatiques de prestige qui avaient marqué la fin des années 50 et le début des années 60. Et sans doute a-t-il en partie réussi son coup.

---

* Cité dans une interview réalisée par Linda Brevelle peu de temps avant le décès de Serling et publiée sous le titre *Rod Serling's Last Interview* (j'ai trouvé ça plutôt morbide, mais on ne m'a pas demandé mon avis) dans l'édition 1976 de *Writer's Yearbook*.

Grâce à l'alibi de la fiction fantastique, *La Quatrième Dimension* parvint à traiter des thèmes tels que le fascisme (*He's Alive*[78], où Dennis Hopper interprétait un jeune néonazi guidé par le spectre d'Adolf Hitler), l'hystérie collective (*Les Monstres de Maple Street*[79]) et même le cœur des ténèbres tel que l'a défini Joseph Conrad – rares sont les œuvres télévisuelles ayant présenté le genre humain sous un jour aussi sombre que l'a fait *L'Abri*[80], où le déclenchement d'une alerte pousse les citoyens d'une banlieue aisée typiquement américaine à s'entre-déchirer comme des bêtes pour pénétrer dans un abri antiatomique.

Certains épisodes de *La Quatrième Dimension* engendraient une forme de bizarrerie existentielle qu'aucune autre série n'est parvenue à reproduire. Voir par exemple *Question de temps*[81], où Burgess Meredith* interprète un employé de banque affligé de myopie et qui n'arrive jamais à trouver le temps de lire. D'ailleurs, s'il survit au cataclysme nucléaire, c'est parce qu'il s'était planqué dans un abri antiatomique pour pouvoir bouquiner en paix. Meredith est enchanté de découvrir que la fin du monde est arrivée ; il va enfin avoir le temps de lire tout son soûl. Malheureusement, il casse ses lunettes peu de temps après être arrivé à la bibliothèque. Parmi les règles de base de *La Quatrième Dimension* figurait apparemment la suivante : une petite dose d'ironie n'a jamais fait de mal à personne.

Si *La Quatrième Dimension* avait fait son apparition sur le petit écran durant la période 1976-1980, elle en

---

* Meredith est devenu la personne la plus identifiée à *La Quatrième Dimension*, exception faite de Serling lui-même. Son rôle le plus mémorable est sans doute celui du héros de *Printer's Devil*[82], un propriétaire de journal qui n'est autre que Satan... même le cigare tordu fiché au coin de ses lèvres paraissait diabolique.

aurait sûrement disparu au bout de six ou neuf épisodes. Son indice d'écoute était des plus bas... quasiment souterrain. ABC diffusait alors *The Detectives*[83], une série policière fort populaire interprétée par Robert Taylor, tandis que les téléspectateurs plébiscitaient *The Gillette Cavalcade of Sports* sur NBC – un show où on pouvait assister dans son fauteuil à des opérations de chirurgie esthétique improvisées sur des boxeurs tels que Carmen Basilio et Sugar Ray Robinson.

Mais les responsables des chaînes ne réagissaient pas au quart de tour en cette ère bénie, et l'anarchie ne régnait pas encore dans la programmation. La première saison de *La Quatrième Dimension* consista en trente-six épisodes d'une demi-heure, et l'indice d'écoute avait sensiblement progressé après la diffusion des dix-huit premiers, grâce au bouche à oreille et à d'excellentes critiques. Ces critiques convainquirent les dirigeants de CBS qu'ils avaient déniché un oiseau rare, à savoir un « programme de prestige* ». Ce qui n'empêcha pas la série de connaître quelques difficultés. *La Quatrième Dimension* n'arrivait pas à se trouver un sponsor (rappelez-vous que tout ceci se passait durant l'ère des dinosaures, une ère où l'heure d'antenne était bon marché et où les entreprises pouvaient se permettre de

---

* CBS devait dénicher un autre oiseau de ce type en 1972 : *La Famille des collines*[84], créée par Earl Hamner Jr, auteur de plusieurs scripts pour *La Quatrième Dimension*... dont, coïncidence, celui de *La Piscine ensorcelée*[85], le tout dernier épisode de la série. Face à la concurrence acharnée des deux autres chaînes nationales – NBC diffusait alors *The Flip Wilson Show* tandis qu'ABC récupérait le mouvement contestataire avec *La Nouvelle Equipe* –, CBS a soutenu la création de Hamner en dépit de son faible indice d'écoute, à cause de son potentiel de « programme de prestige ». *La Famille des collines* a survécu à ses deux concurrents et, à l'heure où j'écris ces lignes, vient d'achever sa septième saison.

financer un programme tout entier – voir *GE Theater*, *Alcoa Playhouse*, *The Voice of Firestone*, *The Lux Show*, *Coke Times* et tant d'autres ; à ma connaissance, *Bonanza*[86] est le dernier programme à avoir été financé par un seul sponsor, à savoir General Motors), et les pontes de CBS se sont rendu compte que Serling n'avait pas renoncé à ses idées mais les faisait désormais passer par le biais du fantastique.

Durant sa première saison, *La Quatrième Dimension* a notamment présenté *La Poursuite du rêve*[87], la première contribution à la série du regretté Charles Beaumont[88], et *Troisième à partir du soleil*[89], de Richard Matheson. Cet épisode repose sur un *gimmick* – les protagonistes ne fuient pas la Terre mais *vers* la Terre – qui est aujourd'hui devenu un cliché (on l'a retrouvé récemment dans *Galactica*[90], le navet de l'espace), mais les téléspectateurs de l'époque ne devaient jamais oublier le choc qu'ils ont ressenti à la vision de sa chute finale. C'est au moment de sa diffusion que la série a commencé à recruter ses plus ardents fidèles. Voilà que la télé leur offrait quelque chose de nouveau et de différent.

Durant sa troisième saison, *La Quatrième Dimension* fut soit supprimée (c'est la version de Serling), soit retirée de l'antenne pour des raisons de programmation (c'est la version de CBS). Quoi qu'il en soit, elle fit son retour l'année suivante sous la forme d'une série d'épisodes d'une heure. Dans son essai intitulé *Rod Serling's Dream*, Ed Naha écrit : « La principale conséquence de l'allongement des épisodes fut un sentiment de lassitude. Au bout de treize épisodes à faible indice d'écoute, *La Quatrième Dimension* disparut des écrans. »

Elle en disparut, en effet – pour y revenir l'espace d'une dernière saison bien terne, avec à nouveau des épisodes d'une demi-heure –, mais peut-on parler de lassitude ? A mon sens, certains de ces épisodes d'une heure figurent parmi les meilleurs de *La Quatrième Dimension*. Il y a par exemple *The Thirty-Fathom Grave* [91], où l'équipage d'un cuirassé de la Navy entend des fantômes à l'intérieur d'un sous-marin coulé ; *Printer's Devil* [92] ; *The New Exhibit* [93] (une des rares incursions dans l'horreur pure de *La Quatrième Dimension*, où le gardien d'un musée de cire interprété par Martin Balsam découvre que les statues d'assassins sont douées de vie) ; et *Miniature* [94], sur un scénario de Charles Beaumont, où Robert Duvall traverse les ans pour se réfugier dans la Belle Epoque.

Comme le fait remarquer Naha, lorsque vint la dernière saison, « plus personne chez CBS ne s'intéressait à la série ». Il ajoute que la chaîne ABC, qui connaissait un certain succès avec *Au-delà du réel*, proposa à Serling de produire une sixième saison sur son antenne. Serling refusa. « J'avais l'impression qu'ABC voulait me faire visiter le cimetière toutes les semaines », déclara-t-il.

La vie ne fut plus jamais la même pour lui. Le jeune homme en colère qui avait écrit *Patterns* se mit à tourner des spots publicitaires – on entendit sa voix si caractéristique vanter des pneus et des remèdes contre la toux, ce qui rappelait étrangement le boxeur déchu de *Requiem for a Heavyweight* contraint de se livrer à des matchs de catch truqués. Et en 1970, il se mit à « visiter le cimetière toutes les semaines », sur NBC plutôt que sur ABC, en tant que présentateur et scénariste occasionnel de *Night Gallery* [95]. Cette série fut inévitablement comparée à *La Quatrième Dimension*, bien qu'elle n'ait été en fait qu'un ersatz de *Thriller* [96] où Serling remplaçait Boris Karloff.

Serling ne disposait d'aucun droit de regard sur *Night Gallery*, contrairement à ce qui s'était passé avec *La Quatrième Dimension*. (Il accusa les instances dirigeantes de NBC de vouloir faire de cette série « un *Mannix en linceul* ».) *Night Gallery* produisit néanmoins quelques excellents épisodes, parmi lesquels des adaptations d'*Air froid*[97] et du *Modèle de Pickman*[98] de H. P. Lovecraft. Ainsi qu'un épisode qui est sûrement un des plus terrifiants téléfilms jamais tournés. *Boomerang*, d'après une histoire d'Oscar Cook[99], nous présentait une sinistre variété de perce-oreille. Cette bestiole était introduite dans l'oreille du méchant et entreprenait – *gasp !* – de lui ronger la cervelle, le plongeant dans d'atroces souffrances (le cerveau étant dénué de terminaisons nerveuses, on se perd en conjectures sur l'origine physiologique desdites souffrances). Son tortionnaire l'informe qu'il n'y a qu'une chance sur un milliard pour que l'insecte creuse un tunnel en ligne droite et ressorte par l'autre oreille ; plus probablement, il va lui ronger les cellules grises jusqu'à ce qu'il devienne fou... ou choisisse de se suicider. Le spectateur est cependant soulagé lorsque l'impossible se produit, le perce-oreille ressortant effectivement du crâne du méchant par l'autre oreille... et puis vient la chute : ce spécimen était du sexe féminin. Et il a pondu des œufs. Des milliers d'œufs.

La plupart des épisodes de *Night Gallery* étaient nettement moins terrifiants, et la série disparut au bout de trois ans d'existence en dents de scie. Ce fut la dernière heure de gloire de Serling.

« Le jour de son quarantième anniversaire, écrit Naha, Serling effectua un saut en parachute pour la première fois depuis la Seconde Guerre mondiale. » Pour quelle raison ? « Je l'ai fait, déclara Serling, pour prouver que je n'étais pas vieux. » Mais il avait l'air vieux. En comparant les photos prises lors du lancement de *La Quatrième Dimension* et celles prises sur le plateau de *Night Gallery*, où Serling commentait des peintures hideuses servant à annoncer chaque épisode, on constate des altérations quasiment choquantes. Le visage de Serling est ridé, son cou fripé ; c'est le visage d'un homme partiellement attaqué par le vitriol de la télévision. En 1972, il accorda une interview dans son bureau, dont les murs étaient tapissés de critiques élogieuses consacrées à *Patterns*, *Requiem for a Heavyweight* et autres télépièces d'un autre âge.

« Je viens parfois ici rien que pour les regarder, avoua-t-il. Ça fait des années que je n'ai pas eu d'aussi bonnes critiques. Aujourd'hui, je sais pourquoi les gens gardent un dossier de presse – c'est pour se prouver que tout ça leur est vraiment arrivé. » L'homme qui a sauté en parachute le jour de son quarantième anniversaire pour se prouver qu'il n'était pas vieux se considère comme tel neuf ans plus tard, lorsqu'il accorde sa dernière interview à Linda Brevelle à La Taverna, le bar de Los Angeles où il avait ses habitudes ; Brevelle le décrit comme « plein de vie et d'enthousiasme », mais il ne cesse de prononcer des propos inquiétants. « Je ne suis pas un vieillard, mais je ne suis plus un jeune homme », déclare-t-il à un moment donné ; et un peu plus tard, il affirme qu'il est un vieillard. Pourquoi n'a-t-il pas abandonné plus tôt cette course de *stock-cars* qu'est la création télévisuelle ? A la conclusion de *Requiem for a Heavyweight*, Jack Palance déclare qu'il doit remonter sur le ring – même si le combat est truqué – parce que le ring est la seule chose qu'il connaisse. Cette réponse en vaut bien une autre.

Serling, un bourreau de travail qui fumait parfois quatre paquets de cigarettes par jour, fut frappé par une crise cardiaque en 1975 et décéda des suites d'une opération à cœur ouvert. Il nous a laissé quelques excellentes télépièces et *La Quatrième Dimension*, une série qui fait aujourd'hui partie des légendes de la télé, à l'instar du *Fugitif*[100] et d'*Au nom de la loi*[101]. Quel jugement pouvons-nous porter sur cette création vénérée par tant de personnes (dont la plupart n'étaient que des enfants quand elles l'ont vue pour la première fois) ? « Je pense sincèrement qu'un tiers des épisodes étaient fichtrement bons, déclara Serling lors d'une interview. Un deuxième tiers était probablement passable. Le troisième tiers était franchement nul. »

En fait, c'est Serling lui-même qui a écrit soixante-deux épisodes sur les quatre-vingt-douze premiers, les tapant sur sa machine, les dictant à sa secrétaire ou à son dictaphone – tout en fumant cigarette sur cigarette. Les fans de fantastique reconnaîtront sans peine la plupart des auteurs des trente autres épisodes : Charles Beaumont, Richard Matheson, George Clayton Johnson, Earl Hamner Jr, Robert Presnell, E. Jack Neuman, Montgomery Pittman et Ray Bradbury*. Et il faut bien l'avouer, la plupart des navets de *La Quatrième Dimension* sont imputables à Serling lui-même. Je pourrais citer en vrac *La Seconde Chance*[103], *Du succès au déclin*[104], *La Nuit du jugement*[105], *Le Vœu magique*[106] (une histoire larmoyante à souhait où un gamin aide un boxeur déchu à gagner son dernier match), et bien d'autres – trop pour que j'aie le cœur d'en dresser une liste exhaustive.

En outre, la nature de la nostalgie inspirée par *La Quatrième Dimension* m'a toujours semblé sujette à caution ; la plupart de mes contemporains se souviennent surtout des chutes finales des épisodes, mais le succès de la série reposait davantage sur les concepts à

---

* Bradbury signa l'adaptation de sa nouvelle *Je chante le corps électrique*[102]. C'est à ma connaissance la seule fois qu'il travailla pour le petit ou le grand écran, exception faite de son étrange et superbe adaptation de *Moby Dick* pour John Huston.

la base de ceux-ci, des concepts qui faisaient le lien entre les *pulps* d'avant les années 50 (ou les épisodes de *Thriller* exploitant les ressources de ces *pulps*) et la « nouvelle » littérature d'horreur et de fantastique. Semaine après semaine, *La Quatrième Dimension* nous présentait des gens ordinaires placés dans des situations extraordinaires, des gens qui avaient apparemment fait un faux pas et franchi une lézarde dans la réalité... se retrouvant ainsi dans la « quatrième dimension » imaginée par Serling. C'est là un concept des plus puissants, sans doute la route la plus directe pour transporter dans le royaume du fantastique les lecteurs ou les spectateurs qui n'ont pas l'habitude de le visiter. Mais la paternité de ce concept ne saurait être attribuée à Serling ; Ray Bradbury avait entrepris de juxtaposer l'horrible et le quotidien dès les années 40, et lorsqu'il décida d'explorer des contrées plus étranges et de découvrir de nouveaux usages du langage, Jack Finney [107] fit son entrée en scène pour reprendre le flambeau de ses mains. Dans un recueil de nouvelles d'une importance capitale intitulé *The Third Level* [108], que l'on pourrait considérer comme l'équivalent littéraire des peintures de Magritte (voir le train sortant de la cheminée) ou de Salvador Dalí (voir les montres molles sur les branches des arbres), Finney a arpenté bien avant Serling le territoire de la quatrième dimension. Dans *Le Troisième Sous-Sol*, il raconte l'histoire d'un homme découvrant le troisième niveau de la gare de Grand Central (laquelle, je le précise pour ceux qui ne connaissent pas ce merveilleux bâtiment, n'en a que deux). Ce troisième niveau est une sorte de relais temporel permettant d'accéder à un passé plus simple et plus heureux (la Belle Epoque, où se réfugient tant de personnages de *La Quatrième Dimension*, et celle-là même où retourne Finney dans son célèbre roman *Le Voyage de Simon Morley* [109]). Le troisième sous-sol de Finney satisfait de bien des façons à la définition que Serling donnait de la quatrième dimension, et c'est sans doute le concept imaginé par Finney qui a rendu possible la création de Serling. Ce qui fait entre autres le talent de Finney, c'est son habileté à faire passer le lecteur dans un autre monde de façon subtile et presque naturelle... voir cet homme qui, en fouillant dans son porte-monnaie, y trouve une pièce de dix *cents* où figure le portrait de Woodrow Wilson plutôt que celui de Franklin D. Roosevelt, ou cet autre qui part pour l'idyllique planète Verna à bord d'un antique autobus que l'on finit par retrouver dans une grange en ruine (*Des personnes déplacées*[110]). La plus grande réussite de Finney, à laquelle font écho les meilleurs épisodes de *La Quatrième Dimension* (ainsi que les meilleurs écrivains de fantastique nourris au lait de cette série), c'est cette capacité « dalienne » de créer un univers fantastique... *sans chercher à l'expliquer ni à s'en excuser*. Cet univers est là, fascinant et un peu inquiétant, un mirage trop réel pour être nié : une brique flottant au-dessus d'un réfrigérateur, un homme mangeant un plateau-repas couvert de globes oculaires, des enfants jouant avec leur dinosaure dans une chambre en désordre. Si le fantastique semble assez réel, insiste Finney, et Serling après lui, alors on n'aura pas besoin de ficelles ni de trucages optiques. Ce sont Jack Finney et Rod Serling qui, après H. P. Lovecraft, ont fait franchir au fantastique une nouvelle étape dans son évolution. Pour mes contemporains et moi-même, ce fut là une stupéfiante révélation qui nous ouvrait des horizons infinis.

Et cependant, Finney, qui comprenait peut-être mieux que quiconque la quatrième dimension telle que la définissait Serling, ne fut jamais associé à la série – ni en tant que scénariste ni en tant que source d'inspiration. Serling adapta par la suite son roman *Assault on a Queen*, mais le résultat ne peut être qualifié que de mal inspiré. *Le Hold-up du siècle*[111] est un film statique et prêchi-prêcha, deux des principaux défauts de ses scripts pour *La Quatrième Dimension*. Il est navrant de constater que la rencontre de deux esprits aussi proches n'ait pu déboucher que sur cet échec. Et si vous êtes déçu par mon analyse de *La Quatrième Dimension* (et je suis sûr que certains de mes lecteurs seraient prêts à me traiter d'iconoclaste), je vous conseille de vous procurer de toute urgence un exemplaire de *The Third Level*, et vous verrez alors ce que la série de Serling *aurait* pu être.

Mais *La Quatrième Dimension* nous a quand même laissé une foule de souvenirs frappants, et il est permis d'être d'accord avec Serling quand il affirme qu'un tiers des épisodes étaient fichtrement bons. Les fidèles de la série se rappellent encore William Shatner captivé par une machine à lire l'avenir dans le restaurant miteux d'un village minuscule (*Les Prédictions*[112]) ; Everett Sloane succombant à *La Fièvre du jeu*[113], un épisode où le cliquetis des pièces de monnaie (« *Fraa-aaanklin !* ») l'attirait irrésistiblement vers une diabolique machine à sous ; la femme superbe qui est victime de sa « laideur » dans une société d'humanoïdes au visage porcin (Donna Douglas, vedette de *The Beverly Hillbillies*, dans *L'Œil de l'admirateur*[114]). Sans oublier, bien entendu, ces deux classiques de Richard Matheson, *Les Envahisseurs*[115] (où Agnes Moorehead, excellente, affronte de minuscules créatures, un sujet que Matheson reprendra par la suite dans sa nouvelle *Gibier*[116]) et *Cauchemar à 20 000 pieds*[117], où William Shatner interprète un malade mental en voie de guérison qui voit un sinistre *gremlin* saccager le moteur de l'avion où il a pris place.

La Quatrième Dimension a par ailleurs accueilli une pléiade d'acteurs (Ed Wynn, Keenan Wynn, Buster Keaton [118], Jack Klugman, Franchot Tone, Art Carney, Pippa Scott, Robert Redford [119] et Cloris Leachman, entre autres), de scénaristes et de metteurs en scène (Buzz Kulik, Stuart Rosenberg et Ted Post, pour n'en citer que quelques-uns [120]). On y entendait souvent une musique aussi surprenante qu'efficace due au regretté Bernard Herrmann [121] ; les meilleurs effets spéciaux étaient l'œuvre de William Tuttle, lequel n'est sans doute surpassé dans ce domaine que par Dick Smith (ou par ce nouveau génie du maquillage qu'est Tom Savini).

C'était une assez bonne série, tout comme la plupart des séries télé qui ont laissé un souvenir durable... mais rien de plus. La télé est la plus grande dévoreuse de talents de notre époque, et si *La Quatrième Dimension* n'est pas tout à fait à la hauteur du souvenir que nous en gardons, la faute n'en incombe pas à Serling mais à la télévision elle-même – ce monstre affamé, ce puits de merde sans fond. Serling a écrit au total quatre-vingt-quatre épisodes, soit deux mille deux cents pages de script si l'on se fie à la règle empirique qui veut qu'une page équivaille à une minute de film. C'est là une œuvre titanesque, et il n'est guère étonnant que l'on trouve dans le lot des navets comme *Un matin noir* [122]. Kimberly-Clark et Chesterfield Kings ont empêché Rod Serling de donner toute sa mesure. Et ensuite, la télévision l'a mangé.

6

Je pense qu'il est grand temps d'abandonner la télé pour passer à autre chose. Je n'ai pas le cœur à tirer sur les ambulances qui foncent toutes sirènes hurlantes vers le cimetière des séries disparues. Je me suis même efforcé d'être indulgent avec *Dossiers brûlants*, une série pour laquelle je ne peux pas m'empêcher d'éprouver une certaine affection. Elle n'était pas terrible, d'accord, mais on pourrait en dire autant des films de série B qui ont fait la joie de ma jeunesse – des films comme *Le Scorpion noir* ou *The Beast of Hollow Mountain*[123], par exemple.

Certaines séries nous ont offert des incursions dans le surnaturel que l'on pourrait qualifier de brillantes ; *Alfred Hitchcock présente*, par exemple, a adapté à plusieurs reprises des nouvelles de Ray Bradbury (la meilleure adaptation étant sans doute *Le Bocal*[124]), ainsi qu'un conte terrifiant de William Hope Hodgson[125], *La Chose dans les algues*, et une nouvelle glaçante de John D. MacDonald[126], *The Morning After*[127], et les fans se souviennent encore de cet épisode où les flics mangeaient l'arme du crime – un gigot d'agneau –, épisode inspiré d'une nouvelle[128] de Roald Dahl[129].

On pourrait encore mentionner *They're Coming*[130], le pilote d'une heure de *La Quatrième Dimension*, et le court métrage français *La Rivière du Hibou*[131], adaptation d'une nouvelle d'Ambrose Bierce[132] qui fut diffusée à la télévision américaine dans le cadre de *La Quatrième Dimension* (mais qui n'est pas rediffusée par les chaînes locales). Une autre histoire de Bierce, *Porté disparu*[133], fit l'objet d'une adaptation sur la chaîne PBS en 1979. Et à propos de PBS, on a également pu y voir une intéressante adaptation de *Dracula*. Diffusée pour la première fois en 1977, elle voyait Louis Jourdan[134] endosser la cape du légendaire comte. Il s'agit d'un téléfilm romantique et morbide à souhait ; Louis Jourdan y est plus convaincant que Frank Langella dans le film de John Badham[135], et les scènes où l'on voit Dracula ramper sur les murs de son château sont tout bonnement merveilleuses. En outre, cette adaptation aborde franchement l'aspect sexuel du vampirisme, nous présentant Lucy, les trois sœurs et Dracula lui-même comme des créatures dotées d'une sexualité exempte d'amour – une sexualité meurtrière. Un film nettement plus efficace que la bluette sentimentale de Badham, en dépit de l'énergie dont fait preuve Langella dans le rôle-titre. Jack Palance a également interprété Dracula [136] à la télévision (sur un scénario de Matheson et dans une production de Dan Curtis) et s'en est plutôt bien tiré... même si je préfère l'interprétation de Jourdan.

Les autres téléfilms d'horreur vont du médiocre (l'adaptation mal inspirée du roman de Thomas Tryon [137], *La Fête du maïs*, sur NBC) au franchement grotesque : Cornel Wilde dans *Gargoyles* (Bernie Casey, dans le rôle de la gargouille en chef, ressemble à un croisement entre Mathusalem et l'ayatollah Khomeyni) et Michael Sarrazin dans cette erreur de la nature qu'est *Frankenstein : The True Story* [138]. Le risque encouru est si grand que lorsque mon roman *Salem* a été adapté pour la télévision [139] après que Warner eut renoncé à en faire un film au bout de trois ans d'efforts en ce sens, j'ai éprouvé un certain soulagement en découvrant le résultat final. Pendant un temps, il a été question que NBC en tire une série hebdomadaire, et vous devinerez sans peine quelle a été ma réaction lorsque ce projet fumeux a été abandonné.

La plupart des feuilletons télé relevant du fantastique vont du grotesque (*Land of the Giants*) au complètement stupide (*Les Monstres* [140], *Struck by Lightning*). Les anthologies qui nous ont été présentées ces dix dernières années avaient pour la plupart de bonnes intentions, mais elles ont été émasculées par les groupes de pression, que ceux-ci émanent des spectateurs ou des chaînes elles-mêmes ; elles ont été sacrifiées sur l'autel de la léthargie que la télévision américaine a érigé au fil des ans. Il y a eu *Journey to the Unknown*[141], un produit d'importation britannique (dû aux studios de la Hammer[142]). Certains de ses épisodes étaient excellents, mais les pontes de la chaîne ABC ont eu vite fait de nous faire comprendre qu'ils n'avaient pas l'intention de nous terrifier, et cette série a disparu sans plus de cérémonie. *Bizarre, bizarre*[143], produite par Quinn Martin (responsable de *Sur la piste du crime*[144], du *Fugitif*[145], des *Envahisseurs*[146], du *Gant de velours*[147] et de Dieu sait combien d'autres séries), était plus intéressante et se concentrait davantage sur la terreur psychologique (dans un épisode qui m'a rappelé *La Maison d'à côté*[148], le roman d'Anne Rivers Siddons, un assassin voit sa victime revenir d'entre les morts dans son poste de télévision), mais elle n'a pas tardé à succomber à l'indice d'écoute... un sort qui aurait pu être celui de *La Quatrième Dimension* si CBS n'avait pas tenu bon.

Pour me résumer, je dirais que l'histoire du fantastique et de l'horreur à la télévision est aussi brève qu'attristante. Eteignons donc l'étrange lucarne et passons dans la bibliothèque ; je voudrais vous entretenir de certaines histoires qui n'ont pas à souffrir de limites artificielles – que celles-ci soient imposées par le poids de l'image ou par celui de la censure – et dont l'auteur est libre de vous « attraper » comme ça lui chante. Voilà un concept plutôt troublant et certains des livres dont nous allons discuter m'ont terrifié en même temps qu'ils m'enchantaient. Peut-être que vous avez déjà fait la même expérience... ou que vous ne tarderez pas à la faire.

Prenez mon bras et suivez-moi.

CHAPITRE 9

La littérature d'horreur

1

Peut-être me serait-il possible de brosser un panorama complet de la littérature de fantastique et d'horreur américaine de ces trente dernières années, mais un
chapitre de ce bouquin n'y suffirait pas ; il me faudrait
pour cela un livre entier, et sans doute serait-ce un livre
barbant (voire une thèse, le summum du livre barbant).

Vu les buts que nous nous sommes fixés, il est de toute
façon inutile de traiter tous les ouvrages publiés dans
le domaine qui nous intéresse ; la plupart d'entre eux
sont franchement nuls, et comme je l'ai dit plus haut à
propos de la télé, je ne souhaite pas perdre mon temps
à répertorier les méfaits perpétrés par certains de mes
confrères. Si vous avez envie de lire les bouquins de
John Saul[1] et de Frank de Felitta[2], je ne vous en empê-
cherai pas. C'est votre fric. Mais ne comptez pas sur
moi pour parler d'eux dans ces pages.

J'ai l'intention de discuter de dix livres qui me paraissent représentatifs de ce que l'horreur peut faire de
mieux : des œuvres à la fois littéraires et divertissantes,
qui ont leur place dans la littérature du XXᵉ siècle tout
en étant les dignes successeurs d'œuvres telles que

Frankenstein, *Le Cas étrange du Dr Jekyll et de M. Hyde*, *Dracula* et *Le Roi de jaune vêtu* de Robert W. Chambers [3]. Des romans et des nouvelles qui me semblent accomplir le principal devoir de la chose littéraire : nous dire la vérité sur nous-mêmes tout en nous racontant des mensonges à propos de personnes n'ayant jamais existé.

Certains de ces livres ont été des « best-sellers » ; d'autres ont été écrits par des membres de ce qu'on appelle « le milieu du fantastique » ; d'autres encore sont dus à des écrivains qui n'ont aucun intérêt pour le fantastique, mais qui ont vu en lui un outil particulièrement efficace qu'ils pouvaient se permettre d'utiliser une fois dans leur carrière (bien que nombre d'entre eux aient découvert par la suite que l'usage du fantastique pouvait devenir une habitude). La plupart de ces livres – même ceux qui n'ont jamais figuré sur les listes de best-sellers – n'ont pas cessé de se vendre au fil des années, sans doute parce que l'histoire d'horreur, que la plupart des critiques dits sérieux considèrent de la même façon que le Dr Johnson [4] considérait les femmes prêcheuses et les chiens danseurs, est toujours divertissante quand elle se contente d'être bonne. Quand elle est excellente, elle acquiert une puissance (voir par exemple *Sa Majesté des Mouches* [5]) qui est rarement à la portée des autres formes de littérature. La vigueur narrative a toujours été la principale vertu du conte d'horreur, de *La Patte de singe* à *Children of the Kingdom*, l'incroyable court roman de T. E. D. Klein [6] où des monstres (venus du Costa Rica, en plus !) vivent en secret dans les égouts de New York. Si bien qu'on aimerait parfois que certains des plus grands écrivains contemporains, qui ont réussi ces dernières années à battre des records de platitude, s'attaquent à ce domaine plutôt que de continuer à contempler leur nombril en quête de révélations intellectuelles.

En discutant de ces dix livres, j'espère parvenir à souligner leurs vertus narratives et peut-être même à dégager certains des thèmes inhérents aux chefs-d'œuvre de la littérature d'horreur. Je *devrais* y arriver si je fais bien mon boulot, car les pistes thématiques du genre ne sont guère nombreuses. En dépit de la fascination mythique qu'il exerce sur nous, le domaine fantastique n'est guère étendu comparé à celui de la littérature dans son ensemble. Nous pouvons compter sur la réapparition du Vampire, sur celle du Loup-Garou, notre cher ami velu (dont la fourrure est parfois intériorisée), et sur celle de la Chose sans nom. Mais l'heure est également venue d'abattre la quatrième carte archétypale de notre tarot : le Fantôme.

Peut-être retrouverons-nous également la tension entre Apollon et Dionysos, car elle est omniprésente dans la littérature d'horreur, de qualité ou non, et nous ramène à cette question essentielle entre toutes : qui est *okay* et qui ne l'est pas ? C'est bien le fond des choses, pas vrai ? Et nous verrons aussi que la principale différence entre l'horreur ancienne et l'horreur moderne, c'est le narcissisme ; que les monstres ne sont pas seulement attendus dans Maple Street [7], mais qu'ils peuvent aussi apparaître dans notre miroir – d'un instant à l'autre.

2

Ghost Story[8] de Peter Straub[9] est probablement le meilleur roman fantastique publié depuis l'émergence de la « nouvelle vague » des années 70 – laquelle a déferlé suite à la publication de trois livres, à savoir *Un bébé pour Rosemary*[10], *L'Exorciste*[11] et *L'Autre*[12]. L'immense popularité de ces romans, publiés en l'espace de cinq ans, a convaincu les éditeurs (qui l'avaient peut-être oublié) que la littérature d'horreur jouissait d'un potentiel commercial dépassant largement le lectorat de magazines défunts tels que *Weird Tales* ou *Unknown*[13], ou celui des rééditions en format de poche des livres publiés par Arkham House*.

Les éditeurs se sont alors empressés de rechercher de nouveaux best-sellers terrifiants, ce qui les a malheureusement conduits à publier quantité de mauvais livres. Si bien que la « nouvelle vague » a commencé à se retirer vers le milieu des années 70, abandonnant les lieux à des best-sellers traitant de sujets plus familiers : le sexe, le monde des affaires, le sexe, l'espionnage, le sexe homo, le milieu hospitalier, le sexe bizarre, les

---

* Quelques mots sur Arkham House. Il n'existe sans doute aucun amateur américain de fantastique qui n'ait dans sa bibliothèque au moins un des volumes reliés de noir publiés par cet éditeur... et sûrement rangé à une place d'honneur. August Derleth, le fondateur de cette petite maison d'édition du Wisconsin, était un médiocre romancier dans la lignée de Sinclair Lewis mais un éditeur de génie : c'est sous le label Arkham House que sont parus les premiers livres de H. P. Lovecraft, de Ray Bradbury, de Ramsey Campbell et de Robert Bloch... pour ne citer que quelques noms. Derleth ne publiait que des livres à tirage limité, de cinq cents à deux mille cinq cents exemplaires, et certains d'entre eux – *Beyond the Wall of Sleep* de Lovecraft et *Dark Carnival* de Bradbury, par exemple – sont devenus des pièces de collection fortement cotées.

alcôves de l'Histoire, le sexe des vedettes, la guerre et le sexe. Ce qui ne veut pas dire que les éditeurs aient définitivement renoncé à acheter ou à publier des romans d'horreur ; la meule du moulin de l'édition tourne lentement mais sûrement (ce qui explique en partie la quantité de gruau qui sort des presses des plus grands éditeurs new-yorkais chaque printemps et chaque automne), et ce qu'on appelle le « roman d'horreur grand public » n'est pas près de disparaître des librairies. Mais le temps des vaches grasses est révolu, et les directeurs littéraires new-yorkais ne se précipitent plus automatiquement sur leur contrat type dès qu'un monstre apparaît dans un manuscrit... Ecrivains débutants, notez bien ça sur vos tablettes.

C'est dans ce contexte que Coward, McCann and Geoghegan a publié en 1975 le *Julia*[14] de Peter Straub. Il ne s'agissait pas de son premier roman ; deux ans auparavant, il avait publié *Marriages* – un bouquin de littérature générale sur les mœurs de nos contemporains. Bien que Straub soit américain, sa femme et lui ont vécu dix ans en Angleterre et en Irlande, et *Julia* peut être considéré comme une histoire de fantômes à l'anglaise, sur le plan du concept comme sur celui de l'exécution. L'action se situe en Angleterre, la plupart des personnages sont anglais, et, détail des plus importants, la diction du roman est elle aussi anglaise – froide, rationnelle, presque détachée de toute émotion. Pas un instant l'intrigue ne vire au grand-guignol, bien que sa donnée de base s'y prête à merveille : Kate, la fille de Julia et de Magnus, s'est étouffée sur un morceau de viande et Julia l'a tuée accidentellement en tentant de pratiquer sur elle une trachéotomie avec un couteau de cuisine. Puis il semble que la petite fille revienne sous la forme d'un esprit maléfique.

La trachéotomie ne nous est pas racontée en détail –

le sang sur les murs et sur les mains de la mère, la terreur et les hurlements. Cette scène appartient au passé ; nous n'en voyons que l'image rémanente. Plus tard, Julia aperçoit une petite fille, qui est peut-être le fantôme de Kate, en train d'enterrer quelque chose dans le sable. Une fois la fillette partie, Julia creuse un trou et découvre un couteau, puis le cadavre mutilé d'une tortue. Cette allusion à la trachéotomie ratée est élégante mais guère percutante.

Deux ans plus tard, Straub publiait un deuxième roman fantastique, *Tu as beaucoup changé, Alison*[15]. Tout comme *Julia*, *Tu as beaucoup changé, Alison* s'intéresse à l'idée du revenant, cet esprit vengeur issu d'un passé qui se refuse à mourir. Tous les romans fantastiques de Straub se montrent efficaces quand ils traitent le motif du fantôme ; dans leurs intrigues, le passé continue d'exercer sur le présent une influence maléfique. On a avancé l'hypothèse que Ross Macdonald[16] écrivait des romans gothiques plutôt que des histoires de privés ; de même, on pourrait dire que Peter Straub écrit des romans gothiques plutôt que des romans d'horreur. Ce qui caractérise sa manière, dans *Julia*, dans *Tu as beaucoup changé, Alison* et surtout dans *Ghost Story*, c'est son refus de considérer comme statiques les conventions du roman gothique. Ses trois romans ont beaucoup de choses en commun avec les classiques du genre – *Le Château d'Otrante*[17], *Le Moine*[18], *Melmoth, l'homme errant*[19], voire *Frankenstein* (même si ce dernier est, en termes de narration, plus proche du roman moderne que du roman gothique) –, ce sont des livres où le passé finit par devenir plus important que le présent.

Ceux d'entre vous qui ont conscience de l'importance de l'Histoire diront sans doute qu'il s'agit là d'une ambition louable pour toute forme romanesque, mais le roman gothique a toujours été considéré comme une curiosité, un levier obscur de la grande machine littéraire anglophone. A mon sens, les deux premiers romans de Straub sont des tentatives en grande partie inconscientes d'actionner ce levier ; ce qui distingue *Ghost Story*, ce qui en fait une telle réussite, c'est que Straub semble désormais avoir compris – de façon consciente – la nature du roman gothique et ses relations avec le reste de la littérature. En d'autres termes, il a découvert le mode de fonctionnement de ce fichu levier, et *Ghost Story* est un manuel d'instructions extraordinairement passionnant.

« [*Ghost Story*] est né après que j'ai lu tous les contes et romans fantastiques américains que j'avais pu trouver, déclare Straub. J'ai relu Hawthorne[20] et James[21], puis je me suis procuré tout Lovecraft ainsi que pas mal de livres des membres de son "gang" – tout ça parce que je souhaitais étudier la tradition dans laquelle je m'inscrivais, étant désormais résolu à écrire dans le domaine du fantastique –, et j'ai aussi lu Bierce[22], les histoires de fantômes d'Edith Wharton[23], et pas mal d'auteurs européens. [...] La première idée qui m'est venue, c'est celle d'un groupe de vieillards en train de se raconter des histoires – j'espérais pouvoir trouver un truc me permettant ensuite de lier ces histoires entre elles. J'aime bien l'idée d'une histoire enchâssée dans un roman – apparemment, j'ai passé une bonne partie de ma vie à écouter des personnes âgées me raconter des histoires sur leur famille, leur jeunesse... Et cela me paraissait être un défi en termes formels. Puis j'ai eu l'idée de cannibaliser certains classiques pour les intégrer au répertoire de la Chowder Society[24]. C'était une idée qui m'excitait. Elle me paraissait aussi audacieuse que bonne. Si bien que, après avoir rédigé une partie du bouquin, j'ai produit des versions un peu tordues de

Mon parent, le major Molyneux [25] et du *Tour d'écrou* [26],
puis je me suis attaqué à *La Chute de la maison Usher* [27].
Mais le résultat me sembla alors quelque peu envahis-
- . Alors j'ai laissé tomber l'histoire de Poe (celle de
Hawthorne a disparu quand j'ai révisé mon premier jet).
Je pensais que les membres de la Chowder Society
feraient suivre ces histoires des leurs propres – le mono-
logue de Lewis sur la mort de sa femme, les monologues
croisés de Sears et de Ricky sur la mort d'Eva Galli. »

Ce qui frappe de prime abord dans *Ghost Story*, c'est
sa ressemblance avec *Julia*. Ce livre commence par
nous montrer une femme qui a perdu un enfant ; *Ghost
Story* débute avec un homme qui en a trouvé un. Mais
ces deux enfants sont étrangement semblables, et ils
sont entourés d'une même atmosphère maléfique.

Extrait de *Julia* :

Elle y était à peine entrée [dans un parc] qu'elle revit la
petite fille blonde. L'enfant était assise par terre, à quelque
distance d'un groupe de garçons et de filles, qui l'observaient attentivement. [...] Avec une intense concentration,
la petite fille faisait quelque chose avec ses mains. Son
visage était d'un sérieux adorable. [...] ... ce qui donnait à
la scène une atmosphère de représentation théâtrale. [...]
Les jambes allongées devant elle, la petite fille était assise
au pied d'un tas de sable. Elle s'était mise à parler à voix
basse à son auditoire, assis sur l'herbe maigre par groupes
de trois ou quatre. Ils étaient d'un calme vraiment étonnant, entièrement pris par le jeu de la petite fille [28].

Cette petite fille, qui captive son public en découpant
une tortue devant lui, est-elle la même que celle qui
accompagne Don Wanderley lors de l'étrange voyage
qui le conduit de Milburn, dans l'Etat de New York, à

Panama City, en Floride ? Voici comment elle apparaît à Don pour la première fois. A vous de décider.

Ce fut ainsi qu'il la trouva. Au début, lorsqu'il la vit apparaître sur le terrain de jeux, un après-midi, il n'en était nullement certain. Elle n'était pas belle, ni même jolie – brune, avec un regard intense et des vêtements pas très propres. Les autres enfants l'évitaient [...] les enfants étaient peut-être plus prompts que les adultes à sentir qu'elle était différente. [...] En fait, Don possédait un seul indice tendant à prouver qu'elle n'était pas une petite fille comme les autres, et il s'y accrochait avec opiniâtreté : la première fois qu'il l'avait vue, il avait senti son sang se glacer[29].

Julia, dans le roman qui porte son nom, interroge une petite fille noire sur la fillette sans nom qui a mutilé la tortue. La petite fille noire s'approche de Julia et engage la conversation en lui demandant :

« Comment tu t'appelles ?
– Julia. »
La bouche de la fillette s'ouvrit encore davantage.
« Doulya ? »
Julia posa brièvement la main sur la toison élastique de l'enfant.
« Et toi, comment t'appelles-tu ?
– Mona.
– Tu connais la petite fille qui jouait ici il y a un moment ? La petite fille blonde qui était assise et qui parlait ? »
Mona inclina la tête.
« Tu sais comment elle s'appelle ? »
Mona inclina de nouveau la tête.
« Doulya.
– Julia ?

– Mona. Emmène-moi.

– Que faisait la fille blonde, Mona ? Elle racontait des histoires ?

– Elle fait. Des choses. »

La petite fille plissa les yeux.

Dans *Ghost Story*, Don Wanderley a avec un enfant une conversation similaire portant sur la petite fille qui le trouble tant :

« Comment s'appelle cette petite fille ? » lui demanda-t-il en la désignant.

Mal à l'aise, le petit garçon baissa les yeux et murmura :

« Angie.

– Angie comment ?

– Je ne sais pas.

– Pourquoi aucun des autres ne joue-t-il avec elle ? »

Le petit garçon le regarda avec méfiance, puis, trouvant sans doute Don digne de confiance, se pencha vers lui, et, mettant ses mains en cornet comme pour révéler un grave secret, lui souffla à l'oreille :

« Parce qu'elle est *affreuse*. »

Mais ces deux romans partagent un autre thème – un thème digne de Henry James : l'idée que les fantômes, en dernière analyse, s'emparent des mobiles et peut-être des âmes de ceux qui les voient. S'ils s'avèrent maléfiques, le mal qu'ils expriment vient de nous. Même en proie à la terreur, les personnages de Straub sont conscients de ce cousinage. Ses fantômes, à l'instar de ceux conjurés par Henry James, Edith Wharton et M. R. James[30], sont d'essence freudienne. C'est seulement lors de leur ultime exorcisme que les fantômes de Straub deviennent véritablement inhumains – des émissaires du royaume du « mal extérieur ». Lorsque Julia demande à Mona comment s'appelle la petite fille tueuse de tortues, Mona lui répond par son propre nom (« Doulya », dit-elle). Et dans *Ghost Story*, lorsque Don Wanderley essaie d'en savoir plus sur la nature de l'étrange petite fille, il s'ensuit une conversation des plus inquiétantes :

« Soit, dit-il, essayons de nouveau. Qu'es-tu ? »
Pour la première fois depuis qu'il l'avait emmenée dans la voiture, elle sourit vraiment. C'était un changement, mais qui ne le mit pas davantage à son aise ; elle avait toujours l'air aussi adulte.
« Tu le sais », dit-elle.
Il insista :
« Qu'es-tu ? »
Sans cesser de sourire, elle fit cette réponse étonnante :
« Je suis toi.
– Non. Je suis moi. Tu es toi.
– Je suis toi. »

Ghost Story apparaît de prime abord comme un mélange extravagant de toutes les conventions de l'horreur et du gothique telles que nous avons pu les voir exposées dans les films de série B examinés lors des chapitres précédents. On y trouve des mutilations animales. Un cas de possession démoniaque (Gregory Bate, un des personnages secondaires, tabasse sa petite sœur, qui réussit à lui échapper, et son petit frère... qui y échoue). On y aperçoit des vampires, des goules (au sens littéral du terme ; Gregory dévore ses victimes après les avoir tuées) et des loups-garous aussi singuliers que terrifiants. Mais toutes ces sinistres légendes ne sont que des masques dissimulant le véritable cœur du roman, à savoir une femme qui est peut-être Eva Galli... ou Alma Mobley... ou Anna Mostyn... ou encore une petite fille en robe rouge censée s'appeler Angie Maule. « Qu'es-tu ? » lui demande Don. « Je suis toi », répond-elle. Et c'est là que le cœur de cet extraordinaire roman semble battre avec le plus de force. Après tout, si le fantôme nous semble si terrifiant, n'est-ce pas parce qu'il nous donne à voir notre propre visage ? Quand nous l'obser-vons, nous devenons pareils à Narcisse, qui fut frappé si fort par la beauté de son reflet qu'il en perdit la vie. Si nous redoutons le Fantôme, c'est pour la même rai-son que nous redoutons le Loup-Garou : il représente une partie enfouie au fond de nous et que les restrictions apolliniennes sont impuissantes à maîtriser. Il peut pas-ser à travers les murs, disparaître, parler avec la voix d'un inconnu. C'est notre part dionysiaque... mais c'est quand même nous.

Straub semble conscient du caractère potentielle-ment horrifique de son matériau de base, mais c'est une situation qu'il retourne à son avantage d'une façon digne d'éloges. Les personnages eux-mêmes ont l'impression de se trouver au cœur d'une histoire d'hor-reur ; le principal d'entre eux, Don Wanderley, est un écrivain spécialisé dans le genre, et dans la ville de Mil-burn, à quoi se réduit peu à peu l'univers de ce livre, se trouve enchâssé l'univers du Rialto de Clark Mulligan, un cinéma où se déroule un festival du film d'horreur : un microcosme à l'intérieur du macrocosme. Dans l'une des scènes clés du livre, Gregory Bate jette le jeune Peter Barnes, un des « bons » du roman, à travers l'écran pen-dant que *La Nuit des morts-vivants* est projetée devant une salle vide. La ville de Milburn se retrouve isolée par la neige et envahie par les morts-vivants, et Barnes est alors littéralement catapulté à l'intérieur du film. Ça ne devrait pas marcher ; ça devrait sembler ringard et gro-tesque. Mais ça *marche*, et ce grâce au style ferme et élégant de Straub. Et cela renforce le motif spéculaire de ce livre (trois des épigraphes de celui-ci forment une libre adaptation de la légende de Narcisse) et nous oblige à ne pas oublier que le visage qu'on voit dans le miroir est aussi le visage de celui qui regarde ; ce livre nous suggère que si nous avons besoin d'histoires de fantômes, c'est parce que nous sommes nous-mêmes des fantômes*. Cette idée est-elle si étrange, si paradoxale, quand nous considérons la brièveté de notre vie dans un monde où les séquoias vivent deux mille ans et les tortues des Galápagos un bon millier d'années ?

Si *Ghost Story* est une œuvre aussi magistrale, c'est en grande partie parce que, des quatre archétypes que nous avons mentionnés, celui du Fantôme est le plus puissant. Le concept du Fantôme est au surnaturel ce que le concept du Mississippi est au *Huckleberry Finn* de Mark Twain – bien plus qu'un symbole ou un archétype, c'est un élément essentiel de cet océan mythique dans lequel nous devons tous nous baigner. Avant la confrontation qui conclut *L'Exorciste*, le jeune prêtre demande à son aîné : « Vous ne voulez pas que je vous détaille les manifestations des différents esprits qui la possèdent ? » Il entreprend de les énumérer, mais le père Merrin l'interrompt sèchement : « Il n'y en a qu'un. »

Et bien que *Ghost Story* regorge de vampires, de loups-garous et de goules cannibales, on n'y trouve en fait qu'une seule créature : Alma/Anna/Ann-Veronica... et la petite Angie Maule. Don Wanderley la décrit

---

* Alors qu'il souffre d'une profonde dépression, Don donne un cours un peu incohérent sur les œuvres de Stephen Crane [31]. A un moment donné, il décrit *La Conquête du courage* comme « une histoire de fantômes où le fantôme n'apparaît jamais ». Etant donné la façon dont ce livre traite les sujets de la lâcheté et du courage, c'est là une description étonnamment juste.

comme un métamorphe (ce que les Indiens appelaient un manitou), mais c'est là une branche de l'arbre plutôt que ses racines ; toutes ces manifestations ne sont que des accessoires. Lorsqu'on les a écartées, on se retrouve face à face avec la carte la plus importante de notre tarot : le Fantôme.

Nous savons qu'un fantôme n'est pas nécessairement maléfique – en fait, nous connaissons tous des histoires de fantômes bienveillants ; le spectre qui a dit à tante Clarissa de ne pas prendre tel avion ou celui qui a conseillé à papy Vic de rentrer chez lui en vitesse parce que la maison était en feu. Ma mère m'a raconté que son ami Emil avait reçu la visite de Jésus-Christ alors qu'il venait d'être hospitalisé suite à une crise cardiaque. Jésus a ouvert la porte de la chambre d'Emil et lui a demandé comment il se sentait. Emil a avoué que ça n'allait pas fort et a demandé à Jésus s'Il était venu le chercher. « Pas encore, a dit Jésus en s'adossant à la porte d'un air nonchalant. Tu as encore six ans à vivre. Détends-toi. » Puis Il est parti. Emil s'est rétabli. Ça se passait en 1953 ; ma mère m'a raconté cette histoire vers 1957. Emil est mort en 1959 – six ans après sa crise cardiaque.

J'ai moi-même utilisé quelques « bons fantômes » dans mes bouquins ; à la fin du *Fléau*, Nick Andros, un personnage mort peu de temps avant dans une explosion, apparaît à Tom Cullen, un demeuré au grand cœur, pour lui expliquer comment soigner Stuart Redman, le héros du livre, qui est atteint d'une pneumonie. Mais dans le contexte d'un roman d'horreur, le fantôme est toujours maléfique, et nous nous retrouvons en conséquence en terrain familier : l'examen du conflit entre Apollon et Dionysos, et la surveillance du mutant.

Dans *Ghost Story*, Don Wanderley est convoqué par quatre vieillards qui ont formé un club baptisé la Chowder Society. Le cinquième membre, à savoir l'oncle de Don, est décédé l'année précédente, apparemment d'une crise cardiaque, après avoir participé à une soirée en l'honneur d'Ann-Veronica Moore, une mystérieuse actrice. Comme pour tous les bons romans gothiques, il serait injuste de donner un résumé plus détaillé de l'intrigue de celui-ci – non par crainte de gâcher les surprises réservées au lecteur confirmé du genre (nous ne devons pas nous attendre à quelque chose de neuf, vu l'intention affichée par Straub d'opérer une fusion entre le maximum d'éléments de l'histoire de fantômes classique), mais parce que tout roman gothique qui se respecte apparaît comme complexe et laborieux quand on en donne un résumé. La plupart d'entre eux reposent sur une intrigue complexe, et leur réussite dépend uniquement de la capacité qu'a l'auteur de vous faire croire à leurs personnages et de vous plonger dans leur ambiance. A cet égard, la réussite de Straub est éclatante, et les mécanismes de son roman fonctionnent à la perfection (même s'ils ne le font pas dans la discrétion ; comme je l'ai déjà fait remarquer, c'est là en partie ce qui fait le charme du gothique : ça fait *UN SACRÉ BOUCAN* !). Son style est une merveille d'équilibre et d'élégance.

Les données de base de *Ghost Story* suffisent à en préciser le conflit moteur ; tout comme dans *Le Cas étrange du Dr Jekyll et de M. Hyde*, c'est un conflit opposant l'Apollinien et le Dionysiaque, et la morale qui s'en dégage, comme c'est le plus souvent le cas en littérature d'horreur, est fermement réactionnaire. Quant à ses opinions politiques, elles sont identiques à celles des quatre membres de la Chowder Society : Sears James et John Jaffrey sont de fervents Républicains, Lewis Benedikt possède dans la forêt l'équivalent d'un fief médiéval, et bien que l'on nous dise à un moment donné que Ricky Hawthorne fut jadis socialiste, il est peut-être le seul socialiste de l'Histoire à être si fasciné par ses cravates neuves qu'il a parfois envie de les porter au lit. Tous ces hommes – ainsi que Don Wanderley et le jeune Peter Barnes – sont considérés par Straub comme des êtres pleins de courage, d'amour et de générosité (et comme Straub lui-même me l'a fait remarquer dans une lettre, aucune de ces qualités n'est contraire à la notion de réactionnaire ; en fait, peut-être même qu'elles la définissent). Par contraste, le revenant féminin (tous les fantômes maléfiques de Straub sont féminins) est un être froid et destructeur qui ne vit que pour la vengeance. Lorsque Don fait l'amour avec cette créature, incarnée dans la personne d'Alma Mobley, il la touche durant la nuit et « ce fut comme si je recevais une secousse, non pas électrique, mais une sorte de sentiment de révulsion, comme si j'avais touché une limace ». Et durant un week-end qu'il passe avec elle, Don se réveille et voit Alma debout près de la fenêtre, abîmée dans la contemplation de la brume. Il lui demande ce qui ne va pas, et elle lui répond quelque chose. Il tente d'abord de se persuader qu'elle lui a dit : « J'ai vu un fantôme. » Plus tard, il est bien forcé d'admettre qu'elle a peut-être dit : « Je suis un fantôme. » Mais un nouvel effort de mémoire achève de le convaincre qu'elle lui a dit quelque chose de beaucoup plus révélateur : « Tu es un fantôme. »

Commence alors une bataille dont l'enjeu est la survie de Milburn ainsi que celle des trois derniers membres de la Chowder Society. En dépit de la complexité de l'intrigue et de l'abondance des personnages, le plan de bataille est d'une clarté exemplaire. Dans un camp, nous avons trois vieillards, un jeune homme et un adolescent qui prennent garde au mutant. Le mutant arrive. Et à la fin, le vainqueur nous est révélé. Voilà qui n'a apparemment rien d'extraordinaire. Ce qui distingue *Ghost Story* – ce qui le fait sortir du lot –, c'est l'effet de miroir construit par Straub. Quelle Alma est la véritable Alma ? Quel mal est le véritable mal ? Comme nous l'avons vu précédemment, il est possible de distinguer deux types de romans d'horreur – ceux qui traitent du « mal intérieur » (comme *Le Cas étrange du Dr Jekyll et de M. Hyde*) et ceux qui traitent du « mal extérieur » (voir par exemple *Dracula*). Mais il arrive parfois que paraisse un livre où il est impossible de tracer la ligne de partage entre ces deux tendances. *Maison hantée*[32] est un livre de ce type ; *Ghost Story* en est un autre. Nombreux parmi les écrivains qui se sont attaqués à l'horreur sont ceux qui ont compris que c'était grâce à cette ligne de partage floue que l'on pouvait distinguer les bons romans des romans géniaux, mais dire est une chose et faire en est une autre, et la plupart d'entre eux, en tentant d'exploiter le paradoxe découlant de cette constatation, n'ont réussi à produire que des brouillons confus... voir par exemple *L'Amour mort ou vif* de Richard Lortz[33]. Dans ce cas de figure, soit on met dans le mille, soit on rate la cible. Straub ne la rate pas.

« En fait, je voulais travailler sur une plus grande échelle que précédemment, déclare Straub. Je voulais peindre une toile immense. *Salem* m'avait montré comment y parvenir sans se perdre au sein de tous les personnages secondaires. En outre, je voulais développer des effets plus tonitruants. [...] On m'avait inculqué l'idée suivant laquelle une histoire d'horreur est d'autant plus réussie qu'elle est sobre, retenue et ambiguë. En lisant [*Salem*], je me suis rendu compte que les tenants de cette notion partaient toujours perdants. Une histoire d'horreur est d'autant plus réussie qu'elle est violente et bariolée, qu'on lui permet d'exprimer toutes celles de ses qualités qui la rapprochent de l'opéra. J'ai donc décidé d'étendre le registre de mes effets – d'amener des scènes chocs, de créer une tension insoutenable, d'écrire des scènes de terreur glaçante. En résumé, disons que je me suis senti investi d'une immense ambition. J'étais résolu à écrire un roman qui serait *très* littéraire et qui aborderait tous les aspects possibles de l'histoire de fantômes. Et je voulais aussi m'amuser un peu avec la réalité, me débrouiller pour que mes personnages ne sachent plus distinguer ce qui était réel de ce qui ne l'était pas. J'ai donc créé des situations où ils avaient l'impression de : 1) jouer des rôles de personnages romanesques ; 2) regarder un film ; 3) être en proie à des hallucinations ; 4) être en train de rêver ; 5) être transportés dans un monde imaginaire*. C'est à mon avis ce type de matériau que notre genre de prédilection est le mieux à même de traiter, de par sa nature même. C'est un matériau absurde et incroyable, qui convient parfaitement à une ligne narrative où les personnages ont à faire face à tout un tas de situations, dont certaines leur apparaissent comme foncièrement irréelles. Et il me semblait approprié de construire une telle intrigue à partir de l'image d'un groupe d'hommes en train de se raconter des histoires – une forme d'autoréférence qui me satisfait toujours quand je la retrouve dans le cadre d'un roman. Si la structure narrative a une relation avec les événements décrits, le livre acquiert une résonance supérieure. »

Straub nous livre une dernière anecdote sur son travail d'écrivain : « Un incident des plus heureux. [...]

---

* La meilleure illustration de cette idée se trouve lors de la scène où meurt Lewis Benedikt. Il aperçoit une porte formée par un tapis d'aiguilles de pin alors qu'il chasse dans la forêt. Lorsqu'il franchit cette porte, il se retrouve plongé dans un univers aussi fantastique que meurtrier.

Alors que j'allais m'attaquer à la deuxième partie, deux Témoins de Jéhovah ont frappé à ma porte et je leur ai acheté trois ou quatre brochures. L'une d'elles [...] portait une manchette relative à un certain Dr Rabbitfoot – c'était le titre du récit d'un joueur de trombone nommé Trummy Young, qui a jadis joué dans l'orchestre de Louis Armstrong. Le Dr Rabbitfoot était un autre joueur de trombone qu'il avait rencontré étant enfant. J'ai aussitôt récupéré ce nom et j'ai commencé la deuxième partie avec ce personnage. »

Un peu plus loin dans le livre, le jeune Peter Barnes est pris en auto-stop par un personnage qui est soit Alma Mobley soit une de ses créatures. Il s'agit d'un petit homme rondouillard conduisant une voiture bleue – un Témoin de Jéhovah. Il donne à Peter un exemplaire de *La Tour de garde*, ce que le lecteur s'empresse d'oublier vu la nature explosive des événements qui occupent les quarante pages suivantes. Mais Straub ne l'a pas oublié. Plus tard, lorsqu'il raconte son histoire à Don Wanderley, Peter lui montre la brochure que lui a donnée le Témoin de Jéhovah. La manchette en est la suivante : LE DR RABBITFOOT M'A ENTRAÎNÉE DANS LE PÉCHÉ.

On se demande si c'étaient ces mots qui figuraient sur l'exemplaire de *La Tour de garde* que les Témoins de Jéhovah ont vendu à Straub alors qu'il travaillait dans son appartement de Londres sur le premier jet de *Ghost Story*.

3

Abandonnons à présent les fantômes pour passer à leur habitat naturel (ou surnaturel, si vous préférez) : la maison hantée. Il existe d'innombrables histoires de maisons hantées, la plupart assez médiocres (*La Cave aux atrocités*[34] de Richard Laymon fait partie des moins réussies). Mais ce petit sous-genre a également produit bon nombre d'excellents bouquins.

Je ne pense pas que la maison hantée soit à proprement parler une carte de notre tarot des mythes surnaturels, mais il nous suffit d'élargir un peu cette notion pour découvrir un nouveau courant de notre océan mythique. Faute de mieux, nous pourrions baptiser ce nouvel archétype le Lieu Maléfique, un terme qui peut désigner bien autre chose que la maison en ruine de Maple Street[35], avec sa pelouse envahie par le chiendent, ses fenêtres cassées et son écriteau À VENDRE en train de moisir.

Je n'ai pas l'intention de consacrer ces pages à mes propres œuvres, mais le lecteur sait sans doute que j'ai déjà traité l'archétype du Lieu Maléfique au moins à deux reprises, la première de façon oblique (dans *Salem*), la seconde de façon plus directe (dans *Shining*). J'ai commencé à m'intéresser au sujet le jour où un de mes copains et moi-même avons décidé d'explorer la « maison hantée » du coin – un bâtiment décrépit de Deep Cut Road dans ma bonne ville de Durham (Maine). Comme il sied à toute maison abandonnée, celle-ci était baptisée du nom de ses derniers propriétaires en date. Les citoyens de Durham l'appelaient la Maison Marsten.

Cet édifice délabré se dressait en haut d'une colline d'où le regard embrassait une bonne partie de notre quartier – ledit quartier étant surnommé Methodists

Corners. Elle était remplie d'objets aussi divers que fascinants : des flacons sans étiquette contenant encore des produits pharmaceutiques à l'odeur suspecte, des piles de revues moisies (LES JAPS DÉFERLENT DE LEURS TRANCHÉES À IWO JIMA ! pouvait-on lire sur la couverture d'un vieux numéro d'*Argosy*), un piano pourvu d'au moins vingt-cinq touches hors d'usage, des tableaux représentant des gens morts depuis des siècles et dont les yeux semblaient vous suivre, de l'argenterie oxydée, quelques rares meubles.

La porte était fermée à clé et on y avait cloué un panneau annonçant DÉFENSE D'ENTRER (une inscription si ancienne qu'elle était à peine lisible), mais ça ne nous a pas arrêtés ; de tels avertissements sont en général sans effet sur des gamins de dix ans. On est tout simplement passés par la fenêtre.

Après avoir soigneusement exploré le rez-de-chaussée (vérifiant au passage que les antiques allumettes que nous avions trouvées dans la cuisine ne produisaient qu'une atroce puanteur quand on les craquait), nous sommes montés à l'étage. Ce que nous ignorions, c'est que mon frère et mon cousin, respectivement âgés de douze et de quatorze ans, nous avaient suivis dans la maison. Alors qu'on commençait à fouiner dans les chambres de l'étage, ils se sont mis à jouer une mélodie discordante sur le piano du salon.

Mon copain et moi avons poussé un hurlement et nous sommes serrés l'un contre l'autre – l'espace d'un instant, nous avons connu une terreur absolue. Puis nous avons entendu ces deux crétins éclater de rire, et nous avons échangé un sourire penaud. Aucune raison d'avoir peur ; ce n'étaient que deux grands en train de foutre la trouille à deux petits. Non, vraiment, aucune raison d'avoir peur, mais je ne pense pas que nous ayons jamais remis les pieds dans cette maison. En tout cas pas après la tombée de la nuit. Peut-être y avait-il... quelque chose. Et cette baraque n'était même pas un véritable Lieu Maléfique.

Quelques années plus tard, j'ai lu un article développant l'hypothèse selon laquelle les prétendues « maisons hantées » seraient en fait des accumulateurs psychiques ; elles absorberaient ainsi les émotions manifestées entre leurs murs à la façon d'une batterie de voiture absorbant l'électricité. Si bien que, à en croire l'auteur de l'article, le phénomène psychique que nous avons baptisé du nom de « hantise » ne serait qu'une sorte de show paranormal – la rediffusion de voix et d'images anciennes ayant trait à des événements passés. Et si nombre de maisons hantées sont évitées par la population et acquièrent la réputation de Lieux Maléfiques, c'est peut-être parce que les émotions les plus puissantes sont aussi les plus primitives : la rage, la haine et la peur.

Je n'ai pas pris cette théorie pour parole d'évangile – il me semble que l'écrivain qui s'intéresse aux phénomènes psychiques se doit de les traiter avec respect tout en conservant une certaine dose de scepticisme –, mais elle m'a paru fort intéressante, à la fois pour elle-même et parce qu'elle rejoignait confusément une idée que j'entretenais déjà depuis un bon moment : le passé est un fantôme qui hante constamment notre existence présente. Et étant donné l'éducation méthodiste plutôt rigoureuse qui m'a été dispensée, je me suis demandé si la maison hantée ne pouvait pas devenir le symbole d'un péché non expié... une idée qui est devenue le pivot de mon roman *Shining*.

Si cette théorie me plaisait pour elle-même – hors de tout contexte moral ou symbolique –, c'est parce que j'ai toujours eu du mal à comprendre pourquoi les morts auraient envie de traîner dans des maisons désertes, agitant leurs chaînes et poussant des gémissements lugubres dans le seul but d'effrayer les passants... Ils ont sûrement mieux à faire. Voilà un passe-temps qui me semble bien peu passionnant. Cette théorie suggère que les habitants de la maison hantée, après être partis pour un monde meilleur, ont laissé derrière eux un résidu psychique. Mais ledit résidu est peut-être quand même extrêmement dangereux, tout comme la peinture à base de plomb, qui attend plusieurs années pour attaquer l'organisme de ceux qui ont eu l'imprudence d'en avaler des débris écaillés durant leur enfance.

Mon expérience dans la Maison Marsten, à laquelle se sont rajoutés cet article et les cours que j'ai donnés sur le *Dracula* de Stoker, m'a donné l'idée de créer une Maison Marsten fictive dans la ville de Jerusalem's Lot, en haut d'une colline non loin du cimetière de Harmony Hill. Mais *Salem* est une histoire de vampires et non de hantises ; la Maison Marsten n'en forme qu'une fioriture, un peu l'équivalent gothique d'un appendice. Elle est là, et bien là, mais elle ne fait pas grand-chose à part créer une certaine atmosphère (Tobe Hooper lui donne un peu plus d'importance dans son adaptation, mais son but principal semble surtout d'avoir l'air bien menaçante en haut de sa colline). J'ai donc décidé de revenir sur cette théorie de maison en tant que batterie psychique et d'écrire une histoire centrée autour de ce concept. *Shining* se déroule dans le comble du Lieu Maléfique : un hôtel hanté plutôt qu'une maison hantée, avec un film d'horreur bien réel dans presque toutes ses chambres.

Inutile de dire que le Lieu Maléfique n'est pas forcément une maison ; il existe quantité d'histoires où la hantise s'exerce dans une gare, dans une voiture, dans un pré ou dans un immeuble de bureaux. La liste est quasiment infinie et nous ramène à cet homme des cavernes qui a changé de grotte parce qu'il entendait des voix dans la sienne pendant la nuit. Etaient-ce de vraies voix ou bien le bruit du vent ? C'est une question que nous nous posons encore quand la nuit est bien noire.

Je compte discuter ici de deux romans consacrés à l'archétype du Lieu Maléfique, le premier très bon et le second excellent. En fait, il est question d'une maison hantée dans tous les deux. Ce qui n'est que justice, je pense ; une gare ou une voiture hantées, c'est grave, mais la maison est le lieu où nous ôtons notre armure et posons notre bouclier. C'est à l'abri de notre maison que nous nous permettons d'être vulnérables comme nulle part ailleurs : nous enlevons nos vêtements et nous nous endormons sans la présence d'un gardien (hormis peut-être deux des robots les plus populaires de notre société : le détecteur de fumée et l'alarme anticambrioleur). A en croire le poète Robert Frost[36], le foyer est le lieu où on est obligé de nous accueillir quand nous y arrivons. Et il y a tous ces aphorismes millénaires : Le foyer est là où se trouve le cœur, Rien ne vaut son chez-soi, C'est l'amour qui fait d'une maison un foyer. On parle au sens figuré de la chaleur du foyer, et les pilotes qui reviennent de mission disent qu'ils « rentrent à la maison ». Et même si vous êtes perdu en terre étrangère, vous trouverez sûrement un restaurant qui apaisera votre faim et votre mal du pays avec des petits plats mitonnés « comme à la maison ».

Permettez-moi de souligner une nouvelle fois que l'horreur est l'intrusion du frisson dans le familier, et que les meilleurs récits d'horreur fournissent des frissons aussi soudains qu'imprévus. Quand nous rentrons chez nous et refermons le verrou de notre porte, nous pensons barrer le passage au danger. Le motif du Lieu Maléfique nous chuchote au contraire que tous les dangers ne sont pas au-dehors ; nous nous sommes enfermés... avec *eux*.

Les deux romans qui m'intéressent adhèrent de façon assez stricte aux conventions du thème de la maison hantée ; le lecteur fait l'expérience d'une série de hantises destinées à renforcer l'impression qu'il a d'être en présence d'un Lieu Maléfique. On pourrait même avancer que la meilleure définition d'une maison hantée est la suivante : « une maison à l'histoire peu ragoûtante ». L'auteur ne doit pas se contenter de faire défiler les clichés habituels du genre : spectres dûment pourvus de chaînes, portes qui s'ouvrent ou se ferment toutes seules en pleine nuit, bruits bizarres à la cave ou au grenier (le grenier est un lieu particulièrement apte à abriter la terreur – avez-vous jamais exploré le vôtre à la lueur d'une bougie alors que l'électricité était coupée pour cause de tempête ?) ; le récit de maison hantée nécessite un contexte historique.

La Maison d'à côté d'Anne Rivers Siddons [37] (1978) et *Maison hantée* de Shirley Jackson [38] (1959) fournissent tous deux ce contexte historique. Jackson le donne d'emblée dès le premier paragraphe de son roman, exposant l'argument de son récit dans une prose superbe et onirique :

Aucun organisme vivant ne peut rester indéfiniment sain d'esprit dans des conditions de réalité absolue ; au dire de certains, même les alouettes et les sauterelles sont supposées rêver. Esseulée et insane, Hill House se dressait au pied des collines, abritant ses ténèbres. Cela faisait quatre-vingts ans qu'elle était là, et elle y serait peut-être encore aussi longtemps. A l'intérieur, les murs étaient bien droits, les briques bien étanches, les planchers bien solides et les portes bien closes ; le silence s'étalait uniformément le long des boiseries et des pierres de Hill House, et ce qui rôdait là y était seul[39].

Rares sont les passages descriptifs de la littérature anglaise plus réussis que celui-ci ; c'est là le genre d'épiphanie que tout écrivain espère rencontrer au moins une fois dans sa carrière : des mots qui transcendent les mots, un tout qui est plus grand que la somme de ses parties. L'analyse d'un tel paragraphe est une entreprise aussi mesquine que risquée, le genre de tâche qu'on doit laisser aux professeurs de lycée et d'université, ces entomologistes de la littérature qui, lorsqu'ils aperçoivent un superbe papillon, s'empressent d'attraper leur filet, de le capturer, de le tuer d'une goutte de chloroforme et de l'épingler sous une plaque de verre, obtenant ainsi un papillon toujours aussi superbe... mais raide mort.

Cela dit, analysons-le quand même un peu. Je vous promets cependant que je m'abstiendrai de tuer et d'épingler ce papillon-là ; je n'en ai ni l'envie ni la capacité (prenez n'importe quelle thèse de lettres, classiques ou modernes, et je vous montrerai une collection de papillons morts, aussi atrocement tués qu'ils sont maladroitement épinglés). Nous nous contenterons de l'endormir quelques instants avant de le laisser reprendre son envol.

Je souhaite seulement vous faire remarquer la richesse de ce paragraphe. Il commence par nous suggérer que Hill House est un organisme vivant ; il nous dit ensuite que cet organisme vivant est placé dans des conditions de réalité absolue ; comme il ne rêve pas (et là, peut-être que je vais au-delà des intentions de Mrs. Jackson), il n'est pas sain d'esprit. Ce paragraphe nous informe de la durée de son existence, établissant d'emblée le contexte historique si important pour une histoire de maisons hantées, et il conclut en nous apprenant que *quelque chose* rôde dans les pièces et les couloirs de Hill House. Et tout ça en deux phrases.

Jackson avance sans en avoir l'air une idée encore plus troublante. Elle nous suggère que Hill House semble de prime abord complètement *normale*. Rien à voir avec la Maison Marsten de *Salem,* cette sinistre bâtisse aux fenêtres condamnées, au toit affaissé et aux murs écaillés. Rien à voir avec ces ruines sinistres au fond des impasses, ces maisons que les enfants bombardent durant le jour et craignent d'approcher la nuit tombée. Hill House a plutôt belle allure. Mais d'un autre côté, on pouvait en dire autant de Norman Bates [40], du moins si l'on n'y regardait pas de trop près. Il n'y a pas de courants d'air dans Hill House, mais celle-ci (ainsi que les inconscients qui osent y entrer, sans doute) se trouve placée dans des conditions de réalité absolue ; et elle ne rêve pas ; par conséquent, elle est folle. Et apparemment, elle tue.

Là où Shirley Jackson nous présente un historique – une sorte de genèse surnaturelle – en guise de point de départ, Anne Rivers Siddons en fait la trame même de son histoire.

La Maison d'à côté ne peut être considéré comme un roman que si on y privilégie l'évolution de sa narratrice, Colquitt Kennedy, qui demeure avec son mari Walter juste à côté de la maison hantée. Cette proximité entraîne de profonds changements dans leur existence et dans leur mentalité, et le livre ne devient un roman que lorsque Colquitt et Walter se sentent obligés d'« intervenir ». Cela se produit de façon satisfaisante lors des cinquante dernières pages du bouquin, mais avant ce tournant, Colquitt et Walter ne font figure que de personnages secondaires. Le livre est divisé en trois parties, et chacune d'elles forme une histoire complète. Trois familles se succèdent dans la maison hantée, les

Harralson, les Sheehan et les Greene, et c'est par leur entremise que se dessine son portrait. En d'autres termes, là où *Maison hantée* plante le décor au moyen d'une genèse surnaturelle – voir par exemple l'histoire de la jeune épousée, qui est tuée quelques secondes avant de voir Hill House pour la première fois –, *La Maison d'à côté* aurait pu être sous-titré *Comment on fait une maison hantée.*

Cette approche est parfaitement exploitée par Mrs. Siddons, qui n'écrit pas dans un style aussi limpide que Mrs. Jackson mais s'acquitte néanmoins de sa tâche d'une façon fort honorable. L'intrigue de son livre est solide et ses personnages attachants (« Des gens comme nous n'intéressent pas le magazine *People* », nous dit la première phrase du bouquin, et Colquitt entreprend ensuite de nous raconter comment son mari et elle, des gens pourtant fort discrets, se sont retrouvés dans les pages de *People*, rejetés par leurs voisins et détestés par les agents immobiliers, désireux qu'ils étaient de raser la maison d'à côté). Ladite maison n'a rien d'un manoir gothique festonné de lambeaux de brume glaciale ; on n'y trouve ni créneaux, ni douve, ni chemin de ronde... D'ailleurs, comment imaginer un tel édifice dans la banlieue d'Atlanta ? Et lorsque le récit commence, la maison hantée n'est même pas encore bâtie.

Colquitt et Walter demeurent dans un quartier prospère de la banlieue d'Atlanta. La vie sociale de ce quartier – nous sommes dans le Nouveau Sud, nous dit Colquitt, mais les vertus du Vieux Sud ont encore la vie dure – est placée sous le signe du calme, de l'aisance et de la tradition. A côté de leur maison se trouve un terrain qui n'a jamais été construit en raison d'une topographie difficile. Entre Kim Dougherty, jeune et ambitieux architecte ; il édifie sur ce terrain une maison de style contemporain qui lui va comme un gant. En fait...

elle semble presque vivante. Colquitt nous décrit sa réaction lorsqu'elle en découvre les plans :

Je retins mon souffle. Elle était splendide. D'ordinaire, je n'aime pas trop l'architecture contemporaine [mais...] cette bâtisse était différente. Elle s'imposait étrangement à vous, et en même temps vous charmait. Telle que le dessin la représentait, elle semblait surgir du sol comme quelque entité originelle qui aurait attendu, enfouie sous terre depuis des millénaires, le moment où elle pourrait enfin jaillir à la lumière. Elle épousait l'arête divisant le terrain, se dressant parmi les arbres, comme si elle n'était pas le résultat d'un assemblage de poutres et de pierres mais plutôt le fruit d'une graine, qui aurait longtemps enfoncé ses racines dans le sol, pour un jour éclore à l'air et au soleil. Le ruisseau sinuait à ses pieds, comme l'irriguant de vie. Elle semblait aussi évidente que la mer ou le ciel[41].

Les événements se succèdent de façon ordonnée. Des changements dionysiaques affectent cette banlieue apollinienne où il y a une place pour chaque chose et où chaque chose est à sa place. Cette nuit-là, quand Colquitt entend un hibou ululer dans le bosquet où va être bâtie la maison de Dougherty, elle fait un nœud au coin du drap pour éloigner la malchance, comme le faisait sa grand-mère.

Dougherty travaille pour le compte d'un jeune couple, les Harralson (mais il aurait accepté de bosser pour Adolf Hitler et Eva Braun, confie-t-il aux Kennedy ; c'est la maison qui l'intéresse, pas ses propriétaires). Buddy Harralson est un jeune avocat plein d'avenir. Son épouse, une jeune femme de bonne famille que tout le monde appelle Pie (surnom que lui avait donné son père), commence par perdre son bébé lors d'une fausse couche, qui se produit dans la maison alors qu'elle est enceinte de quatre mois, puis elle perd son chien, et finalement, le soir de la pendaison de crémaillère, elle perd tout le reste.

Départ des Harralson, arrivée des Sheehan. Buck et son épouse Anita se remettent de la perte de leur fils unique, qui a péri au Viêt-nam à bord de son hélicoptère. Anita, qui sort d'une dépression nerveuse consécutive à ce deuil (son père et son frère sont morts plusieurs années auparavant lors d'un accident étrangement semblable), voit apparaître à plusieurs reprises sur l'écran de la télévision les images de la mort atroce de son fils. Un voisin venu en visite est le témoin partiel de cette hantise. D'autres incidents se produisent... l'horreur atteint son comble... et adieu les Sheehan. Puis c'est au tour des Greene, et la fête continue.

Si ce récit semble familier, cela ne devrait pas nous surprendre. *La Maison d'à côté* est construit comme un conte à tiroirs, le genre de conte qu'aurait pu écrire Chaucer[42] s'il avait travaillé pour *Weird Tales*. C'est là un exercice plus fréquent au cinéma qu'en littérature. En fait, les cinéastes semblent souvent résolus à appliquer un des préceptes favoris des critiques du genre : le récit d'horreur est d'autant plus réussi qu'il est bref et direct (la plupart des critiques attribuent ce précepte à Edgar Poe, mais Coleridge l'avait précédé sur ce terrain, et Poe énonçait un principe valable pour tous les genres de nouvelles et non seulement pour celles relevant du fantastique). Ce précepte débouche le plus souvent sur des échecs cuisants, ce qui me paraît fort intéressant. La plupart des films d'horreur à sketches sont franchement ratés ou au mieux inégaux*.

---

* Comme toutes les règles, celle-ci souffre certaines exceptions. Si *Histoires d'outre-tombe*[43] et *Vault of Horror*[44], deux adaptations des bandes dessinées d'EC, sont des films lamentables, Robert Bloch a

La Maison d'à côté est-il un roman efficace ? Je pense que oui. Il n'est pas aussi efficace qu'il pourrait l'être, et le lecteur éprouve en fin de course des sentiments quelque peu ambigus envers Walter et Colquitt Kennedy, mais le résultat reste satisfaisant.

« Si j'ai écrit *La Maison d'à côté*, déclare Mrs. Siddons, c'est sans doute parce que j'ai toujours adoré le genre fantastique ou occulte – peu importe le terme choisi. Il me semble que la plupart de mes écrivains préférés ont tous écrit au moins une histoire de fantômes : Henry James [48], Edith Wharton [49], Nathaniel Hawthorne [50], Dickens, etc., et j'apprécie les œuvres contemporaines autant que les classiques du genre. *Maison hantée* de Shirley Jackson approche la perfection dans ce domaine [...] et l'œuvre que je préfère entre toutes est sans doute *The Lost, Strayed, Stolen* de M. F. K. Fisher [51].

« En fait, comme l'affirment toutes les préfaces de toutes les anthologies du genre, l'histoire de fantômes est éternelle ; elle renverse toutes les barrières de classe, de culture et de sophistication ; elle s'adresse directement à notre moelle épinière, au primitif qui sommeille en chacun de nous, tapi près de son feu et terrifié par l'obscurité régnant devant l'entrée de sa grotte. Si, la nuit, tous les chats sont gris, on peut dire aussi que tous les hommes ont peur de la nuit.

« La maison hantée m'a toujours paru être le motif le plus emblématique de l'horreur. Sans doute parce que,

scénarisé deux films à sketches pour la firme britannique Amicus, *La Maison qui tue* [45] et *Asylum* [46] ; ce sont ses propres nouvelles qui ont servi de base aux sketches, et le résultat est excellent. Bien entendu, le meilleur film de ce type reste *Au cœur de la nuit* [47] (1946), interprété par Michael Redgrave et réalisé par Robert Hamer, Alberto Cavalcanti, Charles Crichton et Basil Dearden.

pour une femme, la maison n'est pas seulement un bâtiment : c'est son royaume, sa responsabilité, son réconfort, son univers... c'est du moins le cas pour la plupart d'entre nous, que nous en ayons ou non conscience. C'est une extension de nous ; elle répond à l'un de nos besoins les plus fondamentaux. Mon abri. Ma terre. Ma seconde peau. Mon bien. A tel point que l'idée qu'elle puisse être profanée, corrompue par un élément étranger, pourrait-on dire, éveille en nous une profonde horreur. C'est à la fois terrifiant et [...] humiliant, à la manière de la visite d'un cambrioleur doublé d'un maniaque sexuel. Une maison ainsi affectée est une abomination, et ce quelles que soient la nature et l'identité du coupable. [...]

« Si j'ai écrit l'histoire de cette maison neuve qui se révèle [...] disons, maléfique [...] c'est tout simplement pour voir si j'étais capable d'écrire une bonne histoire de fantômes. [...] Je m'étais consacrée pendant deux ans à des livres dits "sérieux", ce qui m'avait plongée dans l'épuisement, et pourtant j'avais toujours envie d'écrire et je me suis dit qu'une histoire de fantômes me changerait un peu les idées [...] et alors que je recherchais une accroche pour mon récit, un jeune architecte a acheté la parcelle voisine de la nôtre et a entrepris d'y construire une maison de style contemporain. Mon bureau, que j'ai aménagé dans les combles de notre vieille demeure, donne droit sur cette parcelle boisée, et je passais des heures à regarder le bâtiment pousser au milieu des arbres, et un jour l'idée est née dans mon esprit et je me suis mise au travail. "Supposons, me disais-je, supposons qu'au lieu d'un antique prieuré hanté sur la côte des Cornouailles, au lieu d'une ferme coloniale du comté de Bucks fréquentée par un spectre, au lieu d'une vaste plantation sudiste où une femme en robe de soirée apparaît devant la cheminée en ruine, supposons que l'action se situe dans une maison toute neuve, en plein cœur d'une banlieue aisée." Qu'un prieuré, une ferme ou une plantation soient hantés, cela n'a rien de surprenant. Mais une maison contemporaine ? N'est-ce pas là une innovation particulièrement cruelle ? Un contraste particulièrement horrifiant ? C'est ce que je me suis dit. [...]

« Je ne sais toujours pas comment j'ai imaginé que la maison utiliserait sa beauté pour attirer les gens, puis se retournerait contre eux en exploitant leurs faiblesses. Notre époque est placée sous le signe du pragmatisme et du matérialisme, et un spectre conventionnel aurait semblé presque risible ; dans le milieu où j'envisageais de placer mes personnages, on ne croit pas à ces choses-là ; c'est presque un manque d'éducation. Si bien qu'un fantôme traditionnel aurait fini par fuir sous les quolibets. Qu'est-ce qui pouvait donc atteindre mes banlieusards si sophistiqués ? Qu'est-ce qui réussirait à briser leurs relations, à abattre leurs défenses, à percer leur armure ? Chaque problème devait trouver une solution différente. Chacun de nous abrite sa propre phobie. Prenons une maison susceptible de déceler et d'exploiter cette phobie, et nous avons un bel exemple de terreur banlieusarde.

« L'intrigue du roman a été écrite d'une seule traite, déjà fourmillante de détails, comme si elle sommeillait en moi depuis belle lurette. [...] Il ne m'a fallu qu'un seul jour pour dresser le plan de *La Maison d'à côté*. Je jubilais à l'idée de me mettre au travail, persuadée que ce livre-là serait des plus faciles à écrire. Et dans un sens, j'avais raison : ses personnages m'étaient déjà familiers. J'habite dans leur monde. Je sais presque tout d'eux. La plupart du temps, bien entendu, ce ne sont que des caricatures ; grâce à Dieu, la plupart de mes proches sont beaucoup plus excentriques et beaucoup moins confits dans leurs habitudes. Mais la banalité que je leur prêtais était nécessaire à mon propos. Et je n'ai eu aucune peine à fouiller leur psychologie.

« Mon but en écrivant ce livre n'était pas de m'étendre sur la maison et sur son horrible pouvoir, mais d'exposer ses effets sur le quartier, sur les relations entre voisins, entre amis et même entre parents et époux, de dire ce qui se passait quand des gens ordinaires se retrouvent confrontés à l'incroyable. Pour moi, telle est l'essence du surnaturel [...] le surnaturel détruit les relations que les gens ont entre eux et avec leur univers, voire avec eux-mêmes, avec leur essence. Ils se retrouvent alors seuls et sans défense, hurlant de terreur devant la créature en laquelle ils sont bien obligés de croire. Car tout est une question de croyance, de foi. Sans foi, il n'y a pas de terreur. Et je pense que cette terreur est décuplée lorsque c'est une femme ou un homme moderne, protégé par ses privilèges, son éducation, son niveau de vie, sa vision pragmatique et matérialiste des choses, qui se retrouve face à face avec quelque chose de totalement étranger, de totalement maléfique. Que sait-il de ce mal, quelle place a ce mal dans son existence ? Que viennent faire l'indicible et l'incroyable dans une existence placée sous le signe de la résidence secondaire, de l'évasion fiscale, de l'éducation des enfants, de la diététique et du confort automobile ? Quand un homme des cavernes hurlait en apercevant un revenant, son voisin le plus proche hurlait avec lui. [...] Le résident de Fox Run Chase qui aperçoit un spectre près de son Jacuzzi sera la risée de ses proches s'il raconte son expérience sur un court de tennis. Et le voilà, seul avec sa vision d'horreur, victime d'un ostracisme universel. C'est un double tour d'écrou, et je pensais que ça ferait une bonne histoire.

« Je le pense encore aujourd'hui. [...] Je pense que

mon livre tient debout. [...] Mais il m'a fallu un certain temps avant de pouvoir porter sur lui un jugement objectif. Après en avoir écrit environ un tiers, je ne m'amusais plus beaucoup, et mon travail me semblait aussi oppressant qu'obsessionnel ; j'avais compris que mon sujet n'avait rien de drôle, que j'écrivais quelque chose de vraiment horrible ; je tourmentais ou détruisais des gens, ou plutôt je les soumettais au tourment et à la destruction, ce qui revient au même. Il y a en moi [...] un résidu d'éthique puritaine ou de morale calviniste, je reste persuadée que TOUTE CHOSE DOIT AVOIR UN BUT. Je déteste tout ce qui est gratuit. Je crois sincèrement que le Mal doit toujours être puni, même si je sais que la réalité me donne tort. En fin de compte [...] je crois sincèrement que le Monstre doit recevoir son châtiment, même si j'ignore si c'est une force ou une faiblesse de ma part. Ce genre d'opinion ne s'accommode guère des subtilités, mais je ne me considère pas comme un écrivain "adroit". Si bien que j'ai fini par prendre mon roman très au sérieux ; je savais que Colquitt et Walter Kennedy, pour lesquels je m'étais prise d'affection, seraient détruits par la maison qu'ils finissent par détruire à la fin du livre, mais à mes yeux ils font preuve de panache en passant à l'acte tout en étant conscients des conséquences. [...] J'ai été enchantée de leur courage. [...] J'espère que, si je venais à être placée dans la même situation désespérée, je serais aussi courageuse qu'eux. Et si je parle comme si je ne contrôlais pas mes personnages, c'est parce que c'est l'impression que j'ai eue et que j'ai encore aujourd'hui. [...] La conclusion du roman me semble inévitable [...] et avec le recul, elle l'était dès que j'en ai écrit la première page. Si les choses se sont déroulées de cette manière, c'est parce que ainsi le voulaient le lieu, l'époque et les personnages. Ce sentiment me procure une profonde satisfaction, que je ne ressens pas forcément à l'égard de tous mes livres. C'est aussi pour cette raison que je pense que celui-ci est réussi. [...]

« A son niveau le plus superficiel, je pense qu'il s'agit d'un bon exemple d'histoire d'horreur juxtaposant le terrifiant et l'ordinaire [...] la "terreur en plein soleil" dont parlait Henry James. *Un bébé pour Rosemary* est le meilleur roman de ce type que j'aie jamais lu, et c'est là un effet que j'ai délibérément cherché à reproduire. Ce qui m'a plu en outre, c'est le fait que tous les personnages restent extrêmement sympathiques, du moins à mes yeux, et je n'ai pas changé d'avis sur ce point. Je me faisais du souci pour eux à mesure que j'avançais dans l'écriture du roman, et ils sont encore chers à mon cœur.

« Peut-être s'agit-il aussi d'un bon exemple d'horreur contemporaine. Et peut-être est-ce là l'avenir du genre. Dans ce meilleur des mondes où nous vivons, ce n'est pas le spectre lugubre aux chaînes cliquetantes qui aura raison de nous ; c'est notre maison elle-même. Dans un monde où les éléments les plus essentiels de notre existence, le fondement de notre vie, deviennent terribles et inconnus, peut-être que notre unique recours est la parcelle d'honnêteté innée que nous recelons au fond de notre cœur. Et dans un sens, cela ne me semble pas si mal. »

La phrase la plus frappante du témoignage de Mrs. Siddons – du moins en ce qui me concerne – est la suivante : « ... à mes yeux, écrit-elle, ils font preuve de panache en passant à l'acte tout en étant conscients des conséquences. » Voilà un sentiment qui peut nous apparaître comme foncièrement sudiste, et en dépit de son ton policé, Anne Rivers Siddons s'inscrit sans aucun doute dans la tradition des écrivains de gothique sudiste.

Elle nous dit avoir renoncé aux ruines de la plantation sudiste, mais en un sens, *La Maison d'à côté* a toutes les caractéristiques de cet édifice monstrueux et hanté qui a déjà abrité des écrivains si différents et pourtant si semblables que William Faulkner[52], Harry Crews[53] et Flannery O'Connor[54] – sans doute le plus grand nouvelliste américain de l'après-guerre. C'est un lieu où même un écrivain aussi lamentable que William Bradford Huie a séjourné de temps à autre.

Si on compare l'expérience sudiste à une terre fertile, on peut dire que presque tout écrivain, bon ou mauvais, qui se sent à l'aise sur cette terre peut y planter une graine et la voir pousser – en guise d'exemple, je vous recommande un roman de Thomas Cullinan intitulé *The Beguiled* (qui a inspiré *Les Proies*[55], un excellent film de Don Siegel avec Clint Eastwood). Voilà un roman qui est « correctement écrit », comme le dit un de mes potes – à savoir : rien d'extraordinaire. Ce n'est ni du Saul Bellow[56] ni du Bernard Malamud[57], mais ce bouquin ne s'abaisse pas au niveau de ceux de Harold Robbins[58] et de Sidney Sheldon, deux types qui ignorent apparemment la différence entre une phrase bien balancée et une pizza à la merde et aux anchois. Si Cullinan avait décidé d'écrire un roman plus conventionnel, sans doute que personne n'y aurait prêté attention. Mais il a choisi de raconter l'histoire aussi dingue que gothique d'un soldat nordiste qui perd sa jambe et ensuite sa vie aux mains d'un groupe d'anges de miséricorde demeurant dans une école de jeunes filles épargnée par les troupes de Sherman. Tel est le petit arpent que Cullinan a choisi de cultiver dans cette terre dont la fertilité ne laisse pas de surprendre. On est tenté de croire qu'une telle idée ne déboucherait ailleurs que sur un bien pauvre roman. Mais dans la terre du Sud, la graine a donné une moisson aussi belle que monstrueuse – le lecteur est pétrifié d'horreur en découvrant ce qui se passe entre les murs de cette école de jeunes filles.

D'un autre côté, quelqu'un comme William Faulkner a fait bien plus que de planter quelques graines ; c'est lui qui a défriché le terrain... et tout ce qu'il y a fait pousser à partir de 1930, date à laquelle il a véritablement découvert le gothique, a donné d'excellentes récoltes. A mes yeux, l'essence du gothique sudiste chez Faulkner se trouve dans son roman *Sanctuaire*[59], lors de la scène où Popeye monte sur l'échafaud. Il s'est soigneusement peigné pour l'occasion, mais lorsqu'il se retrouve la corde au cou et les mains liées dans le dos, voilà que ses cheveux lui retombent sur le front. Il se met à secouer la tête pour les remettre en place. « Je vais t'arranger ça », lui dit le bourreau, qui tire le levier actionnant la trappe. Exit Popeye, les cheveux dans les yeux. Je crois du fond du cœur qu'aucun écrivain né au nord de la ligne Mason-Dixon n'aurait été capable d'imaginer une telle scène, ou de l'écrire correctement s'il avait pu l'imaginer. Idem pour la longue et éprouvante scène de la salle d'attente qui ouvre le court roman de Flannery O'Connor intitulé *Revelation*. L'imagination sudiste est le seul endroit susceptible d'abriter une salle d'attente de ce type ; Seigneur Jésus, quelle équipe !

Pour me résumer : il y a dans l'imagination sudiste quelque chose de fertile et de terrifiant, et ce quelque chose s'exprime à merveille dans le genre gothique[60].

L'histoire des Harralson, la première famille à habiter le Lieu Maléfique, montre clairement que notre auteur a décidé d'exploiter la veine gothique sudiste. Pie Harralson, cette jeune femme de bonne famille et de bonne éducation, éprouve une attraction relativement malsaine pour son père, un homme sanguin originaire du Sud profond. Elle semble parfaitement consciente du triangle formé par son père, son mari et elle-même au sommet. Il lui arrive souvent de mettre délibérément en conflit les deux hommes de sa vie. La maison n'est qu'un nouveau pion dans le jeu d'amour-haine qu'elle joue avec son père. (« Elle veut le remettre à sa place une bonne fois pour toutes », commente l'un des personnages.) Lors de sa première conversation avec Colquitt et Walter, Pie s'exclame d'un ton enjoué à propos de sa future maison : « Oh, je sens que papa va la détester ! [...] Oh, il va en faire une crise ! »

Pendant ce temps, Buddy est pris sous l'aile de Lucas Abbott, un nouvel employé du cabinet d'avocats où il travaille. Abbott vient du Nord et nous apprenons en passant qu'il a quitté New York à la suite d'un scandale : « ... une histoire plutôt louche avec un avoué... »

La maison d'à côté qui, comme le dit Siddons, se retourne contre les gens en exploitant leurs faiblesses, utilise ces éléments disparates de la façon la plus horrible qui soit. Lors de la pendaison de crémaillère, Pie se met soudain à hurler. Les invités se précipitent vers elle pour voir ce qui se passe. Ils découvrent Buddy Harralson et Lucas Abbott tout nus dans la chambre qui sert de vestiaire. C'est le papa de Pie qui les a pris sur le fait, et il est en train de mourir, effondré sur le sol, victime d'une crise cardiaque, pendant que Pie continue de hurler... encore et encore...

C'est pas du gothique sudiste, ça ?

L'essence de l'horreur dans cette scène (qui me rappelle un passage de *Rebecca* [61], celui où la narratrice jette un froid dans l'assistance en descendant le grand escalier vêtue de la robe jadis portée par l'horrible première épouse de Maxim), c'est que les conventions sociales n'ont pas seulement été bafouées ; elles nous ont carrément explosé à la gueule. Siddons amène cette explosion avec un sens consommé de l'écriture. Jamais les choses n'auraient pu plus mal tourner ; des vies et des carrières sont irréparablement brisées en l'espace de quelques secondes.

Nous n'allons pas nous lancer ici dans l'analyse psychologique de l'écrivain d'horreur ; il n'y a rien de plus fastidieux que les gens qui vous posent des questions du genre : « Pourquoi êtes-vous si bizarre ? » ou : « Votre mère a-t-elle été terrorisée par un chien à deux têtes pendant sa grossesse ? » Ne comptez donc pas sur moi pour m'engager sur ce terrain, mais je voudrais néanmoins vous faire remarquer que l'impact de *La Maison d'à côté* s'explique en grande partie par le sens aigu des convenances dont est doté son auteur. Tout écrivain d'horreur a une conception très claire – j'irais jusqu'à dire maladive – de la frontière séparant ce qui est socialement (ou moralement, ou psychologiquement) acceptable de la *terra incognita* du Tabou. Siddons se montre plus apte que la plupart de ses confrères (Daphné Du Maurier [62] mise à part) à tracer la ligne de partage entre l'acceptable et le cauchemardesque, et je vous parie que ses parents lui ont souvent répété qu'on ne met pas les coudes sur la table... pas plus qu'on ne sodomise ses copains dans le vestiaire.

Elle revient sans arrêt sur cette rupture des conventions sociales (tout comme elle le faisait dans un de ses précédents romans, *Une jeune fille du Sud* [63]) et, sur le plan symbolique, *La Maison d'à côté* peut être considéré comme un traité à la fois comique et horrifique sur les us et coutumes des banlieues prospères. Mais sous cet aspect superficiel bat le cœur du gothique sudiste. Colquitt nous confie qu'elle serait incapable de dire à sa meilleure amie ce qu'elle a vu le jour où Anita Sheehan a définitivement perdu l'esprit, mais elle n'épargne aucun détail au lecteur. Horrifiée ou pas, Colquitt a tout vu. Au début du bouquin, elle se livre à une comparaison entre le Vieux Sud et le Nouveau Sud, mais le bouquin lui-même en est une autre. De prime abord, nous avons affaire à un univers caractérisé par « l'inévitable berline Mercedes tabac brun », les vacances à Saint Agnes, les *bloody mary* chez Rinaldi. Mais il suffit de gratter un peu cette couche superficielle pour apercevoir ce qui fait battre le cœur de ce roman avec une telle force, à savoir le Vieux Sud – le gothique sudiste. *La Maison d'à côté* ne se déroule qu'en apparence dans une banlieue aisée d'Atlanta ; son domaine est le même territoire dangereux dont Flannery O'Connor a dressé la carte. Colquitt Kennedy a des liens de parenté incontestables avec la Mrs. Turpin créée par O'Connor, qui attendait une révélation dans sa porcherie.

Si le roman de Mrs. Siddons a un défaut, celui-ci réside dans les sentiments que nous inspirent Walter, Colquitt et Virginia Guthrie, le troisième personnage principal. Ces trois-là ne nous semblent guère sympathiques, et même si aucune loi ne les y oblige, le lecteur est en droit de se demander pourquoi Siddons les aime tant, comme elle l'affirme elle-même. Durant la majeure partie du récit, Colquitt en particulier est nettement antipathique : vaniteuse, un peu snobinarde, un peu radine, à la fois pudibonde et vaguement exhibitionniste. « Nous n'avons qu'une envie : mener une existence paisible, nous dit-elle avec une certaine suffisance. Le désordre, la violence nous sont insupportables. Nous connaissons la misère qui accable tant de gens un peu partout dans le monde. Nous restons à l'écoute, nous sommes attentifs à l'actualité, et nous professons des opinions plutôt progressistes en politique. Nous sommes conscients d'avoir tissé une espèce de cocon autour de nous, mais nous l'avons voulu, nous y avions droit, nous avons travaillé dur pour cela. »

En toute honnêteté, ce discours est en partie conçu

pour souligner les changements subis par Colquitt et Walter à la suite des manifestations surnaturelles dans la maison voisine – laquelle ne ménage pas ses efforts pour les secouer. L'intention de Siddons est de nous faire comprendre que les Kennedy accèdent à un nouveau niveau de conscience sociale ; après l'épisode des Sheehan, Colquitt déclare à son mari : « Tu sais, Walter [...] nous n'avons jamais connu de réelles difficultés. Nous avons toujours pris ce que la vie pouvait avoir de meilleur, et nous en avons bien profité. Je me demande si nous ne venons pas de rencontrer là notre première épreuve... » Dans ce cas, Siddons a gagné son pari. Les Kennedy paient leur courage de leur vie. Le problème, c'est que le lecteur risque de se dire qu'ils n'ont eu que ce qu'ils méritaient.

L'idée que se fait Siddons de l'évolution des Kennedy est aussi plus vague que je ne le souhaiterais. S'ils remportent bien une victoire, c'est à mon avis une victoire à la Pyrrhus ; ils sont convaincus que leur devoir est d'avertir l'opinion des dangers présentés par la maison d'à côté, mais cette conviction détruit leur existence sans pour autant leur apporter un quelconque apaisement... et l'épilogue du roman semble nous suggérer que leur victoire n'est, au mieux, que provisoire.

Colquitt ne se contente pas de porter un chapeau de paille pour faire son jardin ; elle porte un chapeau de paille *mexicain*. Elle est légitimement fière de son travail, mais le lecteur sera peut-être gêné par l'opinion qu'elle se fait de sa beauté : « J'avais ce que je voulais et je n'avais pas besoin de l'adoration de très jeunes hommes, même si, ma modestie dût-elle en souffrir, certains des employés de mon agence me l'avaient parfois offerte. » Nous savons que les jeans moulants lui vont particulièrement bien ; c'est elle-même qui nous en informe. Et nous avons l'impression que si ce livre avait été écrit un ou deux ans plus tard, elle nous aurait confié qu'elle se sentait très bien dans ses jeans Calvin Klein. Pour me résumer, son personnage n'est pas de ceux avec lesquels le commun des mortels s'identifie aisément, et je pense que c'est au lecteur de décider si le catalogue de ses tics et de ses manies sert ou dessert l'engrenage cauchemardesque du roman.

Les dialogues posent également certains problèmes. A un moment donné, Colquitt accueille Anita Sheehan en ces termes : « Eh bien, je vous souhaite de nouveau la bienvenue, Anita Sheehan. Parce que vous êtes une autre femme, une que j'aime beaucoup, et j'espère que vous serez heureuse, très heureuse ici. » Voilà des sentiments fort louables, je le concède ; mais je me demande s'il existe vraiment des gens qui s'expriment de cette façon, même dans le Sud.

Parlons franchement : le principal défaut de *La Maison d'à côté*, c'est la psychologie plutôt vague des personnages. L'exécution de ce roman présente d'autres défauts – surtout apparents dans les dialogues, la narration étant adéquate et les métaphores souvent étrangement belles. Néanmoins, c'est une réussite totale dans le registre du gothique.

A présent, permettez-moi de suggérer que, outre son appartenance au gothique sudiste, *La Maison d'à côté*, en dépit des défauts que je viens de souligner, est également une réussite dans un autre domaine, bien plus important à mes yeux ; ce roman est un parfait exemple de ce qu'Irving Malin appelle « le nouveau gothique américain » – c'est aussi le cas de *Ghost Story*, d'ailleurs, bien que Straub me semble bien plus conscient de la nature du gibier qu'il a piégé (ce qu'indique clairement l'utilisation qu'il fait du mythe de Narcisse et du motif du miroir).

John G. Park a repris ce concept de nouveau gothique

américain dans un article paru dans *Critique : Studies in Modern Fictions**. Park s'intéresse avant tout au roman *Le Cadran solaire*[64], mais son propos peut également s'appliquer à quantité de textes de fantastique et d'horreur américains, y compris certains de ceux que j'ai écrits. Voici la « liste des ingrédients » nécessaires au gothique moderne telle que la dresse Park dans son article.

Premièrement, un microcosme assimilable à une arène où s'affrontent des forces universelles. Dans le livre de Siddons, c'est la maison d'à côté qui remplit ce rôle.

Deuxièmement, la maison gothique doit fonctionner comme une image d'autoritarisme, d'emprisonnement ou de « narcissisme étouffant ». Par narcissisme, Park et Malin entendent apparemment une obsession croissante du personnage pour ses propres problèmes ; le personnage se referme sur lui-même plutôt que de s'ouvrir sur l'extérieur. Le nouveau gothique américain nous présente des êtres fonctionnant en circuit fermé et, dans le cadre de ce qu'on pourrait qualifier d'illusion psychologique pathétique, un décor qui reflète le plus souvent le repli sur soi des personnages – cette description correspond parfaitement au *Cadran solaire***.

* *Waiting for the End : Shirley Jackson's* The Sundial, par John G. Park, *Critique*, vol. XIX, n° 3, 1978.
** Ou à *Shining*, qui a été écrit sous l'influence consciente du *Cadran solaire*. Dans *Shining*, les personnages sont bloqués par la neige dans un hôtel, loin de toute aide extérieure. Leur univers s'est rétréci et replié sur lui-même ; l'Hôtel Overlook devient le microcosme où s'affrontent des forces universelles, et le climat extérieur reflète celui qui règne dans l'esprit des personnages. Les contempteurs de l'adaptation de Kubrick feraient bien de se rappeler que ce sont ces éléments que Kubrick, consciemment ou inconsciemment, a choisi d'accentuer.

C'est là un changement aussi passionnant que fondamental dans l'orientation du gothique. Jadis, le Lieu Maléfique était considéré par les critiques comme un symbole de la matrice – un symbole avant tout sexuel, ce qui faisait du gothique un moyen commode de traiter des peurs sexuelles. Park et Malin suggèrent que le nouveau gothique américain, dont la gestation s'est déroulée durant les vingt ans ayant suivi la publication de *Maison hantée*, utilise le Lieu Maléfique pour symboliser non plus l'intérêt pour le sexe et la crainte du sexe mais l'intérêt pour soi et la crainte de soi... et si quelqu'un demande pourquoi les films et les romans d'horreur ont acquis une telle popularité durant les cinq dernières années, faites-lui remarquer que l'avènement de l'horreur durant la fin des années 70 et le début des années 80 s'est déroulé parallèlement à celui du Rolfing, du cri primal et du Jacuzzi, et que la plupart des films d'horreur à succès, de *L'Exorciste* à *Frissons*[65] de Cronenberg, sont de parfaits exemples de nouveau gothique américain, où la matrice symbolique est remplacée par un miroir symbolique.

Tout ceci ressemble à des délires d'universitaire, mais je parle sérieusement. Le but de l'horreur n'est pas seulement d'explorer le territoire du tabou mais aussi de réaffirmer notre attachement au *statu quo* en nous montrant des images extravagantes qui lui sont antinomiques. A l'instar des cauchemars les plus terrifiants, les films d'horreur sont le plus efficaces quand ils retournent le *statu quo* sens dessus dessous – ce qui nous terrifie peut-être le plus chez M. Hyde, c'est qu'il a toujours été une partie du Dr Jekyll. Et dans une société américaine de plus en plus obnubilée par le culte du moi, il n'est guère surprenant de constater que l'horreur s'applique de plus en plus à nous montrer un reflet particulièrement désagréable – le nôtre.

En regardant de plus près *La Maison d'à côté*, nous constatons que nous pouvons reposer la carte du Fantôme – on ne trouve aucun spectre proprement dit dans la maison où se succèdent les Harralson, les Sheehan et les Greene. La carte qui semble s'appliquer à ce roman est celle-là même que nous trouvons toujours dans notre main quand il est question de narcissisme : la carte du Loup-Garou. Consciemment ou inconsciemment, les histoires de loups-garous traditionnelles reprennent presque toujours l'histoire classique de Narcisse ; dans la version de Lon Chaney Jr, nous voyons celui-ci en train de se regarder dans l'inévitable étang alors qu'il passe de l'état de monstre à celui de Larry Talbot[66]. La même scène se produit dans le pilote de la série télé *L'Incroyable Hulk*[67] lorsque ce vieux Peau-Verte retrouve les traits de David Banner. Dans *La Nuit du loup-garou*[68], une production Hammer, nous avons encore droit à la même scène, le rôle étant interprété ici par Oliver Reed. Le vrai *problème* posé par la maison d'à côté, c'est qu'elle transforme les gens en ce qu'ils détestent le plus. Le vrai *secret* de la maison d'à côté, c'est que c'est une loge d'artiste pour loup-garou.

« Presque tous les personnages du nouveau gothique américain sont narcissiques d'une façon ou d'une autre, conclut Park, des êtres faibles qui tentent d'imposer leurs préoccupations à la réalité. » Je pense que c'est là un bon portrait de Colquitt Kennedy ; et c'est aussi un bon portrait d'Eleanor, le personnage principal de *Maison hantée* de Shirley Jackson ; et Eleanor Vance est sûrement le personnage le plus abouti de cette tradition du nouveau gothique américain.

Selon l'étude rédigée par Lenemaja Friedman : « Miss Jackson eut l'idée d'écrire une histoire de fantômes [...] alors qu'elle lisait un livre consacré à un groupe de chercheurs du XIXe siècle qui avaient loué une maison hantée afin de l'étudier et d'enregistrer leurs impressions visuelles et auditives pour le compte de la *Society for Psychic Research*. Comme elle l'écrit elle-même : "Ils se prenaient pour des hommes de science et croyaient prouver toutes sortes de choses, mais l'histoire que s'obstinaient à raconter leurs comptes rendus détachés n'était pas celle d'une maison hantée, c'était l'histoire d'un groupe de personnes sincères, à mon avis un peu naïves, très certainement résolues, chacune avec son historique et ses motivations personnels." Cette histoire la passionna tellement qu'elle décida de créer sa propre maison hantée et son propre groupe de chercheurs.

« Peu de temps après, alors qu'elle séjournait à New York, elle aperçut près de la station de la 125ᵉ Rue une maison si grotesque, si sombre et si maléfique d'aspect qu'elle en eut des cauchemars pendant un long moment. Suite à sa demande, un de ses amis new-yorkais fit une petite enquête sur cette maison et découvrit que seule sa façade était intacte, l'intérieur ayant été détruit par un incendie. [...] Pendant ce temps, elle consultait quantité de livres, de revues et de journaux en quête de la photo d'une maison qui conviendrait à son projet ; finalement, elle en trouva une qui lui semblait parfaite. Cette maison ressemblait étrangement à celle qu'elle avait vue à New York : "... elle exsudait la maladie et la décomposition, la maison idéale pour un fantôme." D'après la légende de la photo, la maison se trouvait en Californie ; comme sa mère demeurait dans cet Etat, Jackson lui écrivit pour lui demander des informations complémentaires. Et en fait, non seulement sa mère connaissait très bien la maison en question, mais elle apprit en outre à Miss Jackson que c'était son arrière-grand-père qui l'avait bâtie*. »

---

* Extrait de *Shirley Jackson*, par Lenemaja Friedman (Twayne

Hé hé hé, comme disait la Vieille Sorcière[69].

En surface, *Maison hantée* suit fidèlement le plan du livre qui a inspiré Miss Jackson : quatre chasseurs de fantômes se retrouvent dans une maison de sinistre réputation. Le livre raconte leurs aventures et s'achève par une conclusion aussi terrifiante qu'énigmatique. Les chasseurs de fantômes – Eleanor, Theo et Luke – ont été réunis là par le Dr Montague, un anthropologue qui étudie les phénomènes psychiques pour se distraire. Luke, un jeune homme du genre sarcastique (interprété de façon mémorable par Russ Tamblyn dans l'adaptation de Robert Wise[70]), agit en tant que représentant de sa tante, l'actuelle propriétaire des lieux ; il considère toute cette histoire comme une galéjade... du moins au début.

Eleanor et Theo ont été invitées pour des raisons fort différentes. Montague a fouillé les archives de plusieurs sociétés de recherche psychique et a contacté plusieurs personnes censées avoir eu l'expérience d'événements « anormaux » – suggérant, bien entendu, que ces personnes d'un genre spécial seraient intéressées par un séjour à Hill House. Eleanor et Theo sont les seules à avoir répondu à son invitation, mais leur mobile n'est pas le même. Theo, qui a passé avec un succès étonnant le test des cartes de Rhine, vient de mettre fin à une liaison amoureuse (dans le film, Theo – interprétée par Claire Bloom – nous est présentée comme une lesbienne attirée par Eleanor ; dans le roman de Jackson, on la soupçonne seulement de ne pas être hétéro à cent pour cent).

Mais c'est Eleanor, sur qui des pierres sont tombées

Publishers, 1975). Mrs. Friedman cite un article de Shirley Jackson consacré à la genèse de son roman, article publié sous le titre *Experience and Fiction*.

quand elle était petite, qui est le centre vital de ce roman, et c'est le personnage d'Eleanor tel que le dépeint Shirley Jackson qui hisse *Maison hantée* dans la catégorie des grands romans fantastiques – en fait, il me semble que *Maison hantée* et *Le Tour d'écrou* de Henry James sont les seuls grands romans fantastiques de ces cent dernières années (même si nous pouvons ajouter à ce palmarès des œuvres plus courtes comme *Le Grand Dieu Pan* d'Arthur Machen [71] et *Les Montagnes hallucinées* [72] de Lovecraft).

« Presque tous les personnages du nouveau gothique américain sont narcissiques [...] des êtres faibles qui tentent d'imposer leurs préoccupations à la réalité. »

Cette description correspond parfaitement à Eleanor. Elle est littéralement obsédée par elle-même, et Hill House lui révèle un immense et monstrueux miroir où se reflète son visage. C'est une femme qui a été profondément traumatisée par son éducation et par sa famille. Quand on plonge dans son esprit (et ça nous arrive durant la totalité du roman hormis les premier et dernier chapitres), on ne peut s'empêcher de penser à ces petites filles chinoises dont les pieds étaient comprimés par des souliers trop petits – sauf que ce ne sont pas les pieds d'Eleanor dont on a stoppé la croissance ; c'est la partie de son esprit qui est censée abriter toute velléité d'indépendance.

« Il est exact que le personnage d'Eleanor est un des plus extraordinaires de l'œuvre de Miss Jackson, écrit Lenemaja Friedman. Le seul qui lui soit supérieur est celui de Merricat dans *Nous avons toujours habité le château* [73]. La personnalité d'Eleanor présente de multiples facettes : elle peut se montrer enjouée, charmante, spirituelle quand elle se sent désirée ; elle est généreuse et prête à s'ouvrir aux autres. En même temps, elle reproche à Theo son égoïsme et elle est prête à l'accuser de mensonge quand elles découvrent le message sur le mur. Eleanor a passé de nombreuses années dans un état de haine et de frustration : elle en est venue à détester sa mère, puis sa sœur et son beau-frère, auxquels elle reproche d'avoir profité de sa nature passive et soumise. Et elle lutte pour ne pas se sentir coupable de la mort de sa mère.

« Même si le lecteur finit par la connaître relativement bien, elle reste mystérieuse à ses yeux. Ce mystère est dû aux doutes qu'éprouve Eleanor, à ses changements d'idées et d'humeurs qui sont difficiles à expliquer. Comme elle n'a aucune confiance en elle, elle est incapable d'avoir des relations claires avec les autres et avec la maison. Elle sent la force irrésistible des esprits et, finalement, désire se soumettre à eux. Lorsqu'elle décide de ne pas quitter Hill House, nous devons supposer qu'elle sombre dans la folie*. »

Hill House est donc le microcosme où s'affrontent des forces universelles, et dans son article sur *Le Cadran solaire* (publié en 1958, un an avant *Maison hantée*), John G. Park évoque « le voyage [...] la tentative pour fuir [...] pour échapper à [...] cet autoritarisme étouffant... ».

Tel est, en fait, le lieu où débute le voyage d'Eleanor, ainsi que le but de ce voyage. Elle est timide, repliée sur elle-même, soumise. Sa mère est morte, et Eleanor se juge coupable de négligence – voire de meurtre. Après le décès de sa mère, elle est restée sous la domination de sa sœur, et nous assistons à une violente dispute dont l'objet est de savoir si Eleanor aura la permission de se rendre à Hill House. Et Eleanor, qui a trente-deux ans, prétend d'ordinaire en avoir trente-quatre.

Elle réussit à fuir, volant plus ou moins la voiture

* Friedman, *Shirley Jackson*, op. cit.

dont elle a partiellement financé l'achat. Elle s'est enfin évadée, elle tente enfin d'échapper à ce que Park appelle « cet autoritarisme étouffant ». Son voyage la conduira à Hill House, et comme elle se le dit elle-même – avec une intensité de plus en plus fiévreuse à mesure que progresse le récit –, « les voyages s'achèvent entre les bras des amants réunis ».

Son narcissisme apparaît peut-être le plus clairement lorsqu'elle se perd en rêveries sur le chemin de Hill House. Elle arrête sa voiture, « stupéfaite, incrédule », en découvrant un portail flanqué de deux piliers en ruine au milieu d'une rangée d'oléandres. Eleanor se rappelle que les oléandres sont empoisonnés... puis :

Oserai-je sortir de la voiture ? se dit-elle. Oserai-je franchir le portail en ruine ? Et puis, une fois que je serai entrée dans le carré magique entouré d'oléandres, sera-ce pour me rendre compte que j'ai pénétré dans un pays de conte de fées, dissimulé aux regards des passants par cette haie empoisonnée ? Lorsque j'aurai dépassé les deux piliers enchantés, la barrière protectrice s'ouvrira devant moi, car le maléfice sera rompu. J'entrerai dans un jardin exquis, rempli de fontaines et de petits bancs et de roses grimpant sur des tonnelles. Je découvrirai un sentier – pavé, sans doute, de rubis et d'émeraudes, seuls dignes de recevoir le pas léger d'une fille de roi –, et ce sentier me conduira tout droit vers le palais, paralysé par la malédiction. Je gravirai de larges marches de pierre gardées par des lions de pierre et je pénétrerai dans une cour intérieure au milieu de laquelle gazouillera une fontaine. J'y trouverai la reine, occupée à pleurer en attendant le retour de la princesse. [...] Et nous vivrons toujours heureux [74].

L'intensité de cette rêverie est censée nous surprendre, et elle y réussit parfaitement. Elle nous suggère une personnalité pour laquelle le fantasme est devenu un mode de vie... et ce qui arrive à Eleanor dans Hill House comble de façon troublante les désirs qu'exprime cette rêverie. Y compris la dernière phrase, bien que je pense que Shirley Jackson ne me suivrait pas sur ce point.

Mais ce passage nous fait surtout prendre conscience de la profondeur quasi pathologique du narcissisme d'Eleanor : elle n'arrête pas de se faire son petit cinéma mental, et c'est toujours elle l'héroïne de ses films – des films qui sont en fait l'exact contraire de son existence. Elle est douée d'une imagination enfiévrée, fertile... et probablement dangereuse. Plus tard, les lions de pierre qu'elle a imaginés dans le passage cité plus haut apparaissent sous la forme de presse-livres dans l'appartement entièrement fictif qu'elle imagine pour le bénéfice de Theo.

Dans l'existence d'Eleanor, ce repli sur soi que Park et Malin associent au nouveau gothique américain est une constante. Peu de temps après s'être perdue dans son fantasme de château enchanté, Eleanor s'arrête pour déjeuner et entend une mère expliquer à la serveuse la raison pour laquelle sa fille refuse de boire son lait. « Elle veut sa tasse aux étoiles. [...] Il y a des étoiles dans le fond, et c'est toujours dans cette tasse-là qu'elle boit son lait, à la maison. Elle l'appelle sa tasse aux étoiles parce que en buvant elle voit apparaître les étoiles au fond. »

Eleanor adapte aussitôt cette petite scène à son cas personnel. « Mais oui, évidemment, songea Eleanor. Moi aussi, bien sûr. Une tasse aux étoiles. » A l'instar de Narcisse, elle est incapable de considérer le monde extérieur autrement que comme un reflet de son univers intérieur. Le climat des deux est toujours identique.

Mais laissons quelque temps Eleanor sur la route de

Hill House « où elle se [sait] attendue ». Nous allons la devancer, si ça ne vous dérange pas.

J'ai dit que la trame de *La Maison d'à côté* était celle d'une genèse surnaturelle ; la genèse de Hill House nous est contée de la façon la plus classique qui soit, par le Dr Montague, en une dizaine de pages. La scène se passe (évidemment !) autour d'un bon feu de cheminée. En voici les points saillants : Hill House a été bâtie par un puritain nommé Hugh Crain. Sa jeune épouse est décédée quelques instants avant de poser les yeux sur Hill House pour la première fois. Sa deuxième épouse est morte des suites d'une chute – pour une raison inconnue. Ses deux petites filles ont habité Hill House jusqu'au décès de sa troisième épouse (rien à voir avec la maison : la malheureuse se trouvait en Europe), puis sont allées vivre chez un cousin. Elles ont passé le reste de leur existence à se disputer la propriété de la maison. Plus tard, l'aînée est revenue à Hill House avec une dame de compagnie, une jeune fille du village voisin.

Cette dame de compagnie a son importance, car c'est avec elle que Hill House semble nous offrir un reflet de la vie d'Eleanor. Celle-ci a exercé la même fonction durant la longue maladie de sa mère. Après le décès de la vieille Mlle Crain, on murmure que la dame de compagnie s'est montrée négligente. « On a raconté par la suite que le médecin avait été appelé trop tard, explique Montague, que la vieille demoiselle s'était éteinte toute seule, à l'étage, complètement négligée par la jeune femme prétendument occupée à flirter au jardin... »

La situation ne fait qu'empirer par la suite. La dame de compagnie et la jeune Mlle Crain se disputent la propriété de Hill House devant les tribunaux. C'est la dame de compagnie qui l'emporte... et elle se suicide peu après en se pendant dans la tourelle. Quant aux occupants ultérieurs, Hill House a suscité chez eux...

disons un certain malaise. On nous suggère que ce malaise a pris chez nombre d'entre eux des proportions alarmantes ; on les aurait vus fuir Hill House en poussant des cris de terreur.

« En fait, conclut Montague, le mal est essentiellement dans la maison elle-même, je crois. C'est elle qui a enchaîné ses occupants et ruiné leurs existences. Elle est un réservoir de méchanceté contenue. » Et la question que se pose le lecteur de *Maison hantée* est la suivante : Montague a-t-il raison ou tort ? Il fait précéder son récit de plusieurs allusions classiques à ce que nous avons appelé le Lieu Maléfique – le Lévitique qualifie de « lépreuses » (*tsaraas*) les maisons hantées ; Homère, lui, parlait de *Aidao domos*, c'est-à-dire la maison d'Hadès. « Je n'ai pas besoin de vous rappeler, dit Montague [...] que le fait de décrire certaines maisons comme impures ou interdites – voire sacrées – est aussi vieux que l'humanité. »

Tout comme dans *La Maison d'à côté*, une seule chose est sûre : Hill House n'abrite pas d'authentique fantôme. Aucun des quatre personnages n'aperçoit le spectre de la dame de compagnie errant dans le couloir, sa gorge ectoplasmique portant encore les traces de la corde. Mais ce détail n'a guère d'importance – Montague lui-même précise que, dans tous les comptes rendus de phénomènes psychiques, jamais on ne signale le cas d'une personne blessée par un fantôme. Leur action est plus sournoise et s'exerce uniquement sur le plan mental.

Ce que nous savons sur Hill House, c'est qu'elle n'est pas *normale*. Aucun détail ne nous permet de préciser notre pensée, mais l'impression d'ensemble est irréfutable. En entrant dans Hill House, on a l'impression d'entrer dans l'esprit d'un dément ; et on ne tarde pas à se sentir mal à l'aise.

Il est impossible pour un œil humain de visualiser isolément la coïncidence malheureuse des lignes et des espaces qui, réunis dans la façade d'une maison, lui donnent l'impression de respirer le mal. Et cependant il y avait là un je ne sais quoi – une juxtaposition insensée, un angle mal tourné, une rencontre hasardeuse entre ciel et toiture, qui faisait de Hill House un havre de désespoir, d'autant plus terrifiant qu'il semblait présenter un visage éveillé, avec la vigilance de ses fenêtres aveugles et le soupçon de gaieté que suggérait le sourcil d'une corniche.

Et encore plus terrifiant, encore plus précis :

Eleanor se secoua et se retourna pour voir la totalité de sa chambre. Celle-ci présentait un incroyable défaut de conception à cause duquel toutes ses dimensions paraissaient atrocement faussées : chacun des murs semblait, dans un sens, un tout petit peu plus long que l'œil ne pouvait le supporter, et dans l'autre, un tout petit peu plus court qu'il n'était tolérable. Voilà où ils veulent me faire *dormir*, se dit Eleanor, incrédule. Ces hauts recoins doivent regorger de cauchemars qui attendent de pouvoir surgir de l'ombre tandis qu'un souffle de terreur aveugle m'effleure la bouche... Elle se secoua de nouveau. *Voyons*, se gourmanda-t-elle, *voyons*, Eleanor [75] !

Nous sentons se mettre en place une histoire d'horreur que Lovecraft aurait applaudie des deux mains s'il avait vécu assez longtemps pour la lire. Peut-être même que le Maître de Providence en aurait tiré deux ou trois enseignements. H. P. L. était particulièrement sensible au caractère horrible de la géométrie faussée ; il évoquait fréquemment des angles non euclidiens qui torturaient l'œil et l'esprit, suggérant l'existence d'autres dimensions où la somme des angles d'un triangle pouvait être supérieure ou inférieure à cent quatre-vingts degrés. Un tel spectacle, avançait-il, suffisait à vous plonger dans la folie. Et il ne se trompait pas de beaucoup ; diverses expériences psychologiques nous ont enseigné qu'en altérant les perceptions physiques d'un sujet on altère ce qui est peut-être le fondement de l'esprit humain.

D'autres écrivains ont tiré parti de cette idée fascinante ; mon texte préféré dans ce registre est une nouvelle de Joseph Payne Brennan intitulée *La Cour de Canavan*[76], où un vendeur de livres anciens découvre que son arrière-cour, d'aspect pourtant si ordinaire, est plus vaste qu'il ne semble – elle s'étend en fait jusqu'aux portes de l'enfer. Dans *The Hour of the Oxrun Dead*, un roman de Charles L. Grant[77], un des personnages se découvre incapable de retrouver les limites de la ville où il a passé toute sa vie. Nous le voyons rouler au ralenti sur l'autoroute, en quête de la bonne sortie. Troublant.

Mais c'est sans doute Jackson qui a exploité le mieux ce concept – mieux que Lovecraft, en tout cas, qui l'avait certes parfaitement compris mais n'est jamais parvenu à le prouver. Theo entre dans la chambre qu'elle va partager avec Eleanor, jetant un regard incrédule sur le vitrail de la fenêtre, sur une urne décorative, sur le motif du tapis. Pris isolément, ces éléments du décor n'ont rien de remarquable ; mais lorsqu'on ajoute l'équivalent perceptuel de leurs angles, on obtient un triangle dont la somme des angles est légèrement supérieure (ou inférieure) à cent quatre-vingts degrés.

Comme le fait remarquer Anne Rivers Siddons, tout est faussé à l'intérieur de Hill House. Rien n'est parfaitement horizontal, rien n'est parfaitement vertical – ce qui explique peut-être la manie qu'ont les portes de s'ouvrir ou de se fermer toutes seules. Et cette idée de gauchissement est importante pour le concept de Lieu Maléfique tel que l'entend Shirley Jackson, car elle accentue l'altération des perceptions qu'éprouve le lecteur. Un séjour à Hill House est un peu l'équivalent d'un *trip* au L.S.D. à faible dose : tout vous paraît étrange et vous vous croyez sur le point d'avoir une hallucination. Mais il ne se passe rien de précis. Vous jetez un regard incrédule sur le vitrail d'une fenêtre... ou sur une urne décorative... ou sur le motif d'un tapis. Vous avez l'impression de contempler le décor truqué d'une baraque de foire, ce genre d'attraction où le gogo semble changer de taille suivant l'endroit où il se trouve. Ou encore : vous avez l'impression de vous être couché après avoir bu trois verres de trop... et de sentir votre lit rouler et tanguer lentement...

Jackson suggère ceci d'une façon parfaitement rationnelle (et toujours d'une voix posée, insidieuse – c'est peut-être ce livre, ainsi que *Le Tour d'écrou*, qui a convaincu Peter Straub qu'« une histoire d'horreur est d'autant plus réussie qu'elle est sobre, retenue et ambiguë ») ; elle ne hausse jamais le ton. Tout ce qu'elle nous dit, c'est qu'un séjour à Hill House exerce sur les perceptions des effets aussi profonds que pernicieux. Un peu comme si on était en communication télépathique avec un dément.

Hill House est maléfique ; acceptons le postulat de Montague. Mais Hill House est-elle la seule responsable des phénomènes qui nous sont décrits ? On entend des coups durant la nuit – des coups de canon qui terrifient Theo et Eleanor. Luke et Montague tentent de rattraper un chien et s'égarent à un jet de pierre de la maison – on pense à nouveau à Canavan (la nouvelle de Brennan est parue avant *Maison hantée*) et à l'étrange ville d'Oxrun (Connecticut) imaginée par Charles L. Grant.

Les vêtements de Theo sont aspergés d'une substance rouge et nauséabonde (« de la peinture rouge », dit Eleanor... mais sa terreur nous suggère une hypothèse bien plus inquiétante) qui disparaît au bout de quelque temps. Et c'est dans cette même substance que sont rédigés ces mots, qui apparaissent d'abord dans le corridor puis ensuite au-dessus de l'armoire où ont été rangés les vêtements souillés : VIENS À LA MAISON ELEANOR... AU SECOURS ELEANOR VIENS À LA MAISON ELEANOR.

C'est avec ce message qu'est célébrée l'union d'Eleanor et de la maison, ce Lieu Maléfique. Hill House l'a choisie... ou bien est-ce elle qui a choisi Hill House ? Quoi qu'il en soit, l'idée d'Eleanor suivant laquelle « les voyages s'achèvent entre les bras des amants réunis » acquiert soudain une sinistre résonance.

Theo, qui est douée d'un certain talent pour la télépathie, soupçonne Eleanor d'être à l'origine de la plupart de ces manifestations. Une sourde tension règne entre les deux femmes, apparemment à cause de Luke, dont Eleanor commence à tomber amoureuse, mais peut-être surtout à cause de l'intuition de Theo : tout ce qui se passe dans Hill House, se dit-elle, n'est pas forcément *causé* par Hill House.

Nous savons qu'Eleanor a déjà vécu une expérience de télékinésie ; alors qu'elle avait douze ans, des pierres sont tombées du plafond « et ont tambouriné sur le toit ». Elle nie – jusqu'à l'hystérie – avoir eu quelque rapport que ce soit avec cet incident, insistant plutôt sur la gêne qu'il lui a occasionnée, l'attention indésirable (du moins le prétend-elle) dont elle a fait l'objet. Ses dénégations ont un étrange effet sur le lecteur, un effet qui ne fait que s'accentuer lorsqu'il constate que la majorité des phénomènes observés par la suite sont de nature télékinétique.

« On ne m'a même jamais dit ce qui se passait », insiste Eleanor alors même que les autres ont changé de sujet, oubliant pour l'instant cette histoire de pierres – et en fait, personne ne l'écoute, mais au sein de son univers clos de narcissique, il lui semble que cet épisode lointain doit obséder tous ses interlocuteurs (comme il l'obsède encore, le climat extérieur doit s'aligner sur le climat intérieur). « Ma mère disait que c'étaient les voisins : ils nous en voulaient toujours parce qu'elle ne frayait pas avec eux. Ma mère... »

Luke l'interrompt en ces termes : « Je crois que nous voulons tous la même chose. Des faits. » Mais Eleanor ne peut accepter que les faits de sa propre vie.

Jusqu'à quel point Eleanor est-elle responsable de la tragédie qui s'ensuit ? Examinons de nouveau le message que les chasseurs de fantômes découvrent sur le mur : AU SECOURS ELEANOR VIENS À LA MAISON ELEANOR. *Maison hantée*, imprégné qu'il est des ambiguïtés jumelles de la personnalité d'Eleanor et de celle de Hill House elle-même, est un roman qui se prête à plusieurs lectures, qui suggère une infinité de pistes et un nombre considérable de conclusions. AU SECOURS ELEANOR, par exemple. Si c'est Eleanor qui est responsable de ce message, est-ce elle qui appelle ainsi à l'aide ? Si c'est la maison la responsable, implore-t-elle l'aide d'Eleanor ? Eleanor est-elle en train de créer le fantôme de sa propre mère ? Est-ce sa mère qui appelle à l'aide ? Ou bien Hill House a-t-elle sondé l'esprit d'Eleanor et rédigé un message destiné à exploiter son sentiment de culpabilité ? La dame de compagnie à laquelle Eleanor ressemble tant s'est pendue après que la maison lui eut été attribuée, et peut-être est-ce la culpabilité qui explique son acte. La maison essaie-t-elle la même tactique sur Eleanor ? Dans *La Maison d'à côté*, c'est précisément ainsi que la demeure bâtie par Kim Dougherty travaille l'esprit de ses occupants – en localisant leurs points faibles et en les exploitant. Peut-être que Hill House agit seule... peut-être qu'elle agit avec l'aide d'Eleanor... ou peut-être qu'Eleanor agit seule. Ce roman est des plus subtils, et c'est au lecteur qu'il appartient de tirer ses propres conclusions.

Et le reste du message : VIENS À LA MAISON ELEANOR ? Peut-être est-ce la voix de la mère d'Eleanor que nous entendons là, ou bien la voix du moi profond d'Eleanor, qui résiste à cette nouvelle indépendance, à cette tentative d'échapper à l'« autoritarisme étouffant » décrit par Park, qui la conduirait à une liberté enthousiasmante mais terrifiante d'un point de vue existentiel. C'est cette hypothèse qui me paraît la plus logique. Comme nous le dit Merricat dans le dernier roman de Jackson, « nous avons toujours habité le château », et Eleanor Vance a toujours habité dans son univers clos et suffocant. Ce n'est pas Hill House qui la terrifie, et nous le sentons bien ; Hill House forme elle aussi un univers clos et suffocant, cerné de murailles et de collines, protégé de la nuit par des portes bien closes. En fait, Eleanor se sent menacée par Montague, encore plus par Luke et surtout par Theo. « Je crois que tu n'as pas une notion très claire de ce qui est abominable et de ce qui est ridicule », dit Theo à Eleanor après que celle-ci a rechigné à l'idée de se vernir les ongles des pieds. C'est là une remarque bien anodine, mais elle définit parfaitement la conception de la vie qui est celle d'Eleanor. Les trois personnes avec lesquelles elle séjourne dans Hill House lui offrent la possibilité de mener une autre existence, une existence anti-autoritaire et antinarcissique. Eleanor est à la fois attirée et révulsée par cette perspective – après tout, n'oublions pas que c'est une femme de trente-deux ans qui se sent audacieuse quand il lui arrive d'acheter deux pantalons en même temps. Et il n'est guère audacieux de ma part de suggérer que ce message – VIENS À LA MAISON ELEANOR – est un ordre qu'elle s'adresse à elle-même ; elle n'est autre que Narcisse, incapable de quitter son étang.

Mais il existe une troisième hypothèse, qui me semble presque trop horrible pour être envisagée, et pourtant c'est à cause d'elle que je considère ce roman comme un des meilleurs que le genre ait jamais produits. Ce message est peut-être tout simplement une invitation lancée par Hill House à Eleanor. Les voyages s'achèvent entre les bras des amants réunis, comme elle le dit elle-même, et alors que sa fin approche, elle se souvient d'une ancienne chansonnette :

> *Passez par la fenêtre,*
> *Passez par la fenêtre,*
> *Passez par la fenêtre,*
> *Comme au bon temps passé...*
>
> *Embrassez votre amour,*
> *Embrassez votre amour,*
> *Embrassez votre amour,*
> *Comme au bon temps passé...* [78]

Dans tous les cas – que la hantise trouve son origine dans Hill House ou dans Eleanor –, les idées de Park et de Malin s'appliquent parfaitement. Soit Eleanor a réussi grâce à son talent télékinétique à transformer Hill House en un gigantesque miroir reflétant son propre subconscient, soit Hill House est un caméléon qui a réussi à la convaincre qu'elle avait enfin trouvé son foyer, sa tasse aux étoiles posée au creux des sombres collines.

Je pense que Shirley Jackson souhaitait que le lecteur ait l'impression que c'était Hill House la responsable.

Le premier paragraphe du livre évoque fortement le concept de « mal extérieur » – une force primitive similaire à celle qui habite la maison d'à côté créée par Anne Rivers Siddons, une force indépendante de l'humanité. La fin d'Eleanor nous donne l'impression d'avoir affaire à trois niveaux de « vérité » : Eleanor croit que la maison est hantée ; Eleanor croit que la maison est son foyer, qu'elle attendait la venue de quelqu'un comme elle ; Eleanor prend conscience d'avoir été manipulée par un monstrueux organisme – d'avoir été inconsciemment poussée à croire que c'était elle qui tirait les ficelles. Mais ce n'est qu'une illusion à base de miroirs, comme disent les prestidigitateurs, et cette pauvre Eleanor est en fin de compte tuée par le reflet déformé que lui montrent la brique, la pierre et le verre de Hill House :

Je suis vraiment en train de le faire, se dit-elle en tournant le volant de façon à diriger la voiture en plein sur le grand arbre, au détour de l'allée. Je suis réellement en train de le faire. Je fais cela toute seule. Enfin. C'est moi qui fais cela. Je suis vraiment en train de faire cela toute seule, c'est vrai de vrai.

Au cours de l'interminable et hurlante seconde qui précéda le moment où la voiture s'écrasa contre l'arbre, elle se demanda avec lucidité : Pourquoi suis-je en train de faire cela ? Pourquoi suis-je en train de faire cela ? Pourquoi ne m'arrêtent-ils pas[79] ?

« Je fais cela toute seule, pense Eleanor. Enfin. C'est moi qui fais cela. » Mais il lui est impossible de penser autrement dans le contexte du nouveau gothique américain. Sa dernière pensée, une fraction de seconde avant la mort, n'est pas pour Hill House mais pour elle-même.

Le roman s'achève par une reprise de son premier

paragraphe, bouclant la boucle et fermant le circuit...
et nous laissant aux prises avec une idée des plus inquiétantes : si Hill House n'était pas hantée, elle l'est sûrement à présent. Jackson conclut en nous disant que ce
qui rôde dans Hill House y est seul.

La routine pour Eleanor Vance.

4

Un bébé pour Rosemary d'Ira Levin[80] (1967) nous
fournit la transition idéale pour passer du Lieu Maléfique à notre sujet suivant (et peut-être qu'il était temps
qu'on sorte de ces maisons hantées avant d'en crever
de trouille). Lorsque l'adaptation de Roman Polanski[81]
est sortie sur les écrans, je n'arrêtais pas de répéter à
mes proches que ce film était un oiseau rare s'il en fut :
si on avait lu le livre, on n'avait pas besoin d'aller voir
le film, et *vice versa*.

Ce n'est pas tout à fait vrai (en fait, ce n'est jamais
vrai), mais le film de Polanski est remarquablement
fidèle au roman de Levin, et nos deux lascars semblent
être doués du même humour sarcastique. Je ne pense
pas qu'un autre cinéaste aurait pu signer une aussi
bonne adaptation de ce remarquable roman... et tant
que j'y suis, permettez-moi de préciser que si une telle
fidélité est remarquable dans le contexte hollywoodien
en général (on a parfois l'impression que les *major com-
panies* dépensent des millions à acheter les droits d'un
bouquin à seule fin de pouvoir dire à son auteur pourquoi il est raté – sans doute une des formes d'autosatis-
faction les plus coûteuses de l'histoire de l'art américain), elle n'a rien de remarquable dans le cas de Levin.

Chacun des romans qu'il a écrits* est une merveille d'agencement narratif. Levin est l'horloger suisse du roman de suspense ; en termes d'intrigue, ses nombreux confrères – moi y compris – ont l'air de fabriquer des montres à trois sous. C'est grâce à ce talent que Levin est invulnérable aux assauts des adaptateurs hollywoodiens, ces béotiens pour lesquels les effets spéciaux passent avant la cohérence du scénario. Les bouquins de Levin sont bâtis comme des châteaux de cartes ; retranchez-en un élément et tout le reste s'effondre. Si bien que les cinéastes ont été obligés de les respecter.

Voici ce que Levin pense du film : « Je reste persuadé que *Rosemary's Baby* est l'adaptation la plus fidèle jamais produite par Hollywood. Non seulement le scénario reprend des passages entiers de mon dialogue, mais en outre il respecte la tenue vestimentaire de mes personnages (quand elle est décrite dans le texte) et la disposition de leurs appartements. Et, ce qui est peut-être plus important, le style de Polanski, qui préfère laisser l'horreur à la lisière du champ de la caméra plutôt que de la filmer en gros plan, coïncide de façon heureuse, je crois, avec ma propre démarche.

« La fidélité de son adaptation s'explique aisément. [...] C'était la première fois que Polanski adaptait l'œuvre d'un tiers ; tous ses films précédents étaient basés sur des scénarios originaux. A mon avis, il ne savait pas qu'il était permis – non, presque obliga-

* Au cas où vous seriez un des cinq ou six amateurs de littérature populaire américaine à ne pas les avoir lus, en voici la liste : *La Couronne de cuivre, Un bébé pour Rosemary, Un bonheur insoutenable, Les Femmes de Stepford* et *Ces garçons qui venaient du Brésil*. Il est également l'auteur de deux pièces de théâtre, *Veronica's Room* et *Le Piège*[82] (un des plus grands succès de l'histoire de Broadway). Moins connu est *Dr Cook's Garden*, un téléfilm aussi modeste qu'efficace magistralement interprété par Bing Crosby.

toire ! – de faire des changements. Un jour, il m'a téléphoné depuis Hollywood pour me demander dans quel numéro du *New Yorker* Guy avait vu cette publicité pour une chemise. J'ai dû lui avouer que j'y étais allé à l'esbroufe ; j'avais supposé qu'on trouverait une telle publicité dans n'importe quel numéro du *New Yorker* mais celui qui était en vente au moment des faits n'en contenait aucune. »

Levin a écrit deux romans d'horreur – *Un bébé pour Rosemary* et *Les Femmes de Stepford*[83] –, et bien que tous deux témoignent de façon éclatante de son talent, ils ne sont peut-être pas tout à fait aussi réussis que son premier roman, lequel n'est plus guère lu de nos jours. *La Couronne de cuivre*[84] est un excellent suspense raconté avec vigueur, ce qui est déjà rare, mais ce qui est plus rare encore, c'est que ce bouquin (que Levin a écrit avant d'avoir fêté ses trente ans) contient des surprises authentiquement surprenantes... et qu'il est invulnérable aux agissements d'un type de lecteur particulièrement lamentable, LE LECTEUR QUI REGARDE LES TROIS DERNIÈRES PAGES POUR VOIR COMMENT ÇA FINIT.

Vous êtes-vous déjà rendu coupable de ce crime ? Oui, vous ! C'est à vous que je parle ! Ne cherchez pas à vous défiler ! Avouez ! Vous est-il déjà arrivé de rôder dans une librairie, de vérifier que personne ne vous observait, et de regarder les dernières pages d'un bouquin d'Agatha Christie pour savoir qui était le coupable ? Avez-vous déjà regardé la fin d'un roman d'horreur pour voir si le héros réussissait à échapper aux forces ténébreuses ? Si oui, mon sens du devoir m'impose de vous dire trois mots, et ces trois mots sont : HONTE SUR VOUS ! C'est déjà bien lamentable d'écorner la page d'un bouquin pour la marquer ; mais REGARDER LES DERNIÈRES PAGES POUR VOIR COMMENT ÇA FINIT, c'est encore plus bas. Si jamais vous avez cette manie, je vous ordonne de vous en guérir... et tout de suite* !

Bon, encore une digression. Ce que je voulais dire à propos de *La Couronne de cuivre*, c'est que la plus grosse surprise de ce roman – une véritable bombe – est dissimulée aux environs de sa centième page. Si jamais vous lisez ce passage crucial en feuilletant le bouquin, ça ne voudra rien dire pour vous. Mais si vous avez lu les cent pages précédentes, ça voudra *tout* dire. Le seul autre écrivain capable de surprendre le lecteur de façon aussi éblouissante était le regretté Cornell Woolrich [85] (qui publiait aussi sous le pseudonyme de William Irish), mais Woolrich n'avait pas le sens de l'humour de Levin. Celui-ci parle avec affection de Woolrich et de l'influence qu'il a exercée sur sa carrière, citant *Lady fantôme* et *La mariée était en noir* parmi ses romans préférés.

Un bébé pour Rosemary témoigne davantage de l'humour de son auteur que de son habileté de bâtisseur d'intrigues. La bibliographie de Levin est relativement mince – il publie environ un roman tous les cinq ans –, mais il est intéressant de remarquer que *Les Femmes de Stepford* tient avant tout de la satire (ce qu'a parfaitement compris William Goldman [86], qui l'a adapté pour l'écran ; rappelez-vous : « Oh, Frank, tu es le meilleur, tu es le champion »), voire de la farce, et qu'*Un bébé pour Rosemary* peut être considéré comme une satire socioreligieuse. Mentionnons également *Ces garçons qui venaient du Brésil*, son dernier roman en date. Le

---

* J'ai toujours rêvé de publier un roman où il manquerait les trente dernières pages. Pour les obtenir, le lecteur serait obligé d'envoyer à l'éditeur un résumé détaillé du livre jusqu'au point où sa lecture s'est arrêtée. Voilà qui réglerait une fois pour toutes le cas de ces gens qui REGARDENT LES DERNIÈRES PAGES POUR VOIR COMMENT ÇA FINIT.

titre original est déjà un jeu de mots en soi, et bien que ce bouquin traite (quoique de façon indirecte) de sujets tels que les camps de la mort et les prétendues « expériences scientifiques » qu'on y effectuait (parmi lesdites « expériences scientifiques », rappelons celle consistant à féconder des femmes avec du sperme de chien, ou encore celle consistant à administrer une dose de poison mortel à des jumeaux pour voir si la durée de leur agonie était identique), il vibre constamment d'un humour angoissé et évoque une parodie de ces pseudo-documents à sensation consacrés à Martin Bormann et à ses activités au Paraguay.

Je ne veux pas suggérer qu'Ira Levin est une sorte de Jackie Vernon ou de George Orwell déguisé en loup-garou – ce serait trop simple, voire simpliste. Ce que je veux dire, c'est qu'il a réussi à écrire d'excellents suspenses sans pour autant produire des tracts dénués d'humour (deux exemples de tracts dénués d'humour dans le domaine de l'horreur : *Damon*, de C. Terry Cline [87], et *L'Exorciste*, de William Peter Blatty [88] – heureusement, Cline a fait des progrès et Blatty [89] a cessé d'écrire... définitivement, j'espère).

Levin est un des rares écrivains à s'être attaqués plus d'une fois au fantastique sans craindre le caractère parfois ridicule de certains des thèmes et des motifs du genre – en cela, il s'est mieux débrouillé que maints critiques, lesquels se conduisent avec notre genre d'élection à la façon de ces riches dames yankees qui visitaient les enfants dans les usines de Nouvelle-Angleterre pour leur apporter des paniers de victuailles, de la dinde à Thanksgiving et des œufs en chocolat à Pâques. Ces critiques-là, qui sont aussi inconscients de leur élitisme arrogant que de leur ignorance des ressources et des qualités de la littérature populaire, perçoivent parfaitement le caractère ridicule des chaudrons de sorcières, des chapeaux pointus et autres clichés du surnaturel, mais ils ne peuvent pas – ou ne veulent pas – reconnaître les archétypes universels présents dans les meilleures œuvres du genre.

Inutile de nier la présence du ridicule. Voici les réactions de Rosemary lorsqu'elle découvre son rejeton :

Ses yeux étaient d'un jaune doré, avec une pupille noire fendue verticalement.

Elle le regarda.

Il la fixa, de son regard jaune doré, puis regarda le crucifix renversé qui se balançait.

Alors elle leva les yeux vers eux, qui l'observaient, et, son couteau à la main, elle cria :

« *Qu'est-ce que vous avez fait à ses yeux ?* »

Ils remuèrent et se tournèrent vers Roman.

« Il a les yeux de Son Père », dit-il[90].

Cela fait plus de deux cents pages que nous vivons et souffrons avec Rosemary Woodhouse, et la réponse de Roman Castevet à sa question ressemble à la chute d'une longue et laborieuse blague – du genre de celles qui s'achèvent par un calembour lamentable. Outre ses yeux jaunes, le bébé de Rosemary a des griffes (« Elles sont très jolies, dit Roman. [...] minuscules, toutes nacrées. On Lui met des moufles uniquement pour qu'Il ne S'égratigne pas... »), une queue et des petites cornes. Lorsque j'ai abordé ce roman durant mon cours intitulé « Les Thèmes de la littérature fantastique », un de mes élèves a fait remarquer que, quand il atteindrait ses dix ans, le bébé de Rosemary serait le seul minime à avoir besoin d'une casquette de base-ball sur mesure.

En fait, Rosemary a donné naissance à un Satan de bande dessinée, le diablotin que nous connaissions tous étant enfants et qui apparaît parfois au-dessus de la tête des personnages de dessins animés pour se disputer avec un petit ange. Levin grossit encore le trait en nous présentant une secte d'adorateurs de Satan presque entièrement composée de personnes du troisième âge ; elles n'arrêtent pas de se disputer sur la meilleure façon de prendre soin du bébé. Le fait que Laura-Louise et Minnie Castevet soient trop âgées pour faire de bonnes nourrices ajoute une touche macabre supplémentaire, et l'instinct maternel de Rosemary s'éveille lorsqu'elle dit à Laura-Louise qu'elle berce « Andy » beaucoup trop fort et que les roues de son berceau ont besoin d'être graissées.

Levin réussit son coup parce que ces éléments satiriques accentuent le caractère horrible de son propos plutôt que de le désamorcer. *Un bébé pour Rosemary* confirme de façon éclatante le cousinage de l'horreur et de l'humour, l'idée selon laquelle l'un ne va pas sans l'autre. C'est là un fait que Joseph Heller[91] a splendidement exploité dans *Catch 22* et dont Stanley Elkin[92] a fait un excellent usage dans *Au commencement était la fin* (un livre qui aurait pu être sous-titré *Job dans l'au-delà*).

Outre la satire, Levin épice son roman d'une bonne dose d'ironie (« C'est bon pour le sang, mes chéris », comme disait la Vieille Sorcière des EC Comics). Durant les premiers chapitres, les Castevet invitent Guy et Rosemary à dîner ; Rosemary accepte à condition de ne pas les déranger.

« Ma petite chérie, si cela devait me déranger, dites-vous bien que je ne vous l'aurais pas demandé, dit Mrs. Castevet. Il n'y a pas plus égoïste que moi. »

Rosemary sourit.

« Ce n'est pas du tout ce que me disait Terry, dit-elle.

– Oh, dit Mrs. Castevet avec un sourire flatté, Terry ne savait pas ce qu'elle disait. »

Ce qui est ironique dans ce dialogue, c'est que tous les propos de Minnie Castevet sont à prendre au pied de la lettre ; elle est bel et bien égoïste, et Terry – qui se fait assassiner ou se suicide lorsqu'elle découvre qu'elle a servi ou doit servir d'incubatrice à l'enfant de Satan – ne savait effectivement pas ce qu'elle disait. Mais elle a fini par comprendre. Oh oui. Hé hé hé.

Ma femme, qui a reçu une éducation catholique, affirme que ce livre est également une comédie religieuse s'achevant par une chute digne des blagues dont je parlais plus haut. *Un bébé pour Rosemary*, dit-elle, prouve que l'Eglise catholique avait raison à propos des mariages mixtes : ils sont condamnés à l'échec. Voilà une analyse qui est d'autant plus intéressante si l'on oppose la judaïté de Levin au contexte chrétien de la secte sataniste qu'il a imaginée. Vu sous cet angle, son roman devient une version œcuménique du classique combat entre le bien et le mal.

Avant de quitter le domaine religieux pour étudier le sentiment de paranoïa qui me semble former l'ossature de ce livre, permettez-moi de souligner que, si Levin travaille assez souvent dans un registre humoristique, nous ne devons pas pour autant en conclure qu'il s'y limite exclusivement. *Un bébé pour Rosemary* a été écrit et publié à une époque où les journaux titraient sur la mort de Dieu, une des grandes controverses de la fin des années 60, et ce roman aborde la question de la foi sans aucune prétention mais avec une certaine intelligence.

Le principal thème d'*Un bébé pour Rosemary* me semble être celui de la paranoïa urbaine (par opposition à la paranoïa rurale ou villageoise que traite *L'Invasion des profanateurs*[93] de Jack Finney), mais ce livre aborde également un thème que nous pourrions résumer de la façon suivante : l'affaiblissement de la croyance religieuse ouvre la porte au diable, à la fois dans le macrocosme (la perte de foi à l'échelle planétaire) et dans le microcosme (l'évolution de Rosemary, qui a la foi lorsqu'elle est Rosemary Reilly, la perd quand elle devient Rosemary Woodhouse, et la regagne lorsqu'elle engendre son enfant infernal). Je ne veux pas suggérer qu'Ira Levin adhère à cette thèse puritaine – si tel est le cas, je n'en sais rien. Mais elle fournit un excellent point de départ à son récit, et il traite cette idée avec justesse et en explore la plupart des implications. L'évolution religieuse de Rosemary lui permet de construire une allégorie tragi-comique de la foi.

Rosemary et Guy nous sont présentés comme des jeunes mariés tout ce qu'il y a d'ordinaires ; Rosemary pratique la contraception en dépit de son éducation catholique, et tous deux ont décidé de n'avoir des enfants que lorsqu'ils se sentiront prêts. Après le suicide de Terry (ou bien était-ce un meurtre ?), Rosemary fait un rêve dans lequel elle se fait gronder par sœur Agnès, son ancien professeur, qui lui reproche d'avoir muré les fenêtres du pensionnat, éliminant celui-ci d'une compétition interscolaire. Mais dans son rêve se glissent des paroles prononcées dans l'appartement voisin, et si c'est sœur Agnès qui parle dans le rêve de Rosemary, c'est la voix de Minnie Castevet que nous entendons :

« N'importe qui ! N'importe qui ! criait sœur Agnès. Tout ce qu'il faut, c'est qu'elle soit jeune et bien portante, et qu'elle ne soit plus vierge. Il n'est pas nécessaire que ce soit une droguée ou une traînée que l'on ramasse dans le

ruisseau. N'est-ce pas ce que je t'ai dit dès le début ?
N'importe qui. Pourvu qu'elle soit jeune, bien portante et
dépucelée. »

Cette séquence onirique est utile à plus d'un titre. Elle
nous amuse tout en éveillant en nous une angoisse diffuse ; elle nous fait comprendre que les Castevet sont
plus ou moins impliqués dans la mort de Terry ; elle
nous permet d'entrevoir le danger qui guette Rosemary.
Peut-être s'agit-il là du genre de détails qui ne peut intéresser qu'un écrivain – je me sens dans la peau d'un
mécano en train d'examiner un carburateur plutôt que
dans celle d'un prof de lettres en train d'analyser un
paragraphe –, mais Levin travaille avec une telle finesse
que je me sens obligé de vous dire : « Regardez ! C'est
ici qu'il commence à percer votre armure ; voilà le point
d'entrée, et voilà le chemin qu'il va suivre pour atteindre
votre cœur. »

Mais ce qui fait avant tout l'intérêt de ce passage,
c'est que Rosemary a tissé une trame catholique autour
des paroles qu'elle a perçues dans son sommeil. Elle
donne à Minnie Castevet le rôle d'une nonne... et c'en
est bien une, même si l'ordre auquel elle appartient est
plus ténébreux que celui de sœur Agnès. A en croire ma
femme, un des principes fondamentaux de l'Eglise qui
l'a élevée est le suivant : « Donnez-nous vos enfants et
ils nous appartiendront pour l'éternité. » Rosemary est
une illustration parfaite de ce principe. Ironie suprême :
c'est l'affaiblissement superficiel de sa foi qui permet
au diable de s'introduire dans son existence... mais c'est
la pérennité de cette même foi qui lui permet d'accepter
« Andy », et ce en dépit de ses cornes.

C'est ainsi que Levin développe son propos dans le
microcosme : de prime abord, Rosemary est une jeune
femme moderne qui ressemble à celle de *Sunday Mor-*

ning, le poème de Wallace Stevens[94] – les cloches de l'église ne signifient rien pour elle et elle continue de peler des oranges dans sa cuisine. Mais au fond de son cœur, elle est restée la petite Rosemary Reilly, la pensionnaire des bonnes sœurs.

Le macrocosme est traité de façon similaire – mais à plus grande échelle.

Lors du dîner chez les Castevet, la conversation vient à porter sur la prochaine visite du pape à New York. « Je me suis efforcé de rendre crédible tout ce qui me paraissait peu crédible [dans mon livre], explique Levin, en y incorporant des fragments de "réalité". J'avais conservé les journaux parus durant la période où se situait l'action, et j'ai intégré à celle-ci des événements tels que la grève du métro new-yorkais et l'élection de John Lindsay à la mairie. Comme, pour des raisons évidentes, j'avais décidé que le bébé naîtrait le 25 juin, j'ai regardé ce qui s'était passé la nuit où Rosemary devait le concevoir, et devinez ce que j'ai trouvé : la visite du pape et la retransmission de la messe pontificale à la télévision. Coïncidence troublante, non ? J'ai eu l'impression d'obéir aux forces du destin en écrivant mon livre. »

Les propos qu'échangent Guy Woodhouse et les Castevet semblent prévisibles, voire banals, mais ils expriment des idées fort importantes dans le contexte de l'intrigue bâtie par Levin.

« J'ai entendu à la télévision qu'il allait repousser son voyage et attendre que ça [la grève des journaux] soit fini, dit Mrs. Castevet.

– Oh, dit Guy en souriant, tout ça, c'est de l'épate. »

Cela fit rire Mr. et Mrs. Castevet, et Guy avec eux. Rosemary sourit et commença à couper son bifteck. [...]

« Oui. C'est exactement cela. De l'épate, ni plus ni moins ! dit Mr. Castevet, sans cesser de rire.

– Vous pouvez le dire, dit Guy.

– Tous ces costumes, ces cérémonies, poursuivit Mr. Castevet. Toutes les religions sont comme ça ; pas seulement le catholicisme. Du grand spectacle pour les ignorants.

– Je crois que nous choquons Rosemary, dit Mrs. Castevet.

– Mais non, pas du tout, dit Rosemary.

– Vous n'êtes pas catholique au moins, mon petit ? demanda Mr. Castevet.

– J'ai été élevée religieusement, dit Rosemary, mais maintenant je suis agnostique. Vous ne m'avez pas choquée du tout. Vraiment pas. »

La sincérité de Rosemary Woodhouse ne fait pas de doute, mais son vernis agnostique dissimule une petite pensionnaire nommée Rosemary Reilly qui, elle, est *très* choquée, et qui considère sans doute de tels propos comme blasphématoires.

Les Castevet ont en fait organisé une sorte d'entretien d'embauche, souhaitant se faire une idée de la personnalité et des croyances de Guy et de Rosemary ; ils affichent le mépris que leur inspirent l'Eglise et le sacré ; mais Levin nous suggère qu'ils expriment des opinions fort répandues... et pas seulement chez les satanistes.

Mais la foi doit bien exister, nous dit-il ; c'est son affaiblissement superficiel qui ouvre la porte au diable, mais la chrétienté est nécessaire aux Castevet eux-mêmes, car sans le sacré il n'y a pas de profane. Les Castevet perçoivent apparemment la présence de Rosemary Reilly sous le vernis agnostique de Rosemary Woodhouse, et c'est son mari Guy, un authentique païen, qu'ils utilisent comme intermédiaire. Et Guy se révèle admirablement réceptif à leurs travaux d'approche.

C'est bien la perte de foi de Rosemary qui la rend vulnérable au diable, et on ne nous permet pas d'en douter. Sa sœur Margaret, une fervente catholique, lui passe un coup de fil peu de temps après que les Castevet ont entamé leur offensive. « J'ai eu un pressentiment bizarre toute la journée, Rosemary. J'avais l'impression qu'il t'était arrivé quelque chose ; un accident, ou je ne sais quoi. »

Si Rosemary n'a pas droit à une telle prémonition (hormis le rêve où sœur Agnès parle avec la voix de Minnie Castevet), c'est parce qu'elle n'en est pas digne. Seuls les bons catholiques, nous dit Levin – et on le sent bien jubiler intérieurement –, ont droit à de bonnes prémonitions.

Ce motif religieux imprègne la totalité du livre, et Levin en tire des effets astucieux, mais peut-être devrions-nous passer à autre chose après avoir évoqué le remarquable rêve accompagnant la fécondation de Rosemary. Il est tout d'abord significatif que le diable choisisse le moment où le pape visite New York pour accomplir son œuvre. La mousse au chocolat de Rosemary était droguée, mais elle n'en a pas avalé une dose suffisante. En conséquence, elle garde un vague souvenir de sa copulation avec le diable, un souvenir que son subconscient couche en des termes hautement symboliques. La réalité ne lui apparaît que par bribes pendant que Guy la prépare pour sa rencontre avec Satan.

Dans son rêve, Rosemary se retrouve sur un yacht en compagnie de feu John Kennedy. Jackie Kennedy, Pat Lawford et Sarah Churchill sont également à bord. Rosemary demande à Kennedy si son ami Hutch (qui deviendra son protecteur jusqu'à ce qu'il soit éliminé par la secte ; il avait averti Guy et Rosemary que le

Bramford était un immeuble dangereux) va les rejoindre. Kennedy lui sourit et lui répond que la croisière est réservée aux catholiques. Voilà une restriction que Minnie n'a pas mentionnée précédemment, mais cela confirme que seule Rosemary Woodhouse intéresse les satanistes. Il apparaît une nouvelle fois que leur but est bel et bien blasphématoire ; la lignée spirituelle du Christ doit être pervertie pour assurer la réussite de la conception et de la naissance.

Guy ôte l'alliance de Rosemary, mettant symboliquement un terme à leur mariage mais devenant aussi une sorte d'anti-garçon d'honneur ; Hutch fait son apparition pour annoncer l'imminence d'un typhon (*hutch* signifie « clapier », et qu'est-ce qu'un clapier sinon un abri pour lapins ?). Durant la copulation, Guy se transforme en diable, et le rêve s'achève par une vision de Terry, qui apparaît comme la victime d'un sacrifice plutôt que comme une épousée rejetée par Satan.

Sous une plume moins habile, une scène onirique comme celle-ci aurait pu être barbante et didactique ; mais Levin l'exécute avec panache, la troussant en cinq pages à peine.

Le principal ressort d'*Un bébé pour Rosemary* n'est cependant pas son symbolisme religieux mais son traitement de la paranoïa urbaine. Le conflit opposant Rosemary Reilly et Rosemary Woodhouse enrichit l'intrigue, mais si ce livre est authentiquement horrifiant – et telle est mon opinion –, c'est grâce au talent avec lequel Levin joue de cette sensation innée de paranoïa.

L'horreur est une question de points de pression, et la paranoïa n'est-elle pas une des principales origines de notre vulnérabilité ? *Un bébé pour Rosemary* ressemble de bien des façons à la version macabre d'un film de Woody Allen, et la dichotomie Woodhouse-Reilly a également son importance dans ce contexte. En plus d'être une pensionnaire catholique dissimulée par un vernis agnostique, Rosemary est aussi une fille de la campagne sous ses apparences de femme citadine... et comme le dit un dicton américain, on peut faire sortir la fille de la campagne mais on ne peut pas faire sortir la campagne de la fille.

Quelqu'un – et du diable si je me souviens qui – a dit que la paranoïa était la forme la plus achevée de l'acuité mentale. A sa façon un peu dingue, l'histoire de Rosemary donne une démonstration irréfutable de ce précepte. Le lecteur est gagné par la paranoïa bien avant elle (voir la scène où Minnie lambine pour faire la vaisselle afin que Roman puisse s'entretenir avec Guy – ou plutôt lui servir son boniment – dans la pièce voisine), mais elle rattrape son retard après sa rencontre avec le diable et sa fécondation. Lorsqu'elle se réveille le lendemain matin, elle découvre que son corps est couvert d'égratignures – comme si elle avait reçu des coups de griffes. « Ne crie pas, dit Guy en lui montrant ses ongles. Ça y est, je viens de les limer. »

Minnie et Roman entament alors une campagne de séduction afin de convaincre Rosemary d'utiliser les services de leur obstétricien – le célèbre Abe Sapirstein – plutôt que de se fier au jeunot qu'elle consulte. Nous avons envie de lui dire : *Ne fais pas ça, Rosemary, il fait partie de la bande.*

La psychiatrie moderne nous enseigne qu'il n'y a aucune différence entre un paranoïaque schizophrénique et nous-mêmes, sauf que nous réussissons d'ordinaire à contrôler nos soupçons les plus fous alors que l'aliéné mental donne libre cours aux siens ; un roman comme *Un bébé pour Rosemary*, ou encore *L'Invasion des profanateurs* de Jack Finney, semble confirmer cette idée. Nous avons considéré l'histoire d'horreur comme une forme littéraire tirant ses effets de la terreur que nous inspire tout ce qui s'écarte de la norme ; nous l'avons considérée comme un territoire tabou dans lequel nous pénétrons avec la peur au ventre, et aussi comme une force dionysiaque qui risque d'envahir par surprise notre *statu quo* apollinien si confortable. Peut-être que le sujet de toutes les histoires d'horreur est en fait le désordre et la peur du changement, et *Un bébé pour Rosemary* nous donne l'impression que tout est sur le point de s'altérer autour de nous – nous ne voyons pas tous les changements qui nous menacent, mais nous parvenons néanmoins à les sentir. L'angoisse que nous ressentons pour Rosemary vient du fait qu'elle nous paraît être la seule personne normale dans une ville peuplée de fous dangereux.

Avant d'avoir lu la moitié du roman de Levin, nous soupçonnons *tout le monde* – et neuf fois sur dix, il s'avère que nous avons raison. L'histoire de Rosemary nous permet de lâcher la bride à notre paranoïa et de voir se réaliser nos pires cauchemars. Lorsque j'ai lu ce livre pour la première fois, je soupçonnais même le Dr Hill, le jeune et aimable obstétricien que Rosemary délaisse au profit du Dr Sapirstein. Hill n'est pas un sataniste, bien sûr... mais il jette Rosemary dans les bras des satanistes lorsqu'elle vient implorer sa protection.

Si les romans d'horreur servent de catharsis à nos terreurs quotidiennes, alors *Un bébé pour Rosemary* reflète et exploite la paranoïa urbaine qu'éprouve tout citoyen d'une grande ville. Dans ce bouquin, il n'existe aucun voisin aimable, et les pires spéculations que vous avez pu entretenir au sujet de la vieille dame de l'appartement 9-B se voient confirmées de façon éclatante. Le vrai triomphe de ce livre, c'est qu'il nous permet d'être fous pendant que nous le lisons.

De la paranoïa des villes à la paranoïa des campagnes : *L'Invasion des profanateurs* de Jack Finney*. Voici ce que Finney [95] lui-même nous dit de son livre, qui fut publié chez Dell en 1955 :

« J'ai écrit ce livre au début des années 50 et je ne m'en souviens plus guère aujourd'hui. Je me rappelle seulement que j'avais envie de raconter une série d'événements étranges se déroulant dans une petite ville ; quelque chose d'inexplicable. Tout devait commencer par un chien qui se faisait écraser par une voiture, et on découvrait alors qu'une partie du squelette de ce chien était en acier ; le métal et l'os étaient inextricablement mêlés, si bien qu'il était clair que l'acier avait poussé avec le squelette. Mais cette idée ne semblait déboucher sur rien. [...] Je me rappelle avoir écrit un premier chapitre – plus ou moins tel qu'il est paru, si mes souvenirs sont bons – où des gens se plaignaient qu'un de leurs proches était en fait un imposteur. Mais je ne savais pas non plus où cette idée allait me conduire. Et pendant que je cherchais à bricoler une histoire satisfaisante, j'ai eu vent d'une théorie scientifique selon laquelle la pression luminique pouvait propulser des objets dans l'espace, lesdits objets étant susceptibles d'abriter une forme de vie dormante [...] et voilà comment tout a commencé.

---

* Comme nous l'avons remarqué précédemment, la deuxième adaptation cinématographique du roman de Finney se déroule à San Francisco, et développe une paranoïa urbaine au fil d'une série de séquences ressemblant de façon frappante aux scènes d'ouverture du *Rosemary's Baby* de Polanski. Mais, à mon avis, Philip Kaufman a perdu au change en privant le récit imaginé par Finney de son contexte naturel, celui d'une petite ville de carte postale.

« Je n'ai jamais été satisfait de la façon dont j'expliquais le mimétisme de ces envahisseurs végétaux ; cela me semblait et me semble toujours faible, mais je n'ai pas pu trouver mieux.

« J'ai lu quantité de théories sur le "sens caché" de ce récit, et cela m'a toujours amusé, car il n'y a aucun sens caché là-dedans ; je voulais simplement écrire une histoire, rien de plus. La première adaptation cinématographique[96] était remarquablement fidèle, exception faite de cette fin stupide ; les responsables de cette adaptation prétendaient cependant avoir voulu faire passer un message, et cela m'a tout autant amusé. Si message il y a, je n'en suis pas conscient, et comme ils ont collé à l'intrigue de mon livre, je me demande bien comment ce message a pu s'insinuer dans leur film. Et chaque fois qu'on m'a expliqué la teneur dudit message, elle m'a toujours paru un peu simpliste. Je trouve risible qu'on puisse écrire un livre à seule fin d'affirmer que l'individualisme est chose précieuse, qu'il n'est pas bon pour nous de nous ressembler les uns aux autres. »

Et pourtant, Jack Finney a écrit quantité de romans et de nouvelles autour de la valeur de l'individualisme et des dangers du conformisme à tout crin.

Les commentaires qu'il fait (dans une lettre qu'il m'a adressée le 24 décembre 1979) sur *L'Invasion des profanateurs de sépultures* de Don Siegel m'ont également arraché un sourire. Ainsi que le prouvent Pauline Kael, Penelope Gilliatt et nombre de leurs confrères, les critiques cinématographiques de renom sont des gens dénués de sens de l'humour et susceptibles de percevoir des significations profondes dans les choses les plus simples (« Dans *Furie*[97], déclare Pauline Kael le plus sérieusement du monde, Brian De Palma a trouvé le cœur vulgaire de l'Amérique ») – on a l'impression que ces critiques se sentent obligés de faire en permanence la démonstration de leur intelligence, un peu comme des adolescents cherchant à prouver leur virilité... peut-être surtout pour leur propre bénéfice. Sans doute est-ce parce qu'ils travaillent sur une forme d'expression artistique utilisant uniquement l'image et la parole ; ils savent que, si une éducation scolaire est nécessaire pour comprendre et apprécier toutes les facettes d'un livre, même si ce livre est aussi accessible que *L'Invasion des profanateurs*, n'importe quel illettré peut entrer dans un cinéma pour y trouver le cœur vulgaire de l'Amérique. Les films ne sont que des livres d'images qui parlent, et la nature de leur travail semble doter les critiques de renom d'un solide complexe d'infériorité. Les cinéastes eux-mêmes se rendent parfois complices de cette grotesque comédie intellectuelle, et j'ai applaudi Sam Peckinpah des deux mains le jour où, alors qu'un critique lui demandait *pourquoi* il avait tourné un film aussi violent que *La Horde sauvage*[98], il lui a tout simplement répondu : « J'aime bien les combats au revolver. » Et peut-être ne s'agit-il que d'une rumeur apocryphe, mais si c'est pas vrai, ça mériterait de l'être.

Et dans le cas de *L'Invasion des profanateurs de sépultures* de Don Siegel, les critiques ont essayé d'avoir le beurre et l'argent du beurre. Ils ont commencé par dire que le livre et le film étaient des allégories sur la chasse aux sorcières déclenchée par les agissements de McCarthy. Puis Siegel a déclaré que le sujet de son film était en fait la menace rouge. Il n'est pas allé jusqu'à dire qu'il y avait un communiste derrière chaque buisson, mais il ne fait aucun doute que Siegel était persuadé d'avoir fait un film sur la cinquième colonne. Le comble de la paranoïa, pourrions-nous dire : ils sont parmi nous et *ils nous ressemblent comme deux gouttes d'eau* !

Tout bien considéré, c'est le point de vue de Finney qui semble le plus sensé ; *L'Invasion des profanateurs* est tout simplement un bon bouquin, un bouquin à lire et à savourer pour ses qualités intrinsèques. Durant les vingt-cinq ans qui ont suivi sa publication (une version plus courte était parue dans *Collier's*, un de ces bons vieux magazines qui ont disparu des kiosques pour laisser la place à des périodiques intellectuels comme *Penthouse*, *Screw* et *Big Butts*), il a presque toujours été disponible en librairie. Son histoire éditoriale a atteint son nadir avec le roman-photo publié lors de la sortie du *remake* de Philip Kaufman [99] ; s'il existe un concept d'édition plus lamentable que le roman-photo, j'ai peine à en imaginer la nature. Je préférerais que mes gosses lisent des romans porno plutôt qu'une de ces merdes.

Quant au zénith de son histoire éditoriale, ce fut sans conteste l'édition Gregg Press [100] de 1976. Gregg Press est une petite maison qui a réédité sous forme de livres reliés une cinquantaine d'ouvrages de science-fiction et de fantastique – romans, recueils de nouvelles et anthologies – qui n'étaient sortis qu'en format de poche. Les directeurs littéraires de Gregg Press (David Hartwell [101] et L. W. Currey [102]) font preuve d'un grand discernement dans leurs choix, et tout amateur de science-fiction digne de ce nom – qui se double pour l'occasion d'un amateur de beaux livres – a dans sa bibliothèque au moins l'un de ces volumes verts au dos frappé de rouge et d'or.

Oh ! mon Dieu, encore une digression. Enfin, peu importe ; ce que je voulais dire, je crois bien, c'est que Finney a à la fois raison et tort quand il affirme que *L'Invasion des profanateurs* n'est qu'une histoire, et rien de plus. Ce que je crois profondément, et depuis longtemps, c'est que l'histoire prime sur toute autre considération en matière de fiction ; l'histoire *définit* la fiction, et tout le reste – le thème, l'ambiance, le ton, les symboles, le style, même la psychologie des personnages – est secondaire. Certains critiques sont d'une opinion diamétralement opposée à la mienne, et je crois qu'ils se sentiraient beaucoup plus à l'aise si *Moby Dick* était une thèse de doctorat sur les cétacés plutôt que le récit du dernier voyage du *Pequod*. Plusieurs millions d'étudiants en lettres ont réduit ce roman à l'état de thèse, mais l'histoire est restée intacte – « Voici ce qui arriva à Ishmael. » La même remarque s'applique à des œuvres comme *Macbeth*, *La Reine des fées* [103], *Orgueil et Préjugés* [104], *Jude l'obscur*, *Gatsby le magnifique*... et *L'Invasion des profanateurs* de Jack Finney. Et, Dieu merci, il arrive un moment où l'histoire devient irréductible, mystérieuse, imperméable à l'analyse. Même si vous fouillez toutes les bibliothèques universitaires d'Amérique, vous ne trouverez jamais de thèse intitulée *Les éléments narratifs du* Moby Dick *de Melville*. Et si vous en trouvez une dans ce genre, envoyez-la-moi. Je la mangerai. Avec du ketchup.

Tout ceci est bel et bon. Et pourtant, je pense que Finney tomberait d'accord avec moi pour dire que les valeurs narratives sont déterminées par l'esprit humain qui leur sert de filtre et que l'esprit d'un écrivain est un produit de son milieu autant que de sa personnalité. C'est l'existence de ce filtre qui sert de banquet à cette foule de thésards, et n'allez pas croire pour autant que je conteste leurs diplômes – Dieu sait que, durant ma période universitaire, j'ai remué moi-même assez de merde pour fournir de l'engrais à la moitié du Texas –, mais la majorité des étudiants en lettres de ce pays passent leur temps à découper des steaks et des rôtis invisibles... quand ils ne s'échangent pas les habits neufs du grand-duc dans le cadre de la plus grande brocante intellectuelle de tous les temps.

Quoi qu'il en soit, le roman qui nous intéresse est un roman de Jack Finney, et ce simple fait nous permet déjà de faire quelques observations. Premièrement, nous savons qu'il est fondé sur une réalité absolue – une réalité prosaïque et même presque banale, du moins au début. Quand nous rencontrons le Dr Miles Bennell, le héros de ce livre (et je pense que Finney soulèverait une objection si j'employais le terme plus formel de *protagoniste*... ce dont je m'abstiendrai par conséquent), il fait sortir de son cabinet son dernier patient de la journée ; un pouce foulé. Entre alors Becky Driscoll – et peut-on imaginer un nom plus américain ? –, qui apporte avec elle la première note discordante : sa cousine Wilma a acquis l'étrange conviction que son oncle Ira n'est plus son oncle Ira. Mais cette note est des plus ténues, à peine audible au sein de la mélodie champêtre que Finney interprète de façon magistrale durant les premiers chapitres... et son livre est sans doute la meilleure description jamais écrite de la vie dans une petite ville américaine des années 50.

La mélodie dont Finney nous gratifie dans ces premiers chapitres est si discrète et si plaisante qu'elle deviendrait insipide chez un écrivain moins doué : c'est une mélodie douce, agréable, séduisante. Autant de mots que Finney emploie à profusion ; dans la bonne ville de Mill Valley, nous dit-il, il n'y a rien d'extraordinaire, rien de dément, rien d'horrible, rien d'ennuyeux. C'est une ville agréable. Aucun de ses citoyens ne semble être victime de cette vieille malédiction chinoise : « Puissiez-vous vivre en des temps intéressants. »

« Pour la première fois depuis longtemps, je pus vraiment regarder son visage. Il n'avait pas changé, toujours aussi séduisant... », songe Miles en contemplant Becky. Et, quelques pages plus loin : « Il faisait bon dehors, aux alentours de trente degrés, et la luminosité était excellente ; [...] le soleil n'était pas encore couché. »

La cousine Wilma est elle aussi bien sympathique,

quoique du genre quelconque. Miles est d'avis qu'elle aurait fait une bonne épouse et une bonne mère de famille, mais elle ne s'est jamais mariée. « Ainsi va la vie », songe Miles avec philosophie, sans se rendre compte qu'il profère là un lieu commun. Il nous dit qu'il ne la croit pas du genre à avoir des troubles mentaux, « mais on ne sait jamais ».

Ça ne devrait pas marcher, et pourtant ça marche ; nous sentons que Miles a dépassé les conventions de la narration à la première personne pour s'adresser directement à nous, tout comme il nous semblait que Tom Sawyer s'adressait directement à nous dans le roman de Mark Twain... et Mill Valley, telle que nous la présente Finney, est exactement le genre de ville où nous nous attendrions à voir Tom en train de peindre sa barrière en blanc (mais Huck ne traînerait pas dans les parages, il ne dormirait pas dans sa porcherie ; pas à Mill Valley).

L'Invasion des profanateurs est le seul des livres de Finney à pouvoir être qualifié de roman d'horreur, mais Mill Valley – une ville « agréable » comme les aime Finney – est le cadre idéal pour un récit de ce type. Peut-être que Finney n'avait besoin d'écrire qu'un seul roman d'horreur ; ça lui a suffi pour construire le moule où s'est coulé ce que nous appelons « le roman d'horreur moderne ». Si un tel genre existe bien, il ne fait aucun doute que Finney est un de ses créateurs. J'ai évoqué un peu plus haut l'idée de discordance, et c'est à mon avis un terme qui définit la méthode de Finney dans l'écriture de ce roman ; une note discordante, puis deux, puis un bouquet, puis un déluge. Et la mélodie de l'horreur finit par étouffer celle du bonheur. Mais Finney comprend parfaitement qu'il n'y a pas d'horreur sans beauté ; pas de discordance sans mélodie ; pas de méchanceté sans gentillesse.

On ne trouvera pas les plaines de Leng[105] dans ce livre ; pas plus qu'on n'y visitera de ruines souterraines et cyclopéennes ; on n'y apercevra pas non plus de monstres rampant dans les couloirs du métro. A peu près en même temps que Finney écrivait *L'Invasion des profanateurs*, Richard Matheson écrivait sa nouvelle classique intitulée *Journal d'un monstre*[106], un texte qui commence par ces mots : « Aujourd'hui maman m'a appelé monstre. Tu es un monstre elle a dit. » A eux deux, ces écrivains ont entamé la rupture avec le fantastique lovecraftien qui exerçait depuis vingt ans une influence sans partage sur les écrivains d'horreur américains. La nouvelle de Matheson fut publiée bien avant la disparition de *Weird Tales* ; le roman de Finney sortit en librairie l'année qui la suivit. Bien que Matheson ait publié deux de ses premiers textes dans *Weird Tales*, ni lui ni Finney ne sont associés au plus grand des magazines de fantastique et d'horreur américains ; ils annoncent l'émergence d'une nouvelle race de fantastiqueurs américains, tout comme, durant les années 1977-1980, l'apparition en Angleterre de Ramsey Campbell[107] et de Robert Aickman[108] a peut-être représenté une nouvelle évolution du genre*.

J'ai déjà fait remarquer que *Le Troisième Sous-Sol*[109] de Jack Finney était antérieur à *La Quatrième Dimension* de Rod Serling ; de la même façon, la Mill Valley

---

* Et au moment où Finney et Matheson commençaient à administrer à l'imagination américaine une nouvelle forme de traitement de choc, Ray Bradbury commençait à se faire remarquer dans le milieu du fantastique, et, durant les années 50 et 60, le grand public finira par identifier le nom de Bradbury avec le genre dans son ensemble. Mais, à mes yeux, Bradbury est le seul citoyen du domaine qu'il s'est créé, et personne n'est jamais parvenu à imiter son style aussi remarquable qu'iconoclaste. Pour parler vulgairement, quand Dieu a créé Ray Bradbury, Il a cassé le moule.

de Finney annonce toute une série de petites villes fictives telles que la Milburn [110] de Peter Straub, la Cornwall Coombe [111] de Thomas Tryon et ma propre Salem's Lot [112]. On discerne même l'influence de Finney dans *L'Exorciste* de Blatty, où le caractère horrible des événements est encore accentué par le décor que fournit Georgetown, une banlieue à la fois paisible, riche, gracieuse... et agréable.

Finney se concentre sur la couture entre la réalité prosaïque de sa petite ville si vraisemblable et le fantastique pur de ces cosses venues de l'espace. C'est une couture si finement ouvragée que, lorsque nous passons du réel à l'imaginaire, c'est à peine si nous le remarquons. C'est là une réussite majeure, et à l'instar d'un tour de passe-passe effectué par un prestidigitateur accompli, ça a l'air si facile qu'on est tenté de croire que c'est à la portée du premier venu. Mais si on voit le tour de passe-passe, on ne voit pas les longues heures de travail qui ont été nécessaires à son exécution.

Nous avons brièvement évoqué la paranoïa à propos d'*Un bébé pour Rosemary* ; dans *L'Invasion des profanateurs*, la paranoïa est totale, absolue. Partant du principe que nous sommes tous des paranoïaques en puissance – il nous est tous arrivé de jeter un coup d'œil à notre braguette lors d'une réception pour nous assurer que ce n'était pas *nous* qui venions de déclencher l'hilarité générale –, Finney exploite délibérément ce trait de caractère pour manipuler nos émotions en faveur de Miles, de Becky et de leurs amis les Belicec.

Prenons le cas de Wilma : elle est incapable de nous prouver que son oncle Ira n'est plus son oncle Ira, mais nous sommes néanmoins impressionnés par sa conviction, ainsi que par une sorte d'angoisse diffuse aussi redoutable qu'une migraine carabinée. Voici un délire paranoïaque aussi parfaitement rendu que dans un

roman de Paul Bowles [113] ou dans une histoire extraordinaire de Joyce Carol Oates [114] :

Wilma tourna vers moi son visage rond et rouge comme
une pomme, qui se creusait de rides d'anxiété ; ses yeux
me fixaient avec intensité. Elle souffla : « J'ai attendu
jusqu'à aujourd'hui, jusqu'à ce qu'il aille chez le coiffeur.
Il a fini par y aller. » A nouveau elle se pencha vers moi,
les yeux écarquillés, la voix à peine audible. « Il y a une
petite cicatrice sur la nuque d'Ira ; un furoncle que votre
père avait incisé. Quand ses cheveux sont longs, on ne peut
pas voir cette cicatrice. Mais quand il s'est fait rafraîchir,
on la voit. Eh bien, aujourd'hui – *j'attendais* ce moment ! –
il s'est fait couper les cheveux... »
Intéressé soudain, je me redressai. « La cicatrice a *disparu* ? Vous voulez dire que...
– Non ! lança-t-elle avec une sorte d'indignation. Elle
est *à sa place*... la cicatrice ! Tout comme celle d'oncle
Ira [115] ! »

Finney nous fait comprendre ici que nous nous trouvons dans un univers totalement subjectif... et totalement paranoïaque. Evidemment, *nous* croyons cette
brave Wilma, même en l'absence de toute preuve ; d'ailleurs, le titre du bouquin suffit à nous informer que les
« profanateurs » sont parmi nous.
En nous incitant à nous ranger dès le début dans le
camp de Wilma, Finney fait de nous des équivalents de
saint Jean-Baptiste prêchant dans le désert. On comprend aisément pourquoi son livre a été récupéré par
ceux qui, durant les années 50, étaient persuadés de
l'existence d'une conspiration communiste ou d'une
conspiration fasciste ayant pris l'anticommunisme pour
alibi. Car, dans tous les cas, le sujet de ce livre imprégné
de paranoïa est bien la conspiration... en d'autres ter-

mes, c'est le genre de bouquin que les excités de tous bords ont vite fait de qualifier d'allégorie politique.

J'ai cité un peu plus haut cet aphorisme selon lequel la paranoïa était la forme la plus achevée de l'acuité mentale. Nous pourrions ajouter que la paranoïa est l'ultime défense de l'esprit surmené. Nombre de grands écrivains du XXᵉ siècle, des gens aussi divers que Bertolt Brecht, Jean-Paul Sartre, Edward Albee [116], Thomas Hardy et même F. Scott Fitzgerald, ont avancé l'hypothèse selon laquelle nous vivons désormais dans un monde du type existentiel, un genre d'asile d'aliénés où les choses arrivent sans rime ni raison. DIEU EST-IL MORT ? demande la couverture de *Time* que Rosemary Woodhouse aperçoit dans la salle d'attente de son obstétricien sataniste. Dans un tel monde, il est parfaitement crédible qu'un demeuré mental ait pu s'installer au dernier étage d'un immeuble peu fréquenté, vêtu d'un tee-shirt Hanes, grignotant du poulet et attendant d'assassiner le président des Etats-Unis avec un fusil acheté par correspondance ; il est parfaitement possible que, quelques années plus tard, un autre demeuré mental se soit posté dans les cuisines d'un hôtel pour faire subir le même sort au frère cadet de ce défunt président ; il est parfaitement compréhensible que des braves gars venus de l'Iowa, de la Californie ou du Delaware aient profité de leur séjour au Viêt-nam pour se constituer une collection d'oreilles, parfois extrêmement petites ; et il n'est guère surprenant que le monde se dirige tout droit vers la guerre totale à cause des sermons d'un saint homme musulman octogénaire qui est probablement incapable de se rappeler le soir ce qu'il a mangé le matin.

Notre cerveau arrive à accepter ces faits si nous supposons que Dieu est parti en vacances, voire a passé l'arme à gauche. Notre cerveau les accepte, mais nos émotions, notre esprit, et surtout notre amour de l'ordre – autant d'éléments essentiels dans la composition de l'être humain – se rebellent. Si nous suggérons qu'il n'y avait aucune raison pour que six millions de juifs périssent dans les camps de la mort, aucune raison pour que des poètes se fassent tabasser, des vieilles femmes se fassent violer, des enfants se fassent transformer en pains de savon, que c'est arrivé, voilà tout, que personne n'était responsable – le contrôle des événements nous a un peu échappé, ha-ha, excusez-nous –, alors l'esprit commence à vaciller.

J'ai été le témoin d'un tel cataclysme durant les années 60, au plus fort du conflit des générations qui avait débuté par l'intervention américaine au Viêt-nam et avait fini par englober des revendications telles que la liberté universitaire, le droit de vote à dix-huit ans et la responsabilisation de l'industrie en matière de pollution.

A l'époque, je me trouvais à l'université du Maine, et bien que je sois entré en fac avec des opinions trop conservatrices pour devenir un gauchiste pur et dur, ma vision du monde s'était altérée dès 1968, après que je me fus posé certaines questions fondamentales. Le héros du *Voyage de Simon Morley* [117], un autre roman de Jack Finney, l'exprime mieux que je ne pourrais le faire :

Je suis [...] un homme bien ordinaire ; comme les autres, j'ai gardé de mon enfance le sentiment que ceux qui nous dirigent sont mieux informés que leurs concitoyens, que leur jugement est supérieur au nôtre ; en un mot, qu'ils sont plus intelligents que nous, simples mortels. Il a fallu le Viêt-nam pour que je comprenne enfin : les décisions majeures émanaient parfois d'hommes qui n'étaient ni plus intelligents ni mieux informés que nous, simples mortels [118]...

Pour moi, ce fut là une découverte bouleversante – une découverte que j'ai peut-être commencé à faire au Stratford Theater, le jour où un gérant de cinéma tétanisé nous a annoncé, à mes contemporains et à moi-même, que les Russes avaient mis en orbite un satellite spatial.

Mais il me fut malgré tout impossible d'adhérer au mouvement de paranoïa galopante qui avait envahi le pays au cours des quatre dernières années de cette décennie. En 1968, durant mon avant-dernière année de fac, quatre Black Panthers de Boston sont venus s'adresser aux étudiants (dans le cadre d'une série de conférences où les intervenants étaient extérieurs à l'université) afin de leur démontrer que l'*establishment* industriel américain, sous la houlette des Rockefeller et d'AT&T, était responsable de l'émergence d'un Etat néo-fasciste, de la poursuite de la guerre du Viêt-nam qui était bonne pour leurs affaires et du climat virulent de racisme, de sexisme et d'étatisme qui régnait sur le pays. Johnson était leur marionnette ; *idem* pour Humphrey et Nixon ; comme le diraient les Who dans une de leurs chansons : « Voici le nouveau boss, c'est le même que l'ancien » ; une seule solution, la révolution. Les quatre conférenciers ont conclu en nous rappelant le slogan des Black Panthers : « Le pouvoir est au bout du fusil », et en nous adjurant de ne pas oublier Fred Hampton.

Bon, je ne pensais pas, à l'époque, et je ne pense toujours pas aujourd'hui que les Rockefeller et AT&T étaient innocents comme l'agneau qui vient de naître ; je pensais et pense encore que des entreprises telles que Sikorsky, Douglas Aircraft, Dow Chemical et même la Bank of America étaient plus ou moins persuadées que la guerre était bonne pour leurs affaires (mais n'investissez surtout pas votre fils là-dedans tant que vous pouvez manipuler la conscription ; si possible, transformez en chair à canon les nègres, les Latinos et les pauvres Blancs des Appalaches, mais pas nos fils, oh non, pas *nos* fils !) ; je pensais et pense encore que la mort de Fred Hampton était un cas typique de brutalité policière. Mais ces Black Panthers suggéraient l'existence d'une conspiration à l'échelle nationale qui était tout bonnement risible... sauf qu'aucun de leurs auditeurs ne riait. Une fois la conférence achevée, lesdits auditeurs se sont mis à poser des questions précises et angoissées sur le mode de fonctionnement de cette conspiration, ses échelons supérieurs, sa chaîne de commandement, etc.

Finalement, je me suis levé et j'ai dit quelque chose du genre : « Cherchez-vous vraiment à nous faire croire qu'il existe dans ce pays une véritable société secrète fasciste ? Que ses membres – le président de General Motors, celui d'Exxon, plus David et Nelson Rockefeller – se réunissent parfois dans un abri antiatomique creusé sous le désert de sel de Bonneville afin de déterminer la meilleure méthode pour enrôler encore plus de Noirs et prolonger encore plus la guerre en Asie du Sud-Est ? » J'étais sur le point de suggérer que ces conspirateurs se rendaient peut-être dans leur forteresse souterraine à bord de soucoupes volantes – ce qui expliquerait à la fois la guerre du Viêt-nam et la recrudescence des observations d'OVNI – lorsque mes condisciples m'ont prié sans ménagement de me rasseoir et de la boucler. Ce que je me suis empressé de faire, le rouge aux joues, conscient de ce que devaient éprouver les dingues qui s'adressent à la foule le dimanche après-midi à Hyde Park. Ce n'était pas une sensation agréable.

Le Black Panther qui prit alors la parole ne répondit pas à ma question (qui n'en était pas vraiment une, soyons honnête) ; il se contenta de me dire à voix basse :

« T'as vraiment eu une surprise, pas vrai, mec ? » Hilarité générale et applaudissements nourris.

J'avais bien eu une surprise – une surprise sacrément mauvaise. Mais j'étais néanmoins convaincu d'une chose : les représentants de ma génération, complètement déboussolés par les années 60, cette période où se mêlaient inextricablement le plaisir et la terreur, et où la musique douce des Kingsmen chantant *Louie, Louie* avait laissé la place à la musique pop des Jefferson Airplane, n'avaient pas pu supporter cette transition brutale sans se dire que quelqu'un – ne serait-ce que Nelson Rockefeller – tirait les ficelles en coulisses.

Depuis le début de ce livre, je me suis efforcé de suggérer que l'horreur est de bien des façons une expérience optimiste et positive ; que c'est bien souvent grâce à elle que l'esprit tente de résoudre des problèmes qui ne sont pas forcément surnaturels mais sont quand même bien réels. La paranoïa est peut-être l'ultime bastion de cette forme d'optimisme – c'est l'esprit qui s'écrie : « Il se passe forcément *quelque chose* de rationnel et de compréhensible ! Ces choses-là *n'arrivent pas toutes seules* ! »

Si bien qu'une tache sur une photo nous persuade qu'un deuxième tireur était planqué sur un talus à Dallas ; nous affirmons que James Earl Ray [119] était payé par certains hommes d'affaires du Sud, voire à la solde de la CIA ; nous négligeons le fait que les intérêts des industriels américains sont complexes et bien souvent contradictoires, et nous suggérons que notre intervention sincère mais stupide en Asie du Sud-Est avait pour origine une conspiration du complexe militaro-industriel ; ou encore, comme l'insinuent des affiches aussi mal écrites que mal imprimées qui ont récemment fleuri sur les murs de New York, que l'ayatollah Khomeyni n'est qu'une marionnette de – vous l'aviez deviné – David Rockefeller. Notre capacité d'invention si fertile nous pousse à penser que le capitaine Mantell n'a pas été tué par le manque d'oxygène ce beau jour de 1947 alors qu'il pourchassait un reflet de Vénus dans le ciel ; non, il pourchassait un astronef extraterrestre qui a détruit son avion avec un rayon de la mort.

Je ne voudrais pas vous donner l'impression que je souhaite vous inciter à rire avec moi de tous ces phénomènes ; bien au contraire. Ce ne sont pas là des lubies de déments mais des opinions entretenues par des hommes et des femmes sains d'esprit tentant désespérément, non pas de préserver le *statu quo*, mais tout simplement de le retrouver. Et quand Wilma, la cousine de Becky Driscoll, affirme que son oncle Ira n'est pas son oncle Ira, nous la croyons instinctivement et sans délai. Car dans le cas contraire, nous avons devant nous une vieille fille en train de perdre les pédales dans une petite ville californienne. Et cette possibilité n'est guère séduisante ; dans un monde sain d'esprit, les braves dames comme Wilma ne sont pas censées devenir dingues. Ce n'est pas convenable. Cette possibilité nous fait entrevoir un chaos bien plus terrifiant que ne pourrait l'être son hypothèse à propos de l'oncle Ira. Nous la croyons, parce que, en la croyant, nous réaffirmons sa santé mentale. Nous la croyons parce que... parce que... *parce qu'il se passe quelque chose* ! Tous ces délires paranoïaques ne sont pas vraiment des délires. Nous avons raison, et la cousine Wilma aussi ; c'est le *monde* qui est devenu fou. C'est une idée grave, je vous l'accorde, mais nous avons tenu le coup en découvrant le monstre de trente mètres de haut imaginé par Bill Nolan [120], et nous tiendrons encore le coup cette fois-ci, à condition de garder les pieds sur terre. Bob Dylan s'adresse à l'existentialiste qui sommeille en chacun de nous lorsqu'il nous dit : « Il se passe quelque chose ici/Mais vous ne savez

pas ce que c'est/N'est-ce pas, Mr. Jones [121] ? » Finney –
par l'entremise de Miles Bennell – nous prend par le
bras et nous dit qu'il sait parfaitement ce qui se passe
ici ; ce sont ces saletés de cosses venues de l'espace ! Ce
sont *elles*, les responsables !

La trame tissée par Finney reproduit tous les motifs
classiques de la paranoïa, et c'est un véritable plaisir de
les contempler. Alors que Miles et Becky se rendent au
cinéma, Jack Belicec, un écrivain ami de Miles,
demande à celui-ci de venir jeter un coup d'œil à un
truc qu'il a trouvé dans sa cave. Le truc en question
se révèle être le corps d'un homme nu allongé sur une
table de billard, un corps que Miles, Becky, Jack et sa
femme Theodora s'accordent à trouver incomplètement
formé – pas tout à fait achevé. C'est une cosse, bien
entendu, et la forme qu'elle est destinée à prendre est
celle de Jack. Nous ne tardons pas à avoir la preuve
qu'il se passe quelque chose de terriblement anormal :

Becky ne put retenir une exclamation lorsque nous
vîmes les empreintes [digitales], et il y avait de quoi. Car
c'est une chose que de faire des spéculations au sujet d'un
être qui n'a jamais vécu, une ébauche, mais c'en est une
autre toute différente, qui résonne dans les profondeurs
primitives de l'inconscient, que d'en avoir la preuve. Il n'y
avait pas d'empreintes digitales ; il n'y avait que des cercles
totalement noirs et lisses.

Nos quatre héros – désormais avertis de la conspiration – décident de ne pas prévenir la police mais plutôt
d'observer l'évolution des cosses. Miles ramène Becky
chez elle, puis regagne son domicile, laissant les Belicec
monter la garde près de la chose allongée sur la table
de billard. Mais Theodora Belicec finit par craquer
durant la nuit, et son mari et elle viennent frapper à la

porte de Miles. Celui-ci appelle Mannie Kaufman, un psychiatre de ses amis (un psy ? voilà qui éveille aussitôt nos soupçons ; ce n'est pas d'un psy qu'on a besoin, crions-nous mentalement à Miles ; alerte donc l'armée !), et lui demande de tenir compagnie aux Belicec pendant qu'il va chercher Becky... laquelle lui a avoué un peu plus tôt qu'elle avait l'impression que son père n'était plus son père.

Arrivé chez les Driscoll, Miles descend au sous-sol et découvre en bas d'une armoire une créature informe sur le point de devenir une pseudo-Becky. Finney décrit de façon brillante la nature de ce processus mimétique. Il le compare à l'impression d'une médaille, au développement d'une photographie, et il évoque plus tard des poupées sud-américaines ressemblant à leurs modèles de façon troublante. Mais nous sommes à présent dans un tel état d'anxiété que ce qui nous impressionne le plus, c'est la sournoiserie avec laquelle cette créature a été planquée dans un coin sombre, au fond de la cave, où elle attend son heure.

Becky a été droguée par son « père », et il s'ensuit une scène hautement romantique où Miles l'enlève de sa maison et la porte dans ses bras au cœur de la petite ville endormie ; on n'a aucune peine à imaginer la soie légère de sa chemise de nuit luisant doucement au clair de lune.

Et tout ça pour quoi ? Lorsque Mannie Kaufman arrive chez Miles, tout le monde retourne chez les Belicec pour examiner la chose dans la cave :

Le corps avait disparu. Sous la lumière crue, il y avait le tapis de feutre vert, et sur cette prairie artificielle, sauf le long des bandes et dans les angles, on voyait une espèce de duvet grisâtre, semblable à un tas de poussière qui serait tombé des poutres apparentes.

La bouche grande ouverte, Jack contempla le billard un bon moment. Puis il se tourna vers Mannie et lui lança avec une sorte de colère : « Il était là, sur le billard, Mannie ! Il y *était* ! »

Mannie eut un bref sourire. « Je vous crois, Jack... »

Mais nous savons que les psys disent toujours la même chose... juste avant d'appeler les types en blouse blanche. Nous *savons* que cette poussière n'est pas tombée des poutres apparentes ; la créature s'est désagrégée, voilà tout. Mais personne d'autre ne le sait, et Jack en est bientôt réduit à proférer l'ultime supplique du paranoïaque : « Vous devez me croire, docteur ! »

Si les citoyens de Mill Valley sont de plus en plus nombreux à croire que leurs proches ne sont plus leurs proches, explique Mannie Kaufman, c'est parce qu'ils sont victimes d'une forme bénigne d'hystérie collective, le genre de phénomène qui est peut-être à l'origine de l'affaire des sorcières de Salem, du suicide collectif de Guyana, voire de la danse de Saint-Guy. Mais on sent derrière cette explication toute rationnelle le spectre hideux de l'existentialisme. Ces choses-là arrivent, suggère-t-il, parce qu'elles doivent arriver. La situation finit tôt ou tard par s'arranger.

Et c'est effectivement ce qui se passe. Mrs. Seeley, qui croyait que son mari n'était plus son mari, vient dire à Miles que tout va bien désormais. *Idem* pour les étudiantes qui étaient terrifiées par leur professeur d'anglais. Et *idem* pour la cousine Wilma, qui téléphone à Miles pour lui dire à quel point elle est gênée d'avoir fait un tel foin ; *évidemment* que l'oncle Ira est bien l'oncle Ira. Mais il y a entre toutes ces personnes un étrange point commun : Mannie Kaufman est venu les voir pour leur remettre les idées en place. Il se passe quelque chose ici, d'accord, mais nous savons parfaitement ce que c'est, merci, Mr. Jones. Nous avons remarqué que le nom de Mannie Kaufman ne cesse de revenir. Et nous ne sommes pas des crétins, pas vrai ? Foutre non ! Il est clair que Mannie Kaufman a rejoint les rangs de l'équipe adverse.

Et il y a autre chose. Poussé par Jack Belicec, Miles décide finalement d'appeler un de ses amis travaillant au Pentagone afin de lui raconter cette histoire incroyable. Voici le récit qu'il nous fait de ce coup de fil :

Il n'est pas simple d'expliquer une histoire aussi longue et aussi compliquée au téléphone [...]. De plus, la communication était désastreuse. Au début, j'entendais Ben et il m'entendait comme si nous étions dans des maisons mitoyennes. Mais bientôt, quand j'en arrivai au point crucial, l'audition faiblit ; Ben était sans cesse obligé de me faire répéter, et il me fallait pratiquement hurler pour me faire comprendre. Difficile de bien s'exprimer, et même de réfléchir logiquement quand il faut répéter une phrase sur deux ; je finis par rappeler l'opératrice et demander un nouveau branchement. [...] j'avais à peine achevé de résumer le chapitre précédent qu'un sifflement strident me jaillit dans les oreilles, et il me fallut parler par-dessus.

Evidemment, « ils » contrôlent désormais les liaisons de Mill Valley avec le monde extérieur (« Nous avons le contrôle total de l'émission, déclarait la voix inquiétante qui présentait chaque semaine un nouvel épisode d'*Au-delà du réel*. Contrôle du balayage horizontal, contrôle du balayage vertical. Nous pouvons aussi bien vous donner une image floue qu'une image pure comme le cristal... »). Le passage cité plus haut ne manquera pas de faire réagir les anciens pacifistes, les membres du SDS et tous les activistes persuadés que leur téléphone était placé sur table d'écoute ou que le type qui rôdait autour des manifestants avec son Nikon prenait leur photo pour l'intégrer à leur dossier. *Ils* sont partout ; *ils* nous observent ; *ils* nous écoutent. Pas étonnant que Siegel ait été convaincu que le roman de Finney parlait en fait de la menace rouge et que d'autres y aient vu une allusion au fascisme rampant. A mesure que nous sommes engloutis dans le tourbillon de ce cauchemar, peut-être que nous finirons même par croire que ce sont ces satanées cosses qui étaient planquées sur le talus à Dallas, ou que ce sont elles qui ont avalé du Kool-Aid empoisonné à Jonestown avant d'en faire boire de force à leurs enfants. Comme nous serions soulagés si nous pouvions le croire !

La conversation de Miles avec son ami Ben est la description la plus précise que donne ce livre du fonctionnement d'un esprit paranoïaque. Même si on est au courant de ce qui se passe, on n'arrive pas à communiquer ses informations aux autorités... et il est si difficile de penser avec ce bourdonnement dans le crâne !

Tout ceci est également lié au profond sentiment de xénophobie qu'éprouvent les personnages principaux de Finney. Les cosses représentent en fait « une menace pour notre mode de vie », comme disait le sénateur McCarthy. « Il faudra instaurer la loi martiale, déclare Jack à Miles, l'état de siège, que sais-je ! Et faire ce qui doit être fait. [...] Enlever ces choses, les écraser, les pulvériser, les détruire ! »

Plus tard, alors qu'ils tentent de s'enfuir de Mill Valley, Miles et Jack découvrent deux cosses dans le coffre de la voiture. Voici comment Miles décrit la suite des événements :

Elles étaient là, dans les éclairs mouvants de la torche : deux énormes cosses, déjà éclatées en plusieurs endroits ; les saisissant à pleines mains, je les flanquai sur le sol cailouteux. Elles étaient aussi légères que des ballons de baudruche, sèches et rugueuses sous mes doigts. A ce contact contre ma peau, je perdis complètement la tête et me trouvai en train de les écrabouiller, de les émietter sous mes pieds, sans même me rendre compte que j'émettais une sorte de cri rauque, sans signification... han ! han ! han ! un cri de dégoût et de haine animale.

Adieu les hippies souriants et un peu défoncés brandissant des pancartes proclamant : STOPPEZ ET FAISONS CONNAISSANCE ; il ne nous reste plus que Miles et Jack, complètement déjantés, en train de danser sur les envahisseurs venus de l'espace. Pas question ici (contrairement à ce qui se passe dans *La Chose d'un autre monde*[122]) de se demander en quoi la communication avec ces extraterrestres serait bénéfique pour la science moderne. Pas de drapeau blanc et pas d'ambassadeurs ; les *aliens* de Finney sont aussi étranges et répugnants que les sangsues qui se collent à votre peau quand vous avez eu la mauvaise idée de vous baigner dans un étang. La raison et l'appel à la raison n'ont pas leur place ici ; l'étranger ne suscite qu'une réaction aveugle et primitive.

Le livre qui ressemble le plus à celui de Finney est un roman de Robert Heinlein intitulé *Marionnettes humaines*[123] ; il s'agit là aussi d'un bouquin d'horreur dissimulé sous l'attirail de la S.-F. Des envahisseurs venus de Titan, la plus grosse des lunes de Saturne, débarquent sur Terre, prêts à en découdre avec nous. Les créatures imaginées par Heinlein ne sont pas des cosses ; ce sont bel et bien des sangsues. De grosses limaces qui se fixent sur votre nuque et vous chevauchent comme une vulgaire monture. Ces deux bouquins ont entre eux maintes ressemblances – souvent frappantes. Le narrateur du roman de Heinlein commence par se demander à voix haute si elles sont vraiment douées d'intelligence. Il ne cesse de se poser la question que lorsque leur menace a été écartée. Ledit narrateur participe à la construction d'une fusée destinée à s'envoler pour Titan ; à présent que l'invasion a été repoussée, l'humanité va attaquer le mal à la racine. « Pas de quartier ! » s'exclame le narrateur en conclusion.

Mais quelle est la nature exacte de la menace représentée par les cosses de Finney ? Le fait que leur invasion risque apparemment d'entraîner l'extinction de l'espèce humaine paraît presque secondaire (les cosses n'ont aucun intérêt pour les parties de jambes en l'air). Le plus horrible, aux yeux de Finney, c'est que les cosses menacent tout ce qui est doux, agréable et séduisant – ce qui nous ramène à notre point de départ. Alors qu'il se rend à son cabinet peu de temps après le véritable déclenchement de l'invasion, Miles décrit ainsi le paysage qui s'offre à lui :

... la vision de Throckmorton Street acheva de me déprimer. Elle me parut crasseuse et misérable sous le soleil matinal. Un tas de poubelles débordantes n'avaient pas été vidées depuis la veille, le globe d'un lampadaire était cassé. A deux pas de mon cabinet, une boutique restait à l'abandon. On en avait barbouillé les vitrines au blanc d'Espagne ; un écriteau proclamait *A louer* en lettres maladroites, mais il ne disait pas où s'adresser, et j'eus l'impression que tout le monde se foutait que cette boutique soit relouée un jour. Une bouteille de whisky brisée ornait l'entrée de mon immeuble, et la plaque de cuivre à mon nom scellée dans le mur, que personne n'astiquait jamais, commençait à se corroder.

Si l'on adopte le point de vue farouchement individualiste qui est celui de Jack Finney, les agissements des cosses sont surtout répréhensibles parce qu'ils vont entraîner la transformation de Mill Valley en une réplique de la station de métro de la 42e Rue. L'être humain, nous dit Finney, est poussé par sa nature même à créer l'ordre à partir du chaos (une idée qui colle à merveille aux thèmes paranoïaques de son bouquin). L'être humain veut rendre le monde meilleur. Ce sont peut-être là des idées un peu démodées, mais Finney est un traditionaliste, comme le fait remarquer Richard Gid Powers dans l'introduction à l'édition Gregg Press de *L'Invasion des profanateurs*. Si l'on adopte le point de vue de Finney, les cosses sont terrifiantes avant tout parce qu'elles se fichent complètement du chaos et n'ont aucun sens de l'esthétique : l'espace ne nous a pas envoyé des roses mais du chiendent. Ces envahisseurs vont bien essayer de tondre leur pelouse deux ou trois fois, mais ils auront vite fait de renoncer. Les mauvaises herbes ne les dérangent pas. Et on ne les verra pas se rendre à la quincaillerie de Mill Valley pour y acheter du matériel de bricolage destiné à transformer leur sous-sol en salle de jeux. Un représentant de commerce faisant un saut en ville se plaint de l'état des routes. Si elles ne sont pas réparées vite fait, déclare-t-il, Mill Valley va se retrouver isolée du monde extérieur. Mais pensez-vous qu'une telle possibilité va faire perdre le sommeil à ces saletés de cosses ? Voici l'analyse que fait Richard Gid Powers dans l'introduction mentionnée plus haut :

Un examen des livres publiés ultérieurement par Finney nous permet de discerner ce que les critiques ont négligé lorsqu'ils ont interprété ce livre et le film qui en a été tiré [...] comme de simples conséquences de l'hystérie anticommuniste de l'ère McCarthy, des attaques irréfléchies dirigées contre l'« étranger » [...] qui menaçait le mode de vie américain. Miles Bennell est le précurseur des héros traditionalistes des autres livres de Finney, mais dans *L'Invasion des profanateurs*, c'est sa ville natale, Mill Valley, qui représente la communauté mythique et idyllique que les autres héros de Finney ne retrouvent qu'à l'issue d'un voyage dans le passé. Lorsque Miles en vient à soupçonner ses voisins de ne plus être de véritables humains et de ne plus être capables d'entretenir des sentiments humains, il se trouve confronté aux prémices de cette modernisation insidieuse et déshumanisante qui est devenue un fait accompli pour les héros ultérieurs de Finney.

La victoire de Miles Bennell sur les cosses ne contredit en rien les aventures des personnages ultérieurement créés par Finney : sa résistance à la dépersonnalisation est si farouche que les cosses finissent par renoncer à leurs plans de colonisation et s'en vont conquérir une autre planète, dont les habitants tiennent moins à leur intégrité mentale.

Un peu plus loin, Powers analyse la nature du héros archétypal de Finney ainsi que le propos de *L'Invasion des profanateurs* :

Les héros de Finney, et Miles Bennell en particulier, sont tous des individus intériorisés vivant dans un univers de plus en plus extériorisé. Leurs aventures illustreraient à merveille la théorie de Tocqueville sur les tribulations de l'individu libre dans une démocratie de masse. [...] *L'Invasion des profanateurs* exprime avec les moyens crus de la littérature populaire le désespoir inspiré par la déshumanisation culturelle qui imprègne *La Terre vaine* de T. S. Eliot et *Le Bruit et la Fureur* de William Faulkner. Finney utilise de façon habile le cliché de l'invasion extraterrestre pour symboliser l'annihilation de la libre personnalité dans la société contemporaine [...] il a réussi à créer la plus mémorable de toutes les représentations populaires de ce que Jean Sheperd appelait « l'uniformisation rampante » : des rangées de cosses qui donnent naissance à des zombies identiques, aussi dénués de cœur que d'esprit... et qui nous ressemblent comme deux gouttes d'eau !

Finalement, lorsque nous examinons *L'Invasion des profanateurs* à la lumière des cartes de notre tarot, nous constatons que le roman de Finney les utilise presque toutes. Voilà le Vampire, car les hommes et les femmes que les cosses ont vidés de leur substance vitale sont bel et bien des morts-vivants modernes, comme le fait remarquer Richard Gid Powers ; voilà le Loup-Garou, car ces hommes et ces femmes ne sont plus vraiment des êtres humains, ils ont subi un changement fondamental ; et quant aux cosses de l'espace, ces créatures extraterrestres qui n'ont pas besoin d'astronef pour débarquer chez nous, on peut bien évidemment les ranger dans la rubrique Chose sans nom... et on pourrait aller jusqu'à dire (à condition de pousser le bouchon un peu loin, mais pourquoi nous en priver ?) que les citoyens de Mill Valley ne sont plus que des Fantômes ces temps-ci.

Pas mal pour un bouquin qui n'est qu'« une histoire, et rien de plus ».

6

La Foire des ténèbres [124] de Ray Bradbury [125] échappe à toute tentative d'analyse et de classification... ainsi, du moins à ce jour, qu'à toute tentative d'adaptation cinématographique [126], en dépit de maintes options et de maints scénarios, dont un dû à Bradbury lui-même.

Ce roman, publié en 1962 et promptement descendu en flammes par les critiques spécialisés de fantastique et de science-fiction*, a fait l'objet d'une douzaine de réimpressions depuis cette date. Il ne s'agit pourtant pas du livre le plus vendu ni le plus célèbre de son auteur ; les *Chroniques martiennes*, *Fahrenheit 451* et *Le Vin de l'été* [128] ont probablement eu des tirages supérieurs et sont sûrement mieux connus du grand public. Mais je pense personnellement que *La Foire des ténèbres*, cette fable sombre et poétique située dans la ville mi-réelle, mi-mythique de Green Town (Illinois), est sans doute le chef-d'œuvre de Bradbury – un conte s'inscrivant dans la lignée des légendes américaines consacrées à Paul Bunyan, à Pecos Bill et à Davy Crockett. Ce n'est pas un livre sans défauts ; Bradbury y adopte parfois un style ampoulé hélas trop fréquent dans ses textes datant des années 70. Certains passages semblent presque parodiques à force de grandiloquence. Mais ce ne sont là que broutilles ; le plus souvent, Bradbury s'acquitte de sa tâche avec courage, élégance et *panache* [129].

Et n'oublions pas que Theodore Dreiser [130], l'auteur de *Sister Carrie* et d'*Une tragédie américaine*, était parfois, lui aussi, enclin à de tels débordements... en particulier parce qu'il ne savait jamais s'arrêter à temps. « Quand tu ouvres la bouche, Stevie, on dirait que toutes tes tripes vont sortir », m'a dit un jour mon grand-père. Je n'ai pas su quoi lui répondre sur le moment, mais s'il était encore en vie, je lui dirais aujourd'hui : « C'est

---

* Rien de nouveau sous le soleil. Les auteurs de fantastique et de science-fiction se plaignent – parfois à tort, parfois avec raison – d'être ignorés par la critique non spécialisée, mais le fait est que la plupart des critiques œuvrant à l'intérieur du genre sont des crétins. Les revues spécialisées ont la sale habitude de démolir systématiquement les romans qui transcendent leur genre d'origine ; *En terre étrangère* [127] de Robert Heinlein a subi un sort identique.

parce que je veux être Theodore Dreiser quand je serai grand, papy. » Eh bien, Dreiser était un grand écrivain, et Bradbury m'apparaît comme le Dreiser de la littérature fantastique, avec un style nettement supérieur et une patte nettement moins lourde. Et ces deux auteurs ont nombre de points communs.

Côté débit, tous deux ont tendance à attaquer leurs sujets avec une telle vigueur qu'ils finissent par les jeter à terre... après quoi ils les piétinent vigoureusement jusqu'à ce qu'ils aient cessé de bouger. Côté crédit, Dreiser et Bradbury sont tous deux des naturalistes américains à l'esprit plutôt sombre, les pendants un peu bizarres de Sherwood Anderson[131], le champion toutes catégories du naturalisme américain. Tous deux s'intéressent aux habitants de l'Amérique profonde (mais les personnages de Dreiser quittent leur campagne pour affronter la ville, alors que ceux de Bradbury restent chez eux) et à la transition douloureuse de l'innocence vers l'expérience (mais les personnages de Dreiser sont en général brisés par cette transition, alors que ceux de Bradbury gardent leur intégrité au prix de quelques changements), et tous deux écrivent dans un style typiquement américain. Ils s'expriment dans une langue qui est claire et fluide sans jamais être familière – quand Bradbury se laisse aller à employer des mots d'argot, c'est si surprenant qu'il en semble presque vulgaire. Leurs voix à tous deux sont authentiquement américaines.

La plus visible et sans doute la moins importante de leurs différences, c'est que Dreiser est considéré comme un auteur réaliste alors que Bradbury est connu comme écrivain de fantastique. En outre, le principal éditeur de Bradbury en format de poche persiste à l'appeler « le plus grand auteur de science-fiction vivant » (un slogan digne de ces phénomènes de foire qu'il aime tant), alors que jamais Bradbury n'a écrit un texte de S.-F. pure et dure. Même lorsqu'il nous emmène dans l'espace, il se contrefiche de la propulsion ionique et des convertisseurs relativistes. Il y a des fusées, dit-il dans le cycle de nouvelles qui forme les *Chroniques martiennes*, *R Is for Rocket* et *S Is for Space*[132]. C'est tout ce que vous avez besoin de savoir, et par conséquent, c'est tout ce que je vais vous dire.

A cela j'ajouterais que, si vous souhaitez savoir comment fonctionnent les fusées de cet hypothétique futur, adressez-vous à Larry Niven[133] ou à Robert Heinlein[134] ; si vous voulez de la littérature – des *histoires*, pour employer le terme que préfère Jack Finney – consacrée à ce que nous réserve ce futur, adressez-vous à Ray Bradbury ou peut-être à Kurt Vonnegut[135]. Les moteurs de fusées, ça regarde les mécanos. L'écrivain, lui, s'intéresse à ce qui fait fonctionner les gens.

Cela dit, il est impossible de parler de *La Foire des ténèbres*, qui ne relève absolument pas de la science-fiction, sans examiner l'œuvre de Bradbury dans son ensemble. Depuis ses débuts, il n'a jamais été aussi bon que lorsqu'il travaillait dans le registre du fantastique... et plus précisément dans celui de l'horreur. Comme j'ai déjà eu l'occasion de le faire remarquer, les meilleures de ses premières nouvelles ont été recueillies par Arkham House dans l'extraordinaire *Dark Carnival*. Il est aujourd'hui presque impossible de se procurer ce livre, le *Gens de Dublin*[136] du fantastique américain. Mais la plupart des textes figurant à son sommaire ont été repris dans *Le Pays d'octobre*[137], qui est toujours disponible en librairie. On y trouvera des classiques horrifiques tels que *Le Bocal*, *La Foule* et l'inoubliable *Le Petit Assassin*. Les autres contes que Bradbury a publiés durant les années 40 sont si horrifiants qu'il les a aujourd'hui reniés (avant cela, il avait accepté que certains d'entre eux soient adaptés en bandes dessinées dans des EC Comics comme *The Crypt of Terror*[138]). Parmi eux figure l'histoire de ce croque-mort qui se livre sur ses « clients » à des atrocités hideuses mais curieusement morales – par exemple, lorsque trois commères particulièrement venimeuses meurent dans un accident de la circulation, le croque-mort décapite leurs cadavres et enfouit leurs trois têtes dans un cercueil, la bouche de l'une collée à l'oreille de l'autre afin qu'elles puissent échanger des médisances jusqu'à la consommation des siècles.

Bradbury nous explique lui-même comment *La Foire des ténèbres* trouve ses sources dans sa propre vie : « C'est parce que j'ai toujours adoré Lon Chaney[139] et les monstres et les magiciens qu'il interprétait durant les années 20 que j'ai écrit ce livre. Ma maman m'a emmené voir *Notre-Dame de Paris*[140] en 1923, alors que j'avais trois ans. Ça m'a marqué pour l'éternité. J'ai vu *Le Fantôme de l'opéra*[141] à l'âge de six ans. Même chose. Huit ans : *A l'ouest de Zanzibar*[142]. Un magicien se transforme en squelette devant les indigènes ! Incroyable ! *Idem* pour *Le Club des trois*[143] ! Chaney m'a marqué au fer rouge. J'étais un maniaque de cinéma avant de fêter mon huitième anniversaire. Et je suis devenu magicien à l'âge de neuf ans, après avoir assisté à une représentation de Blackstone à Waukegan, la ville de l'Illinois où j'ai vu le jour. Quand j'avais douze ans, MR. ELECTRICO et sa chaise électrique mobile ont débarqué chez nous avec le Dill Brothers Sideshows and Carnival. Et c'était son "vrai" nom. J'ai fait sa connaissance. On a passé des heures au bord du lac à parler philosophie [...] la sienne était modeste, la mienne était grandiose et futuriste. Nous avons échangé plusieurs lettres. Il vivait à Cairo, dans l'Illinois, et prétendait être un pasteur presbytérien défroqué. Comme je regrette d'avoir oublié son prénom ! J'ai malheureusement perdu ses lettres au fil des ans, mais je n'ai pas oublié les petits tours de magie qu'il m'a enseignés. Bref, ma vie se résumait à la magie, à Lon Chaney et aux bibliothèques. A mes yeux, les bibliothèques sont les véritables matrices de l'univers. Je passais plus de temps à la bibliothèque publique de Waukegan que dans la maison de mes parents. J'adorais m'y trouver durant la nuit, rôdant dans les allées à pas de loup. Et tous ces éléments se sont retrouvés dans *La Foire des ténèbres*, un roman dont le premier avatar fut une nouvelle parue dans *Weird Tales* en mai 1948, *La Grande Roue* [144], une nouvelle qui m'a semblé *pousser* toute seule... »

Bradbury n'a jamais cessé d'écrire et de publier du fantastique, et bien que le *Christian Science Monitor* ait qualifié *La Foire des ténèbres* d'« allégorie cauchemardesque », Bradbury ne se livre à l'allégorie que dans le cadre de la science-fiction. Quand il travaille dans le registre du fantastique, il se préoccupe avant tout de ses thèmes, de ses personnages, de ses symboles... et de cet enthousiasme débridé qui s'empare de l'écrivain de fantastique quand il appuie sur le champignon, donne un coup de volant et fait pénétrer le véhicule de son imagination dans la nuit noire de l'irréel.

Ecoutons encore Bradbury : « En 1958, j'ai transformé *La Grande Roue* en scénario de film après avoir vu *Invitation à la danse* [145] de Gene Kelly ; j'avais tellement envie de travailler avec lui que je me suis précipité chez moi, j'ai rédigé un synopsis intitulé *Dark Carnival*, et je suis aussitôt allé le lui porter. Kelly l'a adoré, il m'a promis qu'il allait en faire un film, il est parti en Europe chercher un financement, il n'en a jamais trouvé, il est revenu complètement découragé, il m'a rendu mes quatre-vingts pages et m'a souhaité bonne chance. J'ai haussé les épaules, je me suis assis à mon bureau, et j'ai passé les deux années suivantes à écrire *La Foire des ténèbres*. Ce livre m'a permis de dire tout ce que je voulais dire sur ma jeunesse, sur cette chose terrible qu'est la Vie, sur cette autre terreur qu'est la Mort, et sur la façon dont toutes deux nous excitent.

« Mais j'ai surtout accompli un acte d'amour sans même m'en rendre compte. J'ai écrit un éloge de mon père. Je ne m'en suis aperçu qu'en 1965, quelques années après la publication de ce roman. Je n'arrivais pas à dormir, je suis allé faire un tour dans ma bibliothèque, j'ai pris ce roman, j'en ai relu quelques passages et j'ai éclaté en sanglots. Mon père était présent pour l'éternité dans les pages de ce livre ! Comme je regrette qu'il n'ait plus été là pour le lire, comme il aurait été fier du courage avec lequel il défend son fils aimant !

« Alors même que j'écris ces lignes, je suis encore sous le choc de la joie et de la tristesse que j'ai éprouvées cette nuit-là en découvrant mon papa, éternellement – du moins pour moi – présent sur le papier, si beau et si brave.

« Je ne vois pas ce que je pourrais ajouter. Ecrire ce livre m'a procuré un plaisir immense. Je n'y ai pas touché pendant six mois avant d'en rédiger la version définitive. Je ne me lasse jamais. Je me contente de laisser mon subconscient vomir un bon coup quand il en a envie.

« Ce livre est mon préféré parmi tous ceux que j'ai écrits. Je l'aimerai, lui et ses personnages, papa et Mr. Electrico, Will et Jim, les deux moitiés de moi-même en proie à l'épreuve et à la tentation, jusqu'à la fin de mes jours. »

Cette division de Bradbury en deux moitiés complémentaires est la première chose que l'on remarque dans *La Foire des ténèbres*. Will Halloway, le « bon » garçon (enfin, ils sont bons tous les deux ; mais Jim s'écarte un moment du droit chemin), est né un 30 octobre, à minuit moins une minute. Jim Nightshade est né deux minutes plus tard... à minuit une le matin de Halloween. Will est un être apollinien, une créature de raison, qui croit (le plus souvent) à la norme et au *statu quo*. Jim Night-shade, comme son nom l'indique, est son pendant dionysiaque, une créature d'émotion, un apprenti nihiliste, attiré par la destruction, prêt à cracher au visage du diable rien que pour voir si sa salive va bouillir en coulant le long des joues du prince des ténèbres. Lorsque le vendeur de paratonnerres arrive en ville, au tout début de ce fabuleux roman (« précédant de peu l'orage »), et dit aux deux garçons que l'éclair frappera la maison de Jim, Will doit convaincre celui-ci d'y installer un paratonnerre. Jim préférerait jouir du spectacle. « On ne voit pas ça tous les jours », déclare-t-il.

La charge symbolique de cette date de naissance est si grossière qu'elle crève les yeux ; *idem* pour le vendeur de paratonnerres, qui est de toute évidence venu annoncer des temps difficiles. Mais Bradbury tire néanmoins son épingle du jeu, en grande partie grâce à son courage. Il manipule sans crainte les archétypes les plus colossaux.

Green Town reçoit la visite d'une fête foraine itinérante baptisée du nom sublime de Pandémonium et Spectacle d'Ombres de Cooger & Dark, et qui apporte avec elle la misère et l'horreur dissimulées sous un vernis de plaisir et d'émerveillement. Will Halloway et Jim Nightshade – rejoints par Charles, le père de Will – découvrent la véritable nature de cette foire. Le récit se concentre sur une lutte dont l'enjeu est le salut d'une âme, celle de Jim Nightshade. Qualifier ce roman d'allégorie serait une erreur, mais on peut le considérer comme un conte d'horreur moral – bien dans le style des EC Comics qui l'ont précédé sur ce terrain. En fait, ce qui arrive à Jim et à Will évoque les aventures de Pinocchio sur l'île des Plaisirs, un lieu où les garçons qui assouvissent leurs pulsions malsaines (fumer le cigare et jouer au billard, par exemple) se voient transformés en baudets. Bradbury traite ici des tentations charnelles – pas seulement de sexualité, mais de toutes les manifestations de nature charnelle –, des plaisirs de la chair aussi variés et aussi fascinants que les tatouages recouvrant le corps de M. Dark*.

Ce qui empêche le roman de Bradbury de sombrer dans l'« allégorie cauchemardesque » ou dans le conte de fées simpliste, c'est sa maîtrise du style et de la narration. Le style de Bradbury, qui m'a tant séduit durant

---

* La seule référence à la sexualité nous est offerte durant l'épisode du Théâtre, que Bradbury n'a pas souhaité aborder dans le cadre de notre correspondance bien que je l'aie prié de me donner quelques explications complémentaires sur ce point. Cette scène demeure une des plus fascinantes du livre. Jim et Will découvrent le Théâtre au dernier étage d'une maison alors qu'ils grimpent aux arbres « pour cueillir des pommes acides ». Bradbury nous dit que tout a changé pour eux lorsqu'ils ont vu ce qui se passait dans le Théâtre, y compris le goût des fruits, et bien que j'aie tendance à ruer dans les brancards quand je renifle une analyse scolaire, à la manière d'un cheval reniflant une mare polluée à l'alcali, il m'est impossible ici de contester l'existence d'une métaphore évoquant la pomme et le jardin d'Eden. Mais que se passe-t-il dans cette pièce, dans ce « Théâtre », pour que le goût des pommes en soit adultéré, pour qu'une telle fascination s'empare de Jim au nom ténébreux et de son ami dont le prénom évoque cette qualité (cette qualité *chrétienne*) nous permettant d'opter pour le bien contre le mal dans toute situation ? Bradbury suggère que ce Théâtre est une chambre dans un bordel. Les gens qui s'y trouvent sont tout nus ; « ils laissaient tomber [...] leurs vêtements par terre, apparaissaient comme des animaux dépouillés, nus, semblables à des chevaux qui frissonnent... » Si je ne me trompe pas, cette scène nous laisse pressentir la déviation charnelle qui exerce son attraction sur Jim Nightshade alors qu'il arrive au seuil de l'adolescence.

mon adolescence, me semble aujourd'hui un peu trop
doucereux. Mais il a gardé toute sa puissance. Voici un
des passages un peu trop doucereux à mon goût...

Et Will ? Eh bien, Will c'est la dernière pêche restée sur
l'arbre, en plein été. On voit passer certains garçonnets, et
on a envie de pleurer. Ils se sentent bien, ils sont agréables
à regarder, et ils sont de bons garçons. Ce n'est pas qu'ils
soient incapables de choisir le haut d'un pont comme uri-
noir, ou de voler un taille-crayon de dix sous dans un bazar.
Mais il suffit de les regarder passer pour comprendre ce
qu'ils seront leur vie durant : ils récolteront les coups, pas-
seront sous la tuile qui tombe, se feront mal et ne cesseront
jamais de se demander pourquoi, comment cela leur est
arrivé, *à eux* [146].

... et en voici un autre qui me semble parfait :

Les gémissements d'une vie entière étaient rassemblés
dans son appel [un sifflet de train], ceux de toutes les nuits
des années sommeillant dans la mémoire : les hurlements
des chiens troublés dans leur sommeil par la lune ; les
plaintes des vents glacés à travers les palissades de janvier ;
ces plaintes qui glacent le sang ; l'appel de mille sirènes
d'incendie ; les souffles effilochés de la vie de millions de
mourants qui ne voudraient pas mourir, leurs cris et leurs
soupirs dont le réseau enserre la Terre entière.

Ça, c'est un sifflet de train, je peux vous le dire !
De tous les livres abordés dans ces pages, *La Foire
des ténèbres* est celui qui reflète le mieux la différence
entre l'Apollinien et le Dionysiaque. La foire de Bradbury, qui franchit en douce les limites de la ville et se
monte dans un pré à trois heures du matin (au cœur de
la nuit de l'âme, comme disait Fitzgerald), symbolise

tout ce qui est anormal, mutant, monstrueux... bref, dionysiaque. Je me suis toujours demandé si la fascination exercée sur les enfants par le mythe du vampire ne s'expliquait pas en partie par le fait que le vampire dort le jour et vit la nuit (et en plus, le vampire ne va pas à l'école, ce qui lui permet de voir les films d'horreur qu'on passe à minuit à la télé). De la même manière, nous savons que si cette foire des ténèbres exerce une telle attraction sur Jim et sur Will (eh oui, Will n'y est pas insensible, même s'il est moins vulnérable que son ami Jim ; même le père de Will entend ce sinistre chant des sirènes), c'est parce qu'elle les dispensera des couchers à heure fixe, des règles de conduite, de la routine de leur petite ville, des injonctions du genre : « Mange tes choux, pense aux petits Chinois qui meurent de faim », et surtout de l'école. Cette foire, c'est le chaos, c'est le territoire tabou devenu ambulant comme par magie, qui va d'un lieu à l'autre, et même d'une époque à l'autre, avec sa cargaison de phénomènes et d'attractions si tentantes.

Les deux garçons (oui, même Jim) représentent l'exact contraire de tout ceci. Ils participent de la norme, ne sont ni mutants ni monstrueux. Ils vivent dans l'obéissance des règles de la lumière, Will sans rechigner, et Jim avec une certaine irritation. Et c'est exactement pour cela que la foire les désire. L'essence du mal, nous suggère Bradbury, c'est son besoin de compromettre et de corrompre ce passage de l'innocence à l'expérience que doivent vivre tous les enfants. Dans l'univers strict et sévère de ce livre, les phénomènes de foire ont un aspect extérieur qui répond à leurs vices cachés. M. Cooger, qui a vécu plusieurs millénaires, paie le prix de son existence dégénérée en devenant une Chose encore plus ancienne, d'une antiquité quasiment inconcevable, que seul un flot régulier d'électricité peut maintenir en vie. Le Squelette paie le prix de son avarice affective ; l'Homme gras celui de son appétit de jouissances ; la Sorcière Poussière celui de ses médisances nuisibles. La foire leur a infligé un traitement similaire à celui que le croque-mort mentionné plus haut infligeait à ses « clients ».

Du point de vue apollinien, ce roman nous demande de réexaminer les faits et les mythes de notre propre enfance, en particulier si nous avons vécu celle-ci dans une petite ville américaine. Dans un style semi-poétique qui semble convenir à merveille à de telles préoccupations, Bradbury examine son enfance et parvient à la conclusion suivante : seuls les enfants sont équipés pour affronter les mythes, les terreurs et les exaltations de l'enfance. Dans sa nouvelle intitulée *Le Terrain de jeux* [147], un homme qui retombe en enfance par magie se retrouve dans un univers d'horreur et de folie qui n'est autre qu'un jardin d'enfants des plus banals, avec ses bacs à sable et son toboggan.

Dans *La Foire des ténèbres*, Bradbury relie le motif bucolique de l'enfance américaine à la plupart des thèmes du nouveau gothique américain dont nous avons discuté précédemment. Will et Jim sont des êtres essentiellement bons, essentiellement apolliniens, bien à l'aise dans leur enfance et habitués à considérer le monde d'une hauteur de trois pommes. Mais lorsque leur institutrice, Mlle Foley, retombe en enfance – la première des citoyens de Green Town à être victime de la foire –, elle se retrouve dans un univers d'horreur et de monotonie qui n'est guère différent de celui où échoue le protagoniste du *Terrain de jeux*. C'est sous un arbre que les deux garçons découvrent Mlle Foley – ou ce qu'il en reste.

Et la petite fille était là, accroupie, le visage entre les mains, pleurant comme si la ville avait disparu, avec tous ses habitants, et comme si elle-même s'était perdue dans une forêt terrifiante.

Jim se décida enfin et s'approcha du bord de l'ombre.

« Qui est-ce ? demanda-t-il.

– Je ne sais pas. »

Mais Will sentait les larmes lui monter aux yeux, comme si une part de lui-même avait déjà deviné.

« Ce n'est pas Jenny Holridge, n'est-ce pas ?

– Non.

– Jane Franklin ?

– Non. »

Il avait une sensation de bouche pleine de novocaïne, et sa langue ne pouvait que remuer des lèvres inertes et comme étrangères.

La petite fille continuait à pleurer ; elle les sentait près d'elle, mais n'avait pas encore levé les yeux.

« ... moi... aidez-moi... personne ne veut m'aider... je... je n'aime pas ça [...] il faut que quelqu'un m'aide... il faut que quelqu'un vienne à *son* aide... »

On eût dit qu'elle se lamentait sur une personne défunte.

« Il faut que quelqu'un vienne à son aide... mais personne ne le fera... personne ne l'a fait [...] Terrible... terrible... »

L'« attraction » foraine responsable de ce sale tour est de celles que Narcisse et Eleanor Vance trouveraient fort séduisantes : Mlle Foley a été capturée par le Labyrinthe des miroirs, emprisonnée par son propre reflet. On lui a enlevé d'un coup quarante ou cinquante ans afin de lui faire retrouver son enfance... un sort qu'elle semblait désirer ardemment. Elle n'avait pas envisagé l'existence de cette petite fille sans nom sanglotant sous un arbre.

Jim et Will évitent – de justesse – de subir le même sort, et ils réussissent même à sauver Mlle Foley lors de son premier passage dans le Labyrinthe des miroirs. On suppose que ce n'est pas ledit Labyrinthe mais plutôt le manège qui est responsable de son subit rajeunissement ; les miroirs vous montrent une période de votre vie que vous souhaiteriez revivre, et le manège exauce votre vœu. Ce manège vous fait vieillir d'un an chaque fois que vous y faites un tour dans le sens de la marche, et il vous fait rajeunir d'un an à chaque tour effectué dans l'autre sens. Bradbury a trouvé là une métaphore aussi intéressante qu'efficace pour *toutes* les transitions de l'existence, et le fait qu'il pare de sombres couleurs cette attraction foraine, laquelle est souvent associée aux plaisirs les plus lumineux de notre enfance, pour la rendre conforme aux ténébreuses visées de sa foire suscite en nous d'autres associations d'idées inquiétantes. Quand nous considérons ce manège si innocent d'aspect, avec ses chevaux fougueux et ses lumières crues, il nous suggère que, si les transitions de la vie sont comparables à un tour de manège, alors chaque année est essentiellement semblable à la précédente ; et nous nous rappelons que ce plaisir-là est bien éphémère ; et surtout, nous nous rappelons que le pompon, que nous avons si souvent tenté de saisir en vain, est toujours délibérément placé hors de notre portée.

Dans le contexte du nouveau gothique américain, le Labyrinthe des miroirs apparaît à nos yeux comme un piège, un lieu où un excès d'introspection pousse le sujet, en l'occurrence Mlle Foley, à franchir la frontière séparant le normal de l'anormal. Dans l'univers de Bradbury – l'univers du Pandémonium et Spectacle d'Ombres de Cooger & Dark –, les options sont des plus limitées : si vous vous laissez séduire par le miroir de Narcisse, vous ne tardez pas à vous retrouver sur un dangereux manège qui vous précipite dans un passé ou un avenir également insoutenables. Shirley Jackson utilise les conventions du nouveau gothique américain pour examiner des personnages placés dans des conditions extrêmes de pression psychologique – ou occulte ; Peter Straub les utilise pour examiner les effets sur le présent d'un passé maléfique ; Anne Rivers Siddons pour examiner les convenances et les pressions sociales ; Bradbury, quant à lui, tire de ces conventions un jugement moral. Lorsqu'il nous décrit l'horreur et le chagrin qui envahissent Mlle Foley une fois qu'elle a retrouvé son enfance, Bradbury désamorce en grande partie le flot de romantisme sirupeux qui menaçait de déferler sur son récit... et je pense que cela renforce d'autant le jugement moral qu'il souhaite nous communiquer. En dépit d'une imagerie qui se montre parfois étouffante là où elle devrait être libératrice, il réussit à préserver la clarté de son point de vue

Ce qui ne veut pas dire que Bradbury ne transforme pas l'enfance en mythe romantique, car c'est précisément ce qu'il fait. L'enfance est un mythe pour presque chacun d'entre nous. Nous pensons nous souvenir de ce qui nous est arrivé quand nous étions gamins, mais nous nous trompons. Et ceci pour une raison toute simple : nous étions tous dingues à l'époque. Quand nous réexaminons notre enfance une fois parvenus à l'âge adulte, étant ainsi passés de la psychose absolue à une névrose relative, nous tentons de donner un sens aux événements qui l'ont émaillée, nous accordons de l'importance à des choses qui n'en avaient aucune, nous nous reconnaissons des motivations que nous n'avons jamais eues. C'est ainsi que se façonne le mythe*.

* Les seuls romans qui, à mon sens, évitent de transformer l'enfance en mythe ou en conte de fées tout en fonctionnant admira-

173

Plutôt que de chercher à lutter contre le courant (s'opposant ainsi à Golding et à Hughes), Bradbury en tire un merveilleux parti dans *La Foire des ténèbres*, mêlant au mythe de l'enfance celui du père rêvé, en la personne de Charles Halloway, le père de Will... qui est aussi, à en croire Bradbury, celui de l'auteur. Halloway est un bibliothécaire qui a sa propre vie rêvée, qui est resté assez jeune d'esprit pour comprendre Will et Jim, mais qui est aussi assez adulte pour faire entrer en jeu une qualité dont les deux garçons sont exempts, un ingrédient essentiel dans la composition de l'Apollinien, cet être moral, normal et droit : le sens des responsabilités.

L'enfance, nous dit Bradbury, est la seule période où on peut croire en des choses qu'on sait être fausses :

« De toute façon, c'est du bidon, dit Will. Les fêtes foraines n'arrivent jamais si tard dans l'année. C'est absurde. Qui irait voir ses attractions ? »

Jim ne bougeait pas.

« Moi », dit-il.

Et moi aussi, songea Will en imaginant l'éclair lancé par la guillotine, les replis de lumière dépliés par les miroirs égyptiens, et l'homme démoniaque buvant sa lave comme une tisane.

Ils y croient ; leur cœur est encore capable de triompher de leur tête. Ils sont sûrs qu'ils parviendront à vendre suffisamment de cartes de vœux ou de boîtes de

blement en tant qu'œuvres de fiction sont *Sa Majesté des Mouches* de William Golding[148] et *Cyclone à la Jamaïque* de Richard Hughes[149]. Je suis sûr qu'on va me reprocher de ne pas avoir ajouté à cette liste *Le Jardin de ciment* de Ian McEwan[150] ou *Harriet dit...* de Beryl Bainbridge[151], mais je suis d'avis que ces deux courts romans, fort différents mais pourtant typiquement britanniques, ont une vision de l'enfance aussi romantique que celle de Bradbury.

baume Cloverine pour s'acheter un vélo ou un tourne-disque, que tel jouet est capable de toutes les prouesses décrites par la télé et qu'on peut « l'assembler en quelques minutes à peine à l'aide des outils les plus simples », ou que le film d'horreur que passe le cinéma de leur ville sera aussi terrifiant et merveilleux que le prétend l'affiche. Mais ce n'est pas grave ; dans l'univers de Bradbury, le mythe est en fin de compte plus fort que la réalité, le cœur plus fort que la tête. Will et Jim sont l'exact contraire des garçons sordides, sales et terrifiés de *Sa Majesté des Mouches* : des créatures d'essence mythique, des enfants de rêve que la plume de Bradbury rend plus crédibles que la réalité.

Tout au long de l'après-midi, Will et Jim s'en étaient donné à cœur joie, passant en éclairs parmi les attractions, renversant des bouteilles de lait poussiéreuses, cassant des pipes en plâtre, reniflant, écoutant, se faufilant dans la foule qui piétinait la sciure couverte de feuilles mortes.

Au fait, où ont-ils trouvé le financement nécessaire à cette partie de plaisir ? Dans une situation identique, la plupart des gosses doivent compter leurs sous et faire des choix draconiens ; apparemment, Jim et Will n'ont pas ce problème. Mais encore une fois, ce n'est pas grave. Ce sont nos ambassadeurs dans les terres oubliées de l'enfance, et nous acceptons avec joie et presque sans hésitation leur provision de liquide apparemment inépuisable (plus leur habileté à casser pipes en plâtre et bouteilles de lait). Nous croyons, comme nous avons jadis cru que Pecos Bill avait creusé le Grand Canyon le jour où, un peu plus fatigué que d'habitude, il avait laissé traîner par terre sa pelle et sa pioche au lieu de les porter sur son épaule. Jim et Will connaissent la terreur, mais ces enfants mythiques ont le pouvoir de jouir de leur terreur. « Les deux s'arrêtèrent pour savourer le battement accéléré du cœur de l'autre », écrit Bradbury.

Cooger et Dark deviennent l'incarnation du mal, menaçant les deux enfants comme jamais ne le feraient des gangsters, des kidnappeurs ou de quelconques « méchants » réalistes ; Cooger évoque Pew, le marin aveugle de *L'Ile au trésor*[152], qui échangerait sa cécité contre une hideuse masse d'années quand le manège vient à s'emballer. Lorsqu'il lance aux deux garçons de sa voix sifflante : « Que votre vie... ssssoit courte... et trissste ! », nous sommes parcourus par le même frisson confortable qui nous a secoués la première fois que nous avons lu le classique de Stevenson.

Lorsque Jim et Will se cachent pour échapper aux émissaires de la foire, qui prennent prétexte d'une parade pour fouiller la ville de fond en comble, Bradbury nous offre la meilleure description possible de l'enfance mythique ; une enfance qui a peut-être existé sous forme de moments forts, entre de longues périodes d'ennui et de corvées diverses : porter du bois, faire la vaisselle, sortir les poubelles, garder le petit frère ou la petite sœur (et il est sans doute significatif que nos deux enfants de rêve soient des fils uniques).

Ils s'étaient cachés dans des garages désaffectés, ils s'étaient cachés dans des granges désertes, ils s'étaient cachés dans les arbres les plus hauts qu'ils pussent escalader, et ils s'y étaient ennuyés jusqu'à ce que l'ennui fût devenu pire que la peur, et ils avaient fini par descendre et aller voir le commissaire de police, avec qui ils étaient restés à bavarder, ce qui leur avait assuré vingt minutes de sécurité au poste de police ; puis Will avait eu l'idée de faire le tour des églises, et ils étaient montés à tous les clochers de la ville, en faisant peur aux pigeons des beffrois. [...] Mais là aussi, ils eurent vite fait de s'ennuyer, tellement tous les clochers se ressemblent, et ils étaient sur le point de capituler et d'aller à la fête foraine, pour faire quelque chose, quand fort heureusement le soleil s'était couché.

Le seul antidote efficace à ces enfants de rêve, c'est Charles Halloway, le père rêvé. Ce personnage est doué d'une séduction que seul le fantastique, genre créateur de mythes s'il en fut, est susceptible de nous offrir. Trois de ses qualités méritent à mon sens d'être soulignées.

Premièrement, Charles Halloway comprend parfaitement le mythe de l'enfance que vivent les deux garçons ; au sortir de l'enfance, nombre d'entre nous conservent des souvenirs amers de nos parents, qui ne nous ont apparemment jamais compris, et Bradbury brosse dans ce livre le portrait du père que nous aurions voulu avoir. Ses réactions sont de celles que peu de vrais parents peuvent se permettre d'avoir. Et son instinct paternel semble quasiment surnaturel. Au début du bouquin, il entend les deux garçons rentrer en pleine nuit après avoir vu la foire s'installer, il prononce leurs noms à voix basse... et s'en tient là. Et il ne dit rien à Will par la suite, bien que son copain et lui aient découché à trois heures du matin. Il est sûr qu'ils n'étaient pas en train de fumer de l'herbe, d'agresser les vieilles dames ou de peloter leurs petites copines. Il sait qu'ils s'affairaient à des affaires de petits garçons, que ces affaires-là se traitaient de nuit comme ça arrive parfois... et il n'insiste pas.

Deuxièmement, Charles Halloway a des raisons légitimes pour faire preuve d'une telle compréhension ; il est encore en train de vivre le mythe. Le père ne peut pas être un copain pour le fils, nous disent les manuels de psychologie, mais rares sont les pères, je crois bien, qui n'ont jamais rêvé d'être les copains de leurs fils, et rares les fils qui n'ont pas rêvé d'un père copain. Lorsque Charles Halloway découvre que Jim et Will se sont bricolé des échelles de fortune dissimulées sous le lierre de leurs maisons respectives afin de pouvoir entrer et sortir de leur chambre à leur guise, il n'exige pas que lesdites échelles soient démantelées ; il se contente de rire avec admiration et de leur conseiller de n'utiliser ces échelles qu'en cas de nécessité absolue. Lorsque Will dit à son père que personne ne les croira s'ils essaient d'expliquer ce qui s'est vraiment passé dans la maison de Mlle Foley, où le sinistre neveu Robert (qui n'est autre que M. Cooger après quelques tours de manège à reculons) les a accusés de vol, Halloway se contente de dire : « Je vous crois. » S'il les croit, c'est parce qu'il est en fait des leurs et parce qu'il a gardé intacte en lui sa capacité à s'émerveiller. Plus tard, alors qu'il fouille dans ses poches, Charles Halloway nous apparaît comme une version vieillie de Tom Sawyer :

Il se leva, bourra sa pipe, chercha des allumettes dans ses poches, en tira un harmonica tout bosselé, un canif, un briquet qui ne marchait pas, et un carnet sur lequel il avait depuis très longtemps fait le projet de noter des pensées profondes sans jamais s'y être mis...

Bref, tout un tas de choses, sauf un rat mort et une ficelle pour le balancer au bout.

Troisièmement, Charles Halloway est le père rêvé tout simplement parce qu'on peut compter sur lui. Il peut changer de casquette en un clin d'œil, passant de l'état d'enfant à celui d'adulte. C'est par un acte hautement symbolique qu'il prouve son sens des responsabilités : lorsque M. Dark lui demande son nom, Halloway le lui donne.

« Je vous souhaite le bonjour, monsieur ! »

Ne fais pas ça, papa ! songea Will.

L'Homme illustre revint sur ses pas.

« Comment vous appelez-vous, monsieur ? » demanda-t-il sans ambages.

Ne le lui dis pas ! pensa Will.

Le père de Will hésita un instant, retira le cigare de sa bouche, en fit tomber la cendre, puis répondit d'une voix douce :

« Halloway. Je suis employé à la bibliothèque. Passez m'y voir, un jour.

– Vous pouvez compter sur moi, monsieur Halloway. »

[...]

Charles Halloway se contemplait aussi lui-même, avec surprise, acceptant la surprise et la résolution toute neuve, faite pour moitié de sérénité, maintenant qu'était accompli l'incroyable exploit. Que personne ne demande pourquoi il avait donné son vrai nom ; lui-même n'aurait pu sonder toutes ses raisons ni leur donner leur vrai poids.

Et s'il a donné son vrai nom, n'est-ce pas parce que les deux garçons ne le peuvent pas ? C'est à lui de les protéger – et il le fait admirablement bien. Et lorsque les sombres pulsions de Jim finissent par le conduire aux portes de la mort, c'est Halloway qui se dresse devant nous, détruisant la redoutable Sorcière Poussière, puis M. Dark lui-même, et se lançant dans la bataille pour sauver la vie et l'âme de Jim.

Comme je l'ai dit plus haut, *La Foire des ténèbres* n'est sans doute pas ce que Bradbury a fait de mieux – la forme romanesque lui pose à mon sens certaines difficultés –, mais l'ambiance mythique de ce livre colle si bien à sa prose onirique et semi-poétique qu'il finit par emporter l'adhésion et nous offre un de ces rares livres dévolus à l'enfance (tels *Cyclone à la Jamaïque* de Hughes, *L'Ile au trésor* de Stevenson, *La Guerre des chocolats* de Robert Cormier[153] : et *Tsuga's Children* de Thomas Williams[154], pour n'en citer que quelques-uns) que les adultes seraient bien inspirés d'acheter de temps à autre... pas seulement pour les offrir à leurs enfants, mais aussi pour renouer le contact avec les rêves lumineux et les sombres cauchemars de l'enfance. Bradbury place en exergue de son livre une citation de Yeats[155] : « L'homme aime, et aime ce qui disparaît. » Il cite aussi d'autres auteurs, mais vous conviendrez sans doute avec moi que Yeats nous suffit amplement... mais laissons le dernier mot à Bradbury lui-même, qui nous explique une des raisons pour lesquelles Green Town fascine tellement ses deux enfants de rêve :

« Ma pierre tombale ? J'aimerais emprunter le grand pilier rouge et blanc du salon de coiffure, et le faire tourner à minuit si jamais vous venez faire un tour sur ma tombe pour me dire bonjour. Et il serait là, ce grand pilier, tout éclairé, sa spirale rouge et blanc tournoyant mystérieusement, vous emportant à jamais vers d'autres mystères. Et si vous venez me rendre visite, laissez une pomme pour les spectres. »

Une pomme... ou alors un rat mort et une ficelle pour le balancer au bout.

7

L'Homme qui rétrécit (1956) de Richard Matheson[156] est lui aussi un roman de fantastique étiqueté science-fiction car publié durant une décennie rationaliste où même les rêves devaient être peu ou prou basés sur la réalité – et cette erreur d'étiquetage s'est perpétuée jusqu'à aujourd'hui, tout simplement parce que c'est ainsi que fonctionne le monde de l'édition. « Un des plus incroyables classiques de la science-fiction de tous les temps ! » proclame la couverture d'une récente réédition chez Berkley, ignorant le fait qu'une histoire où un homme rétrécit au rythme uniforme d'un septième de pouce par jour a franchi les frontières les plus reculées de la S.-F.

Tout comme Bradbury, Matheson n'a aucun intérêt pour la S.-F. pure et dure. Il fournit à son lecteur la quantité obligatoire d'explications vaseuses (j'aime bien celle du toubib qui s'extasie sur l'« incroyable catabolisme » de Scott Carey), puis passe à autre chose. Nous savons que ce processus, au terme duquel Scott Carey est obligé d'affronter une veuve noire dans sa cave, a été enclenché le jour où il a traversé un banc de brume radioactive ; cette brume a réagi avec des traces d'insecticide présentes dans son organisme depuis quelques jours. C'est l'interaction de ces deux phénomènes qui cause son rétrécissement continu. Il s'agit là de la plus minime des concessions au rationalisme, l'équivalent de ce qu'étaient jadis les pentagrammes, les charmes et les passes magiques. Heureusement pour nous, Matheson, tout comme Bradbury, s'intéresse davantage au cœur et à l'esprit de Scott Carey qu'à son « incroyable catabolisme ».

Il convient de souligner que *L'Homme qui rétrécit* nous ramène à ce bon vieux blues de la radioactivité et à l'idée que l'horreur nous aide à exprimer de façon symbolique les angoisses qui nous tourmentent. Il est impossible de dissocier *L'Homme qui rétrécit* du contexte de son époque : essais nucléaires, ICBM, course aux armements et lait pollué au strontium-90. Vu sous cet angle, le roman de Matheson (son deuxième livre publié selon John Brosnan et John Clute, qui ont rédigé la notice consacrée à Matheson dans *The Science Fiction Encyclopedia*, *Je suis une légende* étant le premier ; je pense qu'ils ont oublié l'existence d'un roman de guerre intitulé *The Beardless Warriors*[157]) ne relève pas plus de la S.-F. que certains films de Grosses Bêtes tels *La Chose surgie des ténèbres*[158] ou *Beginning of the End*[159]. Mais les cauchemars que Matheson aborde dans *L'Homme qui rétrécit* ne sont pas seulement inspirés par la radioactivité ; le titre de ce livre suffit à suggérer des mauvais rêves de nature plus freudienne. Dans son introduction à *L'Invasion des profanateurs*, Richard Gid Powers attribuait la victoire de Miles Bennell sur les cosses à sa résistance face à la dépersonnalisation, à son individualisme farouche et à sa défense des valeurs américaines traditionnelles. On peut faire les mêmes remarques à propos du roman de Matheson*, excepté sur un point. Il me semble que, si Powers a raison de suggérer que l'un des sujets de *L'Invasion des profanateurs* est la dépersonnalisation (voire l'annihilation de la personnalité libre) dont souffre notre société, celui de *L'Homme qui rétrécit* est la façon dont cette personnalité libre perd son pouvoir et sa puissance dans un univers de plus en plus contrôlé par les machines et la pape-

---

* Et ce n'est pas la seule fois que ces deux écrivains pourtant fort différents se sont attaqués à un thème semblable. Tous deux ont écrit une histoire de voyage dans le temps où un homme se réfugie dans un passé idyllique pour échapper à un présent angoissant : *Le Voyage de Simon Morley*[160] (1970) de Jack Finney, dont le héros retourne dans l'Est américain du début du siècle, et *Le Jeune Homme, la mort et le temps*[161] (1973) de Richard Matheson, dont le héros retourne dans l'Ouest américain du début du siècle. Ces deux personnages sont en partie motivés par le désir d'échapper à ce que Richard Gid Powers appelle la « dépersonnalisation culturelle », mais il est difficile d'imaginer deux traitements plus différents de la même idée de départ – sans parler de leurs conclusions respectives.

rasse, sans oublier cet équilibre de la terreur où les guerres futures sont planifiées en fonction d'un « taux de pertes acceptable ». Scott Carey nous apparaît comme un des symboles les plus inspirés et les plus originaux de cette dévaluation de la personne humaine. A un moment donné, Carey songe que ce n'est pas lui qui rétrécit, que c'est le reste du monde qui s'agrandit. Mais dans les deux cas – dévaluation de l'individu ou inflation de l'environnement –, le résultat est le même : à mesure que Scott rétrécit, il conserve l'essence de son individualité mais perd peu à peu tout contrôle sur le monde qui l'entoure. En outre, tout comme Finney, Matheson considère son œuvre comme « une histoire, et rien de plus », une histoire avec laquelle, d'ailleurs, il ne se sent plus guère d'affinités aujourd'hui. Voici ce qu'il a à en dire :

« J'ai commencé à travailler sur ce livre en 1955. C'est le seul livre que j'ai écrit sur la côte Est – à l'exception d'un roman que j'ai rédigé à l'âge de seize ans alors que je vivais à Brooklyn. Ma situation devenait difficile ici [en Californie], et j'ai pensé que ce serait une bonne idée de retourner dans l'Est afin de me rapprocher des éditeurs ; j'avais renoncé à percer dans le cinéma. En fait, il n'y avait rien de rationnel dans cette décision. J'en avais tout simplement marre de la côte Ouest et je me suis mis dans la tête que je devais retourner à l'autre bout du pays. C'était là que vivait ma famille. Mon frère dirigeait une petite entreprise et je savais qu'il me procurerait du travail si je n'arrivais pas à placer mes textes*. On a donc déménagé. Nous louions une maison de

* Dans *L'Homme qui rétrécit*, l'existence de Scott Carey se transforme en une série de problèmes de plus en plus aigus ; son compte en banque rétrécit lui aussi, et il a de plus en plus de mal à faire vivre sa famille. Je n'irais pas jusqu'à dire que Matheson s'est contenté

Sound Beach, à Long Island, pendant que j'écrivais ce livre. L'idée m'en était venue plusieurs années plus tôt, alors que je regardais un film au Redondo Beach Theater. C'était une comédie un peu bêtasse[162] interprétée par Ray Milland, Jane Wyman et Aldo Ray, et il y avait une scène où Ray Milland, pressé de quitter l'appartement de Jane Wyman, se trompait de chapeau et mettait celui d'Aldo Ray, qui lui descendait jusqu'en bas des oreilles. Je me suis dit : "Que se passerait-il s'il arrivait la même chose à un homme mettant son propre chapeau ?" C'est ainsi que tout a commencé.

« La totalité de ce roman a été écrite dans la cave de cette maison de Long Island. Ce fut une excellente idée. Je n'ai rien changé à cette cave. Il s'y trouvait un fauteuil à bascule et, chaque matin, je descendais à la cave avec un bloc et un crayon et j'imaginais ce qui allait arriver à mon héros ce jour-là*. Je n'avais nul besoin de visualiser le lieu de l'action ni de consulter des notes. Tout était là, devant moi. Quand j'ai assisté au tournage du film[163], j'ai été troublé en découvrant la cave conçue par les décorateurs, car elle me rappelait beaucoup celle de Sound Beach, et j'ai ressenti sur le moment une agréable sensation de *déjà-vu*[164].

« Il m'a fallu environ deux mois et demi pour écrire ce livre. J'avais commencé avec le plan qui fut par la suite adopté pour le film, c'est-à-dire un plan rigoureu-

d'investir son héros de son état d'esprit du moment, mais peut-être que la frustration qui l'habitait alors lui a permis de rendre le personnage de Carey encore plus convaincant.

* Scott Carey, le héros en question, descend lui aussi à la cave chaque jour avec un bloc et un crayon ; lui aussi écrit un livre (et qui n'en écrit pas ces temps-ci ?), un livre consacré à son expérience d'homme qui rétrécit, un livre qui lui permet de faire vivre sa famille... tout comme le roman de Matheson et le film qui en a été tiré ont permis à Matheson de faire vivre sa famille, du moins je le suppose.

sement chronologique. Mais ça ne marchait pas, car on mettait trop de temps à arriver aux "bons passages". Alors je suis reparti de zéro en plongeant directement le lecteur dans l'univers de la cave. Il y a quelque temps, il était question de tourner un *remake* du film [165], et j'ai cru que les producteurs souhaitaient que j'y collabore, si bien que j'ai décidé de respecter la structure du livre en rédigeant mon scénario, car les "bons passages" se faisaient aussi un peu attendre dans le premier film. Mais les producteurs avaient en fait envie de tourner une comédie avec Lily Tomlin, et il n'était pas question que j'en écrive le scénario. A l'époque, John Landis [166] avait accepté de se charger de la mise en scène, et il voulait que tout un tas de gens du milieu de la S.-F. et du fantastique interprètent des petits rôles. J'étais censé jouer un pharmacien qui [...] refuse de vendre des remèdes à Lily Tomlin, laquelle est si petite à ce moment-là qu'elle est perchée sur l'épaule d'un gorille intelligent (ce qui donne une idée des altérations imposées à mon idée de départ). J'ai décliné cette proposition. En fait, l'ouverture de leur scénario est presque identique à celle du mien, parfois mot à mot. Les différences deviennent par la suite de plus en plus nombreuses. [...]

« Ce livre ne signifie plus grand-chose pour moi aujourd'hui. C'est le cas de tout ce que j'ai écrit par le passé. Si je devais choisir, je dirais que je lui préfère *Je suis une légende*, mais je me suis bien trop éloigné de ces deux romans pour être objectif. [...] Si bien que je ne changerais pas une seule ligne de *L'Homme qui rétrécit*. Il appartient à mon histoire. Je n'ai aucune raison de le récrire, même si la relative indifférence qu'il m'inspire est tempérée par le plaisir que m'a apporté son succès. L'autre jour, j'ai relu la première nouvelle que j'aie jamais vendue, *Journal d'un monstre* [167], et je ne me trouve aucun point commun avec elle. Je me souviens avoir écrit certaines phrases, mais elles me paraissent être de la main d'un autre. Je suis sûr que vos œuvres de jeunesse vous font la même impression*.

« *L'Homme qui rétrécit* n'a fait l'objet d'une édition reliée que très récemment. Et il figure désormais au catalogue du *Science Fiction Book Club*. Avant cela, on ne le trouvait qu'en format de poche. [...] En fait, *Je suis une légende* tient davantage de la science-fiction que *L'Homme qui rétrécit*. Celui-là m'a demandé beaucoup plus de recherches que celui-ci. Les explications scientifiques de *L'Homme qui rétrécit* ne sont que des balivernes. Bien sûr, j'ai posé quelques questions autour de moi, j'ai lu quelques bouquins, mais il m'est impossible d'expliquer le phénomène de façon convaincante. Et je rougis encore [...] d'avoir fait rétrécir Scott Carey au rythme d'un septième de pouce par jour plutôt que d'avoir adopté une progression géométrique, sans parler de l'inquiétude irrationnelle que lui inspirent les hauteurs. Mais au diable tout cela. Si j'avais attendu quelques années de plus, jamais je n'aurais pu écrire *Journal d'un monstre*, tant ce texte me paraît dénué de toute logique. Quelle différence ça peut faire ?

« Comme je l'ai déjà dit, j'ai pris du plaisir à écrire ce livre [...] en particulier parce que j'étais le Boswell[168] de Scott Carey, parce que je le voyais tous les jours explorer l'univers de la cave. J'avais apporté une tranche de gâteau dans la cave, je l'ai laissée sur une étagère,

---

* Exact. J'ai écrit mon premier roman publié, *Carrie*, alors que je traversais une période difficile, et ce livre contient des personnages si déplaisants et si étrangers à mon esprit qu'ils ont à mes yeux des allures de Martiens. Quand il m'arrive aujourd'hui de feuilleter ce bouquin – et ça ne m'arrive que rarement –, je n'ai pas l'impression que c'est un autre qui l'a écrit, mais j'ai quand même un sentiment bizarre... comme si je l'avais écrit alors que je souffrais d'une sorte de grippe mentale et émotionnelle.

et elle a fini par faire partie de mon récit. Je pense que certains des incidents qui surviennent durant la période où Scott rétrécit sont réussis – l'homme qui l'embarque dans sa voiture quand il fait du stop, la naine, les garçons qui le pourchassent, son mariage qui se détériore. »

Il est plus facile de résumer *L'Homme qui rétrécit* en adoptant le plan chronologique initialement choisi par Matheson. Après avoir traversé un banc de brume radioactive, Carey commence à rétrécir d'un septième de pouce par jour, soit environ un pied par trimestre. Comme le suggère Matheson, ce rythme n'est guère convaincant, mais comme il s'empresse de l'ajouter, quelle importance ça a-t-il du moment que nous avons conscience de ne pas lire un bouquin de S.-F. pure et dure, tel qu'auraient pu en écrire Arthur C. Clarke [169], Isaac Asimov [170] ou Larry Niven [171] ? De la même manière, il n'est guère plausible que des enfants accèdent à un autre univers en passant par une armoire, mais c'est exactement ce qui se passe dans le Cycle de Narnia de C. S. Lewis [172]. Ce n'est pas l'analyse technique du processus de rétrécissement qui nous intéresse, et ce rythme d'un pouce par semaine nous permet au moins d'en mesurer l'avancée et les effets sur Scott Carey.

Les aventures que vit Scott à mesure qu'il rétrécit nous sont racontées sous forme de flash-back ; la principale ligne narrative est consacrée à ce qu'il croit être son ultime semaine d'existence, celle durant laquelle il doit passer d'un pouce à zéro. Il s'est fait piéger dans la cave alors qu'il tentait d'échapper à la fois à un oiseau et à son propre chat. Il y a quelque chose de particulièrement glaçant dans cette lutte opposant Scott à son chat ; pouvez-vous imaginer ce qui se passerait si vous étiez subitement réduit à une hauteur de sept pouces et si Gros Minet vous apercevait en train de courir comme un dératé sur le parquet ? Les chats, ces tueurs amoraux du monde animal, sont peut-être les plus terrifiants des mammifères. Je n'aimerais pas me retrouver dans ce genre de situation.

Matheson se montre sans doute le plus brillant lorsqu'il nous peint le portrait d'un homme seul, luttant désespérément contre des forces qui le dépassent. Voici la conclusion de son duel avec l'oiseau, à l'issue duquel il se retrouve pris au piège dans la cave :

Il se redressa, jeta une autre poignée de neige vers l'oiseau, vit la neige asperger son bec noir et luisant. L'oiseau battit des ailes. Scott recula de quelques pas, puis l'oiseau fondit à nouveau sur lui, encore et encore, lui frappant la tête de ses ailes mouillées. Scott donna un coup de poing à l'aveuglette, sentit sa peau heurter la corne. L'oiseau s'envola. [...]

Jusqu'à ce que finalement, glacé et trempé jusqu'aux os, il eût atteint le soupirail, bombardant l'oiseau de neige dans l'espoir de le faire fuir, redoutant d'avoir à se réfugier dans la cave.

Mais l'oiseau ne cessait de revenir à l'attaque, immobile un instant puis plongeant sur lui l'instant d'après, battant sans répit de ses ailes mouillées comme des draps abandonnés sous la pluie. Soudain, son bec perçant lui martela le crâne, lui laboura la peau, l'accula à la maison. [...] Il ramassa une poignée de neige, la lança, rata sa cible. Les ailes l'étouffaient ; le bec le déchirait.

Poussant un cri de désespoir, Scott sauta par l'ouverture du carreau manquant. Etourdi, il rampa quelques instants sur le rebord en ciment. L'oiseau le poussa d'un bond[173].

Scott Carey mesure sept pouces de haut lorsque l'oiseau le force à se réfugier dans la cave. Matheson nous a clairement fait comprendre que son roman est en partie une comparaison entre macrocosme et microcosme, et les sept semaines que son héros passe dans cet univers clos lui font vivre des expériences qui reflètent avec précision celles qu'il a vécues dans le monde extérieur. Lorsqu'il arrive dans la cave, il en est le roi ; il n'a presque aucun problème à utiliser sa puissance d'homme pour contrôler son environnement. Mais à mesure qu'il rétrécit, sa puissance l'abandonne peu à peu... et sa Némésis apparaît.

L'araignée s'avançait vers lui parmi les taches d'ombre, tricotant furieusement de ses pattes immenses. Son corps ressemblait à un œuf noir, gigantesque et luisant, tandis qu'elle chargeait en marquant le sable de sa trace. [...] l'araignée gagnait du terrain, pareille à un œuf vivant dont le jaune eût baigné dans un poison mortel. Il reprit sa course, le souffle coupé, le sang glacé par la terreur.

Aux yeux de Matheson, *macrocosme* et *microcosme* sont en fin de compte des termes interchangeables, et la veuve noire qui partage la cave avec Scott symbolise tous les problèmes auxquels il a dû faire face lors de son rétrécissement. Lorsque Scott prend conscience du seul élément de son être qui n'a pas diminué, à savoir sa capacité à penser et à planifier, il prend également conscience d'une source de pouvoir qui ne dépend en aucune manière du *cosme* où il se trouve. Il réussit ensuite à sortir de la cave, un univers que Matheson rend aussi étrange et effrayant qu'une autre planète... et finit par découvrir que « pour la nature, il n'y a pas de "zéro" », et qu'il existe un lieu où macrocosme et microcosme se rencontrent.

L'Homme qui rétrécit peut être lu comme un excellent récit d'aventures – il fait partie de ces rares bouquins que j'offre souvent à mes amis en leur enviant l'expérience qui les attend (parmi les autres figurent *L'Echarpe*[174] de Robert Bloch, *Bilbo le Hobbit*[175] de J. R. R. Tolkien et *Feral*[176] de Berton Rouché). Mais le roman de Matheson est bien plus qu'un récit d'aventures, un genre de guide de survie à l'usage du petit peuple. Plus sérieusement, c'est un roman qui traite avec intelligence du concept de puissance – comment on la gagne et comment on la perd.

Permettez-moi de m'écarter quelques instants du roman de Matheson – je reviendrai, comme disait le général MacArthur – afin de prononcer une déclaration quelque peu surprenante : toute la littérature fantastique tourne autour du concept de puissance ; les meilleurs ouvrages du genre nous présentent des personnages qui la gagnent en payant un coût élevé ou qui la perdent de façon tragique ; les ouvrages médiocres, des personnages qui la détiennent et l'exercent sans jamais la perdre. En général, le mauvais fantastique séduit des personnes qui se sentent privées de puissance dans leur vie quotidienne et qui s'en injectent une dose revigorante en lisant les aventures de barbares musculeux dont la force extraordinaire n'est surpassée que par leur virilité encore plus extraordinaire ; ces histoires nous présentent le plus souvent un héros plus grand que nature affrontant des hordes de démons sur l'escalier d'albâtre d'un temple en ruine, tenant une épée d'une main et une créature court vêtue au creux de son bras libre.

Ce sous-genre du fantastique, que ses amateurs appellent la *sword and sorcery*[177], n'est pas forcément ce qui se fait de pire, mais il n'est quand même pas transcendant ; en gros, il s'agit de romans de boy-scouts, avec un peu plus de sexe et des peaux de bêtes à la place des shorts (et le plus souvent un dessin de Jeff Jones[178] en couverture). Les romans et les nouvelles de *sword and sorcery* sont des histoires de puissance écrites pour des impuissants. Lorsqu'il rentre chez lui, l'employé de bureau qui tremble en voyant les jeunes voyous traînant près de son arrêt de bus peut s'imaginer en train de brandir une épée, le ventre miraculeusement aplati et les muscles transformés en ces « barreaux d'acier » qu'évoquent si souvent les tâcherons de la littérature populaire.

Le seul écrivain à avoir tiré son épingle de ce jeu-là est Robert E. Howard[179], un génie excentrique qui a vécu et qui est mort dans le Texas rural (Howard s'est suicidé alors que sa mère, atteinte d'un mal incurable, venait de sombrer dans le coma, apparemment incapable d'affronter la vie sans elle). Howard a triomphé des limites imposées par son matériau infantile grâce à la force de son écriture et grâce aussi à son imagination, laquelle était bien plus puissante que ne le fut jamais son héros Conan, même dans ses rêves les plus fous. Les meilleurs textes de Howard sont si chargés d'énergie qu'ils semblent émettre des étincelles. Des nouvelles comme *Le Peuple du cercle noir*[180] luisent d'une lueur farouche et inquiétante. Quand il était au mieux de sa forme, Howard était le Thomas Wolfe[181] du fantastique, et la plupart des récits qu'il a consacrés à Conan semblent se mélanger les pinceaux à force de dynamisme. Mais une bonne partie de son œuvre est médiocre, voire carrément nullissime... Voilà qui peinera et fâchera ses légions de fans, mais c'est à mon sens le terme qui convient. Robert Bloch, un des contemporains de Howard, avait jadis suggéré dans sa première lettre à la revue *Weird Tales* que Conan lui-même n'était pas si terrible que ça. Selon Bloch, Conan aurait dû être banni dans les ténèbres extérieures et condamné à se servir de son épée pour découper des figurines en papier. Inutile de dire que les hordes d'admirateurs de Howard n'ont pas apprécié ; sans doute que ce pauvre Bob Bloch aurait été lynché si lesdites hordes avaient décidé de marcher sur Milwaukee [182].

Encore en dessous des barbares de la *sword and sorcery*, il y a les super-héros qui prolifèrent dans les *comic-books* publiés par les deux géants survivants du genre – encore que « géants » soit peut-être un bien grand mot ; selon une enquête publiée dans le magazine *Creepy* [183] en 1978, le lectorat du *comic-book* semble avoir diminué de façon irrévocable. Ces personnages (que leurs dessinateurs appellent familièrement « héros en caleçon long ») sont invincibles. Le sang ne coule jamais de leurs organismes magiques ; ils réussissent à mettre sous les verrous des criminels aussi pittoresques que Lex Luthor [184] et l'Homme-Sable sans avoir à ôter leur masque pour témoigner devant un tribunal ; leurs défaites ne sont jamais que provisoires*.

Au sommet de l'échelle, nous trouvons des personnages qui soit découvrent en eux-mêmes une puissance dont ils ne soupçonnaient pas l'existence (voir Thomas Covenant dans la remarquable trilogie de Stephen Donaldson, *Les Chroniques de Thomas l'incrédule* [186], ou

---

* C'est peut-être la vulnérabilité de Spider-Man [185] qui explique le succès qu'il a connu dès sa création au début des années 60 ; il était alors et est encore l'exception à la règle que je viens d'énoncer. Il y a quelque chose de touchant dans la vulnérabilité de Peter Parker et dans la maladresse occasionnelle de Spider-Man. Lorsqu'il a été mordu par une araignée radioactive, Peter n'a éprouvé aucun désir de lutter contre le crime ; son premier réflexe fut de tirer parti de ses pouvoirs pour faire carrière dans le show-biz. Mais il n'a pas tardé à découvrir un problème aussi frustrant pour lui qu'il est amusant pour le lecteur : même si tout le pays vous a vu à la télé, vous n'arriverez jamais à encaisser un chèque libellé au nom de *The Amazing Spider-Man*. Ces petites touches de réalisme sarcastique sont attribuables à Stan Lee, le créateur de Spider-Man, grâce à qui, sans doute, la B.D. américaine est arrivée à survivre durant les années 60 et 70.

encore Frodon dans *Le Seigneur des anneaux*[187] de Tolkien), soit perdent leur puissance avant de la retrouver, à l'instar de Scott Carey dans *L'Homme qui rétrécit*.

Comme nous l'avons déjà souligné, l'horreur n'est qu'un sous-ensemble du fantastique, et qu'est-ce qu'une histoire fantastique sinon une histoire de magie ? Et qu'est-ce qu'une histoire de magie sinon une histoire de pouvoir ? L'un définit l'autre, ou presque. Le pouvoir, c'est la magie ; la magie, c'est la puissance. Le contraire de la puissance, c'est l'impuissance, c'est-à-dire la perte de la magie. On ne trouvera pas trace d'impuissance dans les histoires de *sword and sorcery*, pas plus que dans les aventures de Superman, de Batman et de Captain Marvel que nous avons lues étant enfants avant – dans le meilleur des cas – de passer à des formes littéraires moins infantiles et plus ouvertes sur les réalités de la vie. Le thème principal du fantastique, ce n'est pas la possession et l'usage de la magie (sinon, ce serait Sauron le héros du *Seigneur des anneaux*) ; c'est – du moins il me le semble – la découverte et l'apprentissage de la magie.

Et pour revenir au roman de Matheson, ce concept de rétrécissement est bien fascinant, n'est-ce pas ? L'esprit pense immédiatement à une foule de symboles, dont la plupart tournent autour de la dualité puissance-impuissance... sexuelle ou autre. Si le rétrécissement est si important dans le roman de Matheson, c'est parce que Scott Carey commence par considérer la taille comme un pouvoir, une puissance... une magie. Dès qu'il se met à rétrécir, il commence à perdre ces trois choses – du moins le pense-t-il jusqu'à ce qu'il acquière une nouvelle perspective. Rien d'étonnant à ce qu'il réagisse à cette triple perte par une crise de rage aveugle :

193

« Que croyaient-ils donc ? Que j'allais les laisser jouer avec moi ? Tu n'étais pas là, toi, tu n'as rien vu ! On aurait dit des enfants à qui on a donné un nouveau jouet. Tu penses : un homme qui *rétrécit* ! Leurs yeux en brillaient de plaisir. »

A l'instar des jurons poussés par Thomas Covenant dans la trilogie de Donaldson, la rage de Scott souligne son impuissance plutôt qu'elle ne la dissimule, et c'est en partie cette colère qui fait de lui un personnage si intéressant et si crédible. Il n'est ni Conan, ni Superman (Scott perd pas mal de sang avant de s'échapper de sa cave, et lorsque nous assistons à ses tentatives de plus en plus frénétiques, nous le soupçonnons parfois d'être à moitié fou), ni Doc Savage [188]. Scott ne trouve pas toujours la solution à ses problèmes. Il lui arrive souvent de rater son coup, et il réagit de la façon dont vous et moi réagirions probablement dans les mêmes circonstances : il pique une crise.

En fait, si nous envisageons le rétrécissement que subit Scott comme le symbole d'une maladie incurable (et l'avancement de celle-ci a pour conséquence une perte de puissance analogue au rétrécissement), nous voyons que les réactions que lui donne Matheson correspondent au schéma élaboré par les psychologues... sauf que ce schéma fut mis en évidence bien des années après la parution du roman. Scott passe de l'incrédulité à la colère, puis à la dépression, puis enfin à l'acceptation. Son cas, semblable à celui d'un cancéreux, le conduit à accepter l'inévitable s'il veut être en mesure de trouver un nouvel accès à la magie. Pour Scott, tout comme pour bon nombre de malades en phase terminale, l'ultime étape est une sorte d'euphorie consécutive à cette acceptation.

C'est fort légitimement que Matheson a recours au flash-back pour attaquer d'emblée avec les « bons passages », mais on est en droit de se demander à quoi aurait ressemblé son livre s'il avait choisi de l'écrire suivant un plan chronologique. La perte de puissance que subit Scott nous est exposée lors de plusieurs épisodes dispersés dans le récit : il est pourchassé par des adolescents – qui le prennent pour un petit garçon ordinaire –, puis il est pris en auto-stop par un homme qui se révèle être un homosexuel. Il se sent de moins en moins respecté par sa fille Beth, en partie à cause de ce bon vieux principe qui veut que « la force, c'est le droit » (ou encore pourrions-nous dire : « la force, c'est la puissance »... ou : « la force, c'est la magie ») et qui n'est jamais entièrement absent des relations parent-enfant, même des plus éclairées, mais aussi parce que sa perte de taille oblige Beth à restructurer de façon constante les sentiments que lui inspire son père, lequel emménage dans une maison de poupée avant de se retrouver à la cave. Un lecteur morbide imaginera sans peine la petite fille, qui ne comprend pas vraiment la situation, profitant d'un jour de pluie pour inviter ses copines à jouer avec son papa.

Mais ce sont les relations de Scott avec Lou, son épouse, qui lui posent ses problèmes les plus douloureux. Ce sont des problèmes à la fois personnels et sexuels, et je pense que la plupart des hommes, même aujourd'hui, ont tendance à identifier magie et puissance sexuelle. Même quand une femme ne veut pas, elle peut ; un homme, lui, découvre parfois qu'il ne peut pas alors même qu'il veut. C'est grave. Et alors que Scott, qui mesure à présent un mètre vingt-cinq, revient du centre médical où il a subi de nouveaux tests, il se retrouve dans une situation où la perte de magie sexuelle devient cruellement évidente :

Lou le regarda à son tour.

« Que tu es mignon ! » dit-elle.

Ni ses mots ni son expression ne le troublèrent ; mais soudain, il reprit conscience, affreusement, de sa taille. Se forçant à sourire lui aussi, il alla s'asseoir près d'elle, regrettant aussitôt de céder à cette impulsion.

Lou renifla et dit :

« Mmm, tu sens bon !

– C'est *toi* qui es mignonne, dit-il. Tu es belle.

– Belle, moi ! Tu plaisantes. »

Il se pencha vers elle et posa un baiser rapide sur son cou. La main de Lou lui caressa gentiment la joue.

« Tu es si doux, si lisse », murmura-t-elle.

Il déglutit. [...] lui parlait-elle vraiment comme à un petit garçon ?

Et quelques minutes plus tard :

Il laissa son souffle couler par à-coups de ses narines.

« Tu as raison. [...] Je pense que ce serait assez grotesque, de toute manière. Etant donné mon aspect, ce serait comme si... »

Elle l'interrompit :

« Tais-toi, chéri... Tu rends les choses encore plus difficiles.

– Regarde-moi. Comment pourrait-ce être pire ? »

Plus tard, au cours d'un autre flash-back, nous découvrons un Scott devenu voyeur, espionnant la baby-sitter que Louise a engagée pour s'occuper de Beth. Dans une série de scènes à la fois horribles et comiques, Scott transforme cette fille boutonneuse et grassouillette en bombe sexuelle pour gamin masturbateur. Cette régression à l'adolescence nous montre à quel point Scott a perdu sa magie sexuelle.

196

Mais quelques semaines plus tard – Scott mesure à présent quarante-cinq centimètres –, il rencontre Clarice, une naine qui travaille dans un cirque. Et c'est cet épisode qui nous permet de comprendre le credo de Matheson : la magie perdue peut être retrouvée ; la magie existe sur plusieurs niveaux et devient ainsi la force unificatrice qui rapproche le macrocosme du microcosme. Lorsqu'il rencontre Clarice, Scott est un peu plus grand qu'elle, et il découvre dans sa roulotte un univers à sa taille. Un environnement dans lequel il peut réaffirmer son propre pouvoir :

Son souffle s'arrêta. Ce qu'il voyait, par la vitre de la porte, *c'était un monde à sa mesure* : des chaises et un divan sur lesquels il eût pu s'asseoir sans y être englouti, une table à sa hauteur sous laquelle il n'eût pas pu marcher, des lampes qu'il eût pu atteindre de la main et allumer plutôt que de rester à leur pied comme si elles eussent été des arbres.

Et – inutile de le dire – il découvre également sa magie sexuelle au cours d'un épisode aussi touchant que pathétique. Nous savons bien qu'il va la reperdre une fois que Clarice sera à son tour devenue gigantesque par rapport à lui, et bien que l'impact de ces épisodes soit quelque peu dilué par le parti pris du flash-back, le lecteur comprend parfaitement ce que l'auteur veut lui dire : ce qui a été trouvé peut être retrouvé, et la rencontre de Scott et de Clarice justifie la conclusion étrange mais puissante du roman : « Puis il se dit : Si la nature existe à tous les niveaux, alors peut-être en est-il de même de l'intelligence. [...] Scott Carey partit, à grands pas, à la découverte de son nouvel univers. »

Espérons que ce n'est pas pour être dévoré par la

première limace ou la première amibe qui croisera son chemin.

Dans le film de Jack Arnold, dont Matheson a écrit le scénario, la dernière réplique de Scott est un cri de triomphe : « J'existe encore ! », un cri qu'il pousse sur fond de nébuleuses et de galaxies. J'ai demandé à Matheson s'il fallait voir là-dedans des connotations religieuses, voire un début d'intérêt pour la vie après la mort (un sujet qui a pris une importance croissante dans ses œuvres ultérieures ; voir *La Maison des damnés* [189] et *What Dreams May Come* [190]). Voici sa réponse : « Le cri de Scott Carey ne faisait à mes yeux que signaler une continuité entre le macrocosme et le microcosme, pas entre la vie et la mort. Coïncidence intéressante, j'ai été contacté pour récrire le scénario du *Voyage fantastique,* dont Columbia projette de faire un *remake* [191]. Je ne suis pas arrivé à m'y mettre, car c'était un sujet trop technique pour moi qui souhaite désormais privilégier les personnages, mais c'était un peu un prolongement de la conclusion de *L'Homme qui rétrécit* – une expédition militaro-scientifique dans le microcosme. »

L'Homme qui rétrécit nous apparaît comme un classique de l'histoire de survie ; ce roman ne comporte qu'un seul personnage, et il s'y pose les questions les plus élémentaires : manger, s'abriter, survivre, détruire la Némésis (une force dionysiaque dans l'univers somme toute apollinien de la cave). Bien qu'on ne puisse pas qualifier ce livre d'érotique, il a néanmoins le mérite de traiter l'angle sexuel d'une façon plus réfléchie que ne le faisait la littérature populaire des années 50. Dans le milieu de la science-fiction et du fantastique, Matheson fut un des premiers à affirmer le droit des écrivains à traiter les problèmes sexuels de façon sensible et réaliste ; parmi les autres auteurs ayant pris part à cette lutte (et ce *fut* une lutte), nous pourrions citer Philip José Farmer[192], Harlan Ellison[193], et surtout Theodore Sturgeon[194]. On a peine aujourd'hui à imaginer le scandale qu'ont causé les dernières pages d'*Un peu de ton sang*[195], où Sturgeon expose sans ambiguïté la méthode utilisée par son vampire pour se nourrir (« C'est la pleine lune, écrit-il à sa petite amie d'un ton à la fois glaçant et nostalgique, et j'aimerais bien avoir un peu de ton sang »), mais scandale il y eut. Peut-être pourrions-nous reprocher à Matheson d'avoir abordé l'angle sexuel de son sujet d'une façon un peu trop compassée, mais vu le contexte de l'époque, je pense qu'on peut l'applaudir pour la simple raison qu'il a osé le faire.

En tant que fable sur la puissance perdue et retrouvée, *L'Homme qui rétrécit* peut être considéré comme un des meilleurs romans parus durant la période qui nous intéresse. Et je ne voudrais pas vous donner l'impression que je parle uniquement de puissance sexuelle. Il existe certains critiques plutôt pénibles – pour la plupart des freudiens brouillons – qui pensent que le fantastique et l'horreur dans leur ensemble ne parlent que de sexe ; alors que j'assistais à un cocktail durant l'automne 1978, j'ai entendu une analyse de la conclusion de *L'Homme qui rétrécit* – je passerai sous silence le nom de la femme qui a exposé cette théorie, mais c'est un nom qui vous serait familier si vous êtes amateur de science-fiction – qui mérite d'être répétée dans ces pages. En termes symboliques, a déclaré cette femme, l'araignée représente le vagin. Scott réussit à tuer sa Némésis, la veuve noire (la plus vaginale de toutes les araignées), en l'empalant sur une épingle (symbole phallique, de toute évidence, non ?). Par conséquent, après avoir échoué à satisfaire sexuellement sa femme, puis après avoir satisfait Clarice pour la perdre aussitôt, Scott tue symboliquement ses pulsions sexuelles en empalant l'araignée. C'est là son ultime acte sexuel, à l'issue duquel il s'échappe de sa cave et retrouve sa liberté.

Toute cette démonstration est bien intentionnée, mais c'est quand même de la connerie pure, et on ne me fera jamais prendre ce genre de vessie pour une lanterne. Si je me suis permis de vous raconter cette anecdote, c'est pour souligner que les écrivains de fantastique et d'horreur doivent fréquemment encaisser ce genre de connerie... le plus souvent du fait de personnes qui considèrent, ouvertement ou en secret, que les écrivains d'horreur ne sont pas tout à fait sains d'esprit. A leurs yeux, les romans d'horreur ne sont que des tests de Rorschach qui finiront un jour par leur révéler les fixations anales, orales ou génitales de leurs auteurs. En commentant les critiques négatives qui ont accueilli en 1960 l'essai de Leslie Fiedler[196] intitulé *Love and Death in the American Novel*, Wilfrid Sheed remarque : « Les interprétations freudiennes sont toujours accueillies par des éclats de rire. » Et c'est tant mieux, si vous voulez mon avis, car rappelez-vous que si les romanciers dits « normaux » sont considérés avec une certaine méfiance par leurs voisins, l'écrivain d'horreur, lui, est toujours invité à s'allonger sur un divan. Et nous sommes parfaitement normaux dans notre immense majorité. Hé, hé.

Tout charabia freudien mis à part, *L'Homme qui rétrécit* peut être considéré tout simplement comme une excellente histoire qui se trouve traiter de la politique intérieure de la puissance... ou, si vous préférez (et je préfère), de la politique intérieure de la magie. Et la mort de l'araignée aux mains de Scott a pour but de nous montrer que la magie ne dépend pas de la taille mais du cœur et de l'esprit. Si ce livre nous apparaît comme beaucoup plus grand que d'autres œuvres du genre (petit jeu de mots parfaitement volontaire), et considérablement plus réussi que d'autres bouquins où des hommes miniature [197] affrontent scarabées, mantes religieuses et autres bestioles (voir par exemple *Cold War in a Country Garden* [198] de Lindsay Gutteridge), c'est parce que Matheson a écrit son histoire de façon à la fois palpitante et intimiste – et, en fin de compte, parce qu'il réussit toujours à nous convaincre*.

8

Il serait injuste de conclure une discussion du roman d'horreur moderne, même aussi brève que celle-ci, sans mentionner deux jeunes écrivains britanniques, Ramsey Campbell [200] et James Herbert [201]. Ils font partie d'une nouvelle génération de fantastiqueurs britanniques qui semblent sur le point de revitaliser le genre, un peu à la façon dont les poètes d'Albion ont redonné vie à la poésie américaine au début des années 60. Outre Campbell et Herbert qui sont les plus connus de mes compatriotes, on pourrait également citer Robert Aickman [202] (qui ne saurait être qualifié de jeune Turc – mais vu que

* Ce thème de la vie microcosmique continue d'exercer sa fascination sur les auteurs et les lecteurs ; il y a quelques mois de cela, Macmillan a publié *Small World* [199] de Tabitha King, une comédie de mœurs plutôt malicieuse où apparaissent une maison de poupée hors de prix, une fille de président nymphomane et un savant fou obèse aussi pitoyable que terrifiant. Comme ce livre a été publié en 1981, il sort du champ de notre étude, ce qui vaut sans doute mieux ; son auteur n'est autre que mon épouse et j'aurais du mal à me montrer objectif. Je me contenterai donc de dire, de façon fort subjective, que *Small World* est une excellente addition au catalogue des œuvres de ce petit sous-genre.

des livres comme *Cold Hand in Mine* lui ont apporté un public américain, il me semble logique de le ranger dans la Nouvelle Vague britannique), Nick Sharman[203] et Thomas Tessier[204], un Américain exilé à Londres qui a récemment publié un roman intitulé *La Nuit du sang*[205], sans doute la meilleure histoire de loups-garous de ces vingt dernières années, sans parler d'une bonne vingtaine d'autres écrivains.

Tout comme l'a remarqué Paul Theroux[206] – autre Américain expatrié à Londres –, il y a quelque chose de typiquement britannique dans le conte d'horreur (et surtout, peut-être, dans ceux qui traitent de l'archétype du Fantôme). Theroux, qui a écrit un roman d'horreur en demi-teinte intitulé *The Black House*, préfère les contes macabres et policés de M. R. James[207], et ceux-ci semblent résumer toutes les qualités de l'horreur britannique classique. Ramsey Campbell et James Herbert sont tous deux des modernes, et bien que la famille à laquelle ils appartiennent soit trop petite pour exclure toute ressemblance même entre cousins éloignés, il me semble que ces deux hommes, dont les styles, les points de vue et les méthodes d'attaque sont diamétralement opposés, écrivent des textes passionnants et dignes de louanges.

Campbell, originaire de Liverpool (« Vous parlez exactement comme un des Beatles ! » s'exclame un des personnages de son nouveau roman, *Le Parasite*[208], en s'adressant à un écrivain de Liverpool), écrit dans un style froid, presque glacial, et la vision qu'il a de sa ville natale est toujours un peu excentrique, un peu dérangeante. Le lecteur qui entre dans un texte de Campbell semble percevoir le monde à travers un voile perceptuel flou et mouvant, comme s'il était au terme... ou au début... d'un *trip* au L.S.D. L'excellence formelle de son style et l'étrangeté de ses images font de lui l'équivalent fantastique de Joyce Carol Oates [209] (et il est aussi prolifique que celle-ci, produisant romans et nouvelles à un rythme ahurissant), et la perception du monde dont il investit ses personnages rappelle elle aussi Oates – tout comme lors d'un petit *trip* au L.S.D., il y a quelque chose de glaçant et de schizophrénique dans la façon dont ses héros perçoivent les choses qui les entourent... ainsi que dans ces dernières. Voici ce que voit Rose alors qu'elle visite un grand magasin de Liverpool dans *Le Parasite* :

Un groupe de bambins la regardèrent passer, leurs yeux peints dans leurs orbites. Au rez-de-chaussée, des mains rouges, roses et jaunes plantées sur des pieux se dressaient vers elle depuis le comptoir des gants. Des visages aveugles et mauves se tendaient vers elle, surplombant de longs cous tentaculaires ; des perruques étaient nichées sur leurs crânes. [...]

L'homme chauve avait toujours les yeux fixés sur elle. Sa tête paraissait juchée sur une étagère et brillait sous les néons comme du Celluloïd. Ses yeux avaient l'éclat pâle et inexpressif du cristal et Rose se demanda si elle n'était pas en présence d'un mannequin débarrassé de sa perruque. Lorsqu'une épaisse langue rose surgit entre les lèvres de l'homme, ce fut comme si une tête en plastique avait pris vie [210].

Excellent. Mais fichtrement bizarre ; Campbell a un style si unique qu'il pourrait le breveter. Les bons romans d'horreur ne sont guère fréquents – loin de là –, mais ils ne sont pas non plus totalement absents des librairies. Je veux dire par là qu'il paraît environ tous les ans un bon (ou un assez bon) roman d'horreur et/ou de fantastique – et la même statistique s'applique aux films. Lors d'une année exceptionnelle, l'amateur trouvera jusqu'à trois bons bouquins noyés dans le flot des livres de poche présentant des enfants doués de pouvoirs paranormaux et des candidats à la présidence venus de l'enfer, sans parler du tas de nullités qui ont l'honneur d'une édition reliée, comme le sinistre *Virgin* de James Petersen. Mais, et peut-être est-ce là un paradoxe, les bons *écrivains* d'horreur sont fort rares... et Campbell est plus que bon.

C'est une des raisons pour lesquelles les amateurs accueilleront *Le Parasite* avec un tel plaisir et un tel soulagement ; ce roman est encore meilleur que son premier, dont j'ai l'intention de discuter ici. Cela fait plusieurs années que Campbell publie régulièrement des nouvelles (son premier livre, *The Inhabitant of the Lake* [211], un pastiche de Lovecraft, fut publié par Arkham House, tout comme les premiers livres de Bloch et de Bradbury). Plusieurs recueils sont disponibles en librairie, le meilleur d'entre eux étant sans doute *The Height of the Scream* [212]. Ce livre ne reprend malheureusement pas *Le Compagnon* [213], un texte dans lequel un homme solitaire qui occupe ses vacances à visiter les fêtes foraines rencontre une horreur indescriptible dans un train fantôme. *Le Compagnon* est sans doute la meilleure histoire d'horreur en langue anglaise publiée durant ces trente dernières années ; elle fait partie de la petite douzaine de textes contemporains qui seront encore lus et réédités dans un siècle. Campbell est un homme cultivé par contraste aux trop nombreux crétins qui sévissent dans notre genre d'élection, un écrivain plein de retenue alors que nombre de ses confrères – moi y compris – ont tendance à verser dans le mélodrame pantelant, un styliste fluide alors que même les meilleurs d'entre nous se conforment bien trop souvent à des « règles d'écriture fantastique » complètement stupides.

Mais les bons nouvellistes fantastiques ne parviennent pas toujours à passer au stade du roman (Poe s'y est essayé avec *Les Aventures d'Arthur Gordon Pym*[214], et il n'a connu qu'un succès tout relatif ; Lovecraft est l'auteur de deux tentatives ambitieuses mais en partie ratées, *L'Affaire Charles Dexter Ward*[215] et *Les Montagnes hallucinées*[216], ce dernier étant nettement plus intéressant et évoquant étrangement le court roman de Poe). Campbell a sauté le pas presque sans effort, nous offrant un roman aussi bon que son titre est déconcertant : *La Poupée qui dévora sa mère*[217]. Ce livre fut publié en édition reliée en 1977, dans la plus grande discrétion, puis en édition de poche l'année suivante avec encore moins de bruit... un écrivain serait en droit de se demander si les éditeurs ne pratiquent pas une forme de magie vaudoue, sélectionnant certains livres pour les offrir au marché en guise de sacrifices rituels.

Enfin, peu importe. Pour revenir à cette difficile transition entre la nouvelle et le roman : le romancier peut être comparé à un coureur de fond, et le lecteur sent parfois la fatigue gagner peu à peu le débutant. Il commence à perdre son souffle vers la centième page, à haleter carrément vers la deux centième, et lorsqu'il débouche enfin sur la ligne d'arrivée, quasiment sur les genoux, seul le fait qu'il soit parvenu en bout de course lui vaut les félicitations du jury. Mais Campbell sait courir.

C'est dans le privé un homme plutôt amusant, voire jovial (lors de la *World Fantasy Convention* de 1979, il devait remettre à Stephen Donaldson[218] le *British Fantasy Award* qu'il avait remporté grâce aux *Chroniques de Thomas l'incrédule* ; avec son plus bel accent de Liverpool, Campbell a décrit la statuette matérialisant le prix comme un « gode squelettique ». Le public a éclaté de rire et une personne assise à ma table s'est exclamée : « Il parle exactement comme un des Beatles ! »). A la façon de Robert Bloch, jamais on ne le soupçonnerait d'être un écrivain d'horreur, encore moins l'un des plus terrifiants du moment. Voici ce qu'il a à dire à propos de *La Poupée qui dévora sa mère* – et en particulier sur cette difficile transition que j'ai évoquée plus haut : « Ce que je voulais faire avec ce livre, c'est inventer un nouveau monstre, si une telle chose est possible, mais surtout parvenir à écrire un roman, car je n'avais jusque-là commis que des nouvelles. En 1961 ou 1962, j'avais envisagé d'écrire l'histoire d'un sorcier qui décidait de se venger de sa ville ou de son village, dont les habitants lui avaient causé des torts, réels ou imaginaires. Il comptait utiliser des poupées vaudoues pour infliger des difformités aux nouveau-nés – on imagine déjà la scène classique du médecin accoucheur s'exclamant, le visage livide : "Mon Dieu, ça n'a rien d'humain !..." Mais mon sorcier comptait également utiliser ses poupées pour ressusciter les bébés difformes après leur mort. Une idée vraiment écœurante. Et c'est à ce moment-là qu'a éclaté l'affaire des bébés de la thalidomide, et j'ai laissé tomber mon idée qui me semblait un peu trop mal venue.

« Je suppose qu'elle a refait surface avec le personnage de *La Poupée qui dévora sa mère*, lequel vient au monde en rongeant le ventre de sa génitrice.

« Quelle différence y a-t-il entre l'écriture d'un roman et celle d'une nouvelle ? Je pense qu'un roman finit par acquérir son propre mouvement. Quand je veux en commencer un, je suis obligé de l'attaquer de biais, de me dire : "Peut-être que je m'y mettrai la semaine prochaine, ou le mois prochain." Puis un beau jour, je m'assieds à mon bureau, je commence à écrire, et à midi je m'écrie : "Mon Dieu ! J'ai commencé un roman ! Incroyable !"

« Quand j'ai demandé à Kirby [McCauley] quelle serait la bonne longueur pour mon premier roman, il m'a répondu que soixante-dix mille mots lui semblaient un bon chiffre, et je l'ai pris au pied de la lettre. Quand j'ai eu écrit environ soixante-trois mille mots, je me suis dit : "Plus que sept mille mots – il est temps de conclure." C'est pour ça que la plupart des derniers chapitres semblent un peu abrupts. »

Le roman de Campbell débute lorsque Rob, le frère de Clare Frayn, perd un bras et la vie lors d'un accident de voiture. Ce bras arraché est un élément important de l'intrigue, parce qu'un homme s'enfuit avec... et le dévore. Ce mangeur de bras, nous dit-on par la suite, est un étrange jeune homme du nom de Chris Kelly. Clare – qui incarne la plupart des idées que nous avons évoquées à propos du « nouveau gothique américain » (d'accord, Campbell est britannique, mais la majorité de ses influences – littéraires et cinématographiques – sont américaines) – fait la connaissance d'un journaliste nommé Edmund Hall, lequel est persuadé que le responsable de la mort de Rob Frayn est un de ses anciens condisciples, un jeune garçon fasciné par la mort et le cannibalisme. Lorsque nous avons parlé archétypes, je ne vous ai pas proposé de consacrer une carte de notre tarot à la Goule, un des monstres les plus macabres qui soient, estimant que manger la chair et boire le sang étaient deux attributs du même archétype*. Campbell

---

* Les histoires de goules et de cannibales nous entraînent au cœur d'un terrritoire authentiquement tabou – voir les réactions suscitées par *La Nuit des morts-vivants* et *Zombie* de George Romero. On ne peut pas parler ici de simples films de trouille ; le cinéaste a délibérément choisi de provoquer son public. Il y a quatre ans, j'ai écrit une nouvelle intitulée *Le Goût de vivre*[219] que je ne suis toujours pas arrivé à placer (et dire qu'on m'affirmait que je pourrais vendre même ma liste de blanchisserie quand je serais devenu célèbre !). Elle raconte l'histoire d'un chirurgien qui se retrouve naufragé sur une île déserte – un petit bout de corail perdu dans l'immensité du Pacifique – et qui

a-t-il vraiment réussi à créer un « nouveau monstre » ? Etant donné les limites du genre, je ne le pense pas, mais il nous gratifie en tout cas d'un point de vue original... ce qui n'est déjà pas si mal. Je pense que Chris Kelly n'est qu'un nouvel avatar de notre vieil ami le Vampire... à la façon de celui qu'on découvre dans *Frissons* de David Cronenberg, un film qui ressemble sur bien des points au roman de Campbell.

Clare, Edmund Hall et George Pugh, un propriétaire de cinéma dont la vieille mère a été elle aussi la victime de Kelly, joignent leurs forces à contrecœur pour traquer le cannibale surnaturel. Nous percevons ici les échos du classique absolu de l'histoire de vampires, à savoir le *Dracula* de Stoker. Et c'est peut-être le contraste entre les deux groupes de chasseurs, les six qui traquent le vampire et les trois qui traquent le cannibale, qui nous permet le mieux de mesurer les changements intervenus durant les quatre-vingts ans séparant ces deux livres. Clare, Edmund et George ne se sentent nullement investis par une quelconque vertu – ce ne sont que des hommes et une femme ordinaires, terrifiés, déboussolés, parfois déprimés ; ils se replient sur eux-mêmes plutôt que de chercher à s'ouvrir sur les autres, et bien que nous ressentions leur terreur avec une certaine force, nous ne pensons pas un seul instant que la justesse de leur cause suffira à assurer leur triomphe. D'une certaine façon, ils symbolisent ce lieu lugubre et misérable qu'est devenue l'Angleterre durant la

se dévore lui-même peu à peu pour rester en vie. « J'ai agi en suivant les préceptes de Hoyle, écrit-il dans son journal après s'être amputé le pied. Je l'ai lavé avant de le manger. » Même les magazines masculins n'ont pas voulu de ce petit bijou, et il se languit encore dans mes tiroirs dans l'attente d'un écrin accueillant. Sans doute n'en trouvera-t-il jamais.

seconde moitié du XXe siècle, et nous avons l'impression que, si certains d'entre eux vont réussir à s'en sortir, ce sera par un coup chance plutôt que grâce à leurs actes.

Mais nos trois chasseurs réussissent à retrouver Kelly... d'une certaine façon. La conclusion de leur traque se déroule dans la cave d'un taudis promis à la démolition, et Campbell a créé là une des scènes les plus oniriques et les plus efficaces de l'horreur moderne. Dans l'évocation surréelle et cauchemardesque d'un mal antique, dans les aperçus qu'elle nous donne du « pouvoir absolu », c'est une voix de cette fin de siècle qui parle en utilisant un langage dont on peut attribuer la paternité à Lovecraft. Ce roman n'est ni une pâle imitation ni un simple pastiche de Lovecraft, mais une vision viable et crédible des Grands Anciens [220] lovecraftiens qui hantaient les rues de Dunwich [221], d'Arkham [222], de Providence [223] et de Central Falls... sans oublier les pages de *Weird Tales*.

Campbell se débrouille bien avec ses personnages, même s'il manque un peu de sympathie à leur égard (cette absence d'émotion rend sa prose encore plus glaçante, et certains lecteurs risquent d'être déroutés par la tonalité de ce roman ; sans doute se diront-ils que Campbell l'a cultivé dans une éprouvette plutôt que de se contenter de l'écrire) : Clare Frayn, avec ses jambes lourdes et ses rêves de grâce, Edmund, avec ses visions de gloire littéraire à venir, et surtout George Pugh, le personnage pour lequel Campbell semble avoir le plus de tendresse, qui s'accroche à la dernière de ses salles de cinéma encore en activité, morigénant deux adolescentes qui prennent congé avant la fin de l'hymne national.

Mais le personnage central de ce livre est peut-être la ville de Liverpool elle-même, avec son éclairage au sodium, ses taudis et ses docks, ses cinémas transformés en DES CENTAINES DE MÈTRES DE MEUBLES. Les nouvelles de Campbell sont imprégnées de Liverpool, exprimant à son égard un mélange d'attirance et de répulsion, et ce sens du lieu est une des plus grandes qualités de *La Poupée qui dévora sa mère*. Le Liverpool de Campbell est aussi richement évoqué que le Los Angeles des années 40 et 50 dans les livres de Raymond Chandler ou le Houston des années 60 dans ceux de Larry McMurtry[224]. « Des enfants jouaient au ballon contre le mur de l'église, écrit Campbell ; le Christ levait les bras, comme pour l'attraper. » C'est une petite phrase fort discrète, que l'on sent presque rédigée sous l'inspiration du moment (tout comme ces sinistres gants multicolores dans *Le Parasite*), mais ce genre de notation exerce un effet cumulatif, et nous suggère que pour Campbell l'horreur est une question de point de vue autant que d'anecdote.

La Poupée qui dévora sa mère n'est pas le meilleur des livres abordés dans ces pages – je suppose que ce titre devrait être attribué à *Maison hantée* ou à *Ghost Story* –, et il n'est pas aussi bon que *Le Parasite*... mais il est quand même fichtrement bon. Campbell ne sombre à aucun moment dans les excès qu'aurait pu lui inspirer un matériau digne des journaux à sensation, et fait même une allusion ironique à ceux-ci (on aperçoit un professeur terne et sec comme une trique en train de se détendre en lisant une feuille de chou dont la manchette proclame : IL DÉCOUPAIT LES JEUNES VIERGES EN RIANT – un sous-titre grotesque nous apprend en outre que : *Sa puissance venait de ce qu'il n'avait pas d'orgasme*). Il nous fait parcourir plusieurs niveaux de psychologie anormale pour nous faire déboucher sur quelque chose de bien pire.

Campbell est extrêmement conscient de ses racines littéraires – il cite Lovecraft (ajoutant « bien sûr » de façon presque inconsciente), Robert Bloch (il compare la conclusion de *La Poupée qui dévora sa mère* avec celle de *Psychose*, où Lila Crane doit affronter la « mère » de Norman Bates dans une autre cave), et les histoires d'horreur urbaine de Fritz Leiber [225] (dont *Fantôme de fumée* [226]), notamment l'étrange roman que Leiber a consacré à la ville de San Francisco, *Notre-Dame des Ténèbres* [227] (couronné meilleur roman de l'année à la *World Fantasy Convention* de 1978). Dans *Notre-Dame des Ténèbres,* Leiber avance la thèse selon laquelle dès qu'une ville devient suffisamment complexe, elle acquiert une sorte de vie individuelle, totalement indépendante de celle de ses habitants – une vie maléfique sans doute liée aux Grands Anciens de Lovecraft et de Clark Ashton Smith [228], un écrivain auquel Leiber fait référence de façon plus explicite. Un de ses personnages va jusqu'à suggérer que San Francisco n'a acquis la conscience qu'après l'achèvement et l'occupation de la Transamerica Pyramid [229].

Bien que le Liverpool de Campbell ne soit pas doué de cette vie consciente et maléfique, le portrait qu'il en brosse donne au lecteur l'impression d'observer un monstre assoupi qui *pourrait* se réveiller d'un moment à l'autre. En fait, la dette qu'il a envers Leiber semble plus importante que celle qu'il a envers Lovecraft. Quoi qu'il en soit, Ramsey Campbell a réussi avec *La Poupée qui dévora sa mère* un roman foncièrement unique.

James Herbert, quant à lui, s'inscrit dans une tradition plus ancienne – celle de l'horreur *pulp* [230], qui est représentée par des écrivains tels que Robert E. Howard, Seabury Quinn [231], le Sturgeon [232] des débuts, le Kuttner [233] des débuts et, côté britannique, Guy N. Smith [234]. Cet écrivain, auteur d'une quantité invraisemblable de livres de poche, a commis un roman dont le titre m'apparaît comme emblématique de cette tradition : *The Sucking Pit* [235].

Si vous avez l'impression que je m'apprête à soumettre James Herbert à une démolition en règle, vous vous trompez. Il est certes tenu en piètre estime par les écrivains d'horreur des deux côtés de l'Atlantique ; jusqu'à une date récente, lorsqu'il m'arrivait de mentionner son nom à certains de mes confrères, ceux-ci se mettaient aussitôt à faire la grimace [236] (un réflexe quasiment pavlovien), mais il me suffisait de leur poser quelques questions pour constater que peu d'entre eux avaient lu ses romans – et je persiste à dire que James Herbert est sans doute le meilleur écrivain d'horreur *pulp* depuis Robert E. Howard, et que le créateur de Conan aurait sûrement accueilli ses bouquins avec enthousiasme, même si ces deux hommes semblent diamétralement opposés. Howard était un colosse large d'épaules ; sur les rares photos qui nous restent de lui, son visage est dénué de toute expression, hormis la méfiance ou la timidité. James Herbert est un homme de taille moyenne, mince, au visage mobile, franc et ouvert. Bien sûr, la principale différence entre nos deux lascars, c'est que Howard est mort alors que Herbert est bien vivant. Gag.

Les meilleurs textes de Howard – les aventures de Conan le barbare – se déroulent dans cette contrée mythique qu'est la Cimmérie, et dans un passé également mythique, essentiellement peuplé de monstres et de demoiselles en détresse et en petite tenue. Et Conan est toujours prêt à les secourir... contre monnaie sonnante et trébuchante. Les romans de Herbert sont fermement ancrés dans l'Angleterre d'aujourd'hui, leur action se situant le plus souvent à Londres ou dans la campagne du sud de cette ville. Howard a été élevé dans un milieu rural (il naquit et mourut dans un trou perdu du Texas baptisé Cross Plains) ; Herbert est né dans l'East End, un des quartiers les plus pauvres de Londres, ses parents étaient marchands des quatre-saisons, et son œuvre reflète une carrière bigarrée de chanteur de rock, de dessinateur et de publicitaire.

C'est au niveau du style – un terme prêtant parfois à confusion et que l'on pourrait définir comme « plan ou méthode d'attaque » – que Herbert rappelle le plus Howard. Dans ses romans d'horreur – *Les Rats*[237], *Fog*[238], *Le Survivant*[239], *La Lance*[240] et *Le Sombre*[241] –, Herbert ne se contente pas d'écrire ; tout comme le faisait Robert E. Howard, il chausse ses bottes de combat et part à l'assaut de son lecteur.

Permettez-moi par ailleurs de signaler que James Herbert et Ramsey Campbell ont un point commun de par la seule vertu de leur origine britannique : tous deux s'expriment dans une prose claire, lucide et grammaticalement correcte que seule une éducation anglaise semble capable d'instiller. On pourrait croire que la capacité à rédiger une prose correcte est le dénominateur commun de tous les romanciers publiés, mais c'est loin d'être vrai. Si vous ne me croyez pas, allez donc faire un tour dans une librairie américaine au rayon des livres de poche. Vous y trouverez un tel festival de fautes de grammaire, de syntaxe et de conjugaison que vos cheveux en deviendront blancs comme neige. On pourrait croire que les éditeurs et les correcteurs ont pour fonction d'évacuer ce genre d'atrocités des livres qui sont publiés, mais nombre d'entre eux semblent aussi illettrés que les écrivains dont ils tentent de nettoyer la prose.

Et en plus de commettre des fautes de grammaire, nombre d'auteurs de fiction semblent totalement incapables de rendre compréhensibles à leurs lecteurs des actions ou des opérations toutes simples. Cette lacune s'explique en partie par leur incapacité à visualiser lesdites actions et opérations ; un peu comme s'ils écrivaient les yeux mi-clos. Mais ils ont également négligé un des outils les plus fondamentaux de l'écrivain, à savoir le vocabulaire. Si vous avez l'intention d'écrire une histoire de maison hantée et si vous ne savez pas faire la différence entre un pignon et une corniche, une coupole et une tourelle, un panneau et un lambris, vous risquez d'avoir de sérieux problèmes.

Ne vous méprenez pas sur mon propos ; le livre d'Edwin Newman sur la dégénérescence de la langue anglaise m'a paru modérément distrayant mais aussi fort pénible et étonnamment snob, l'œuvre d'un homme qui préférerait ranger le langage dans un bocal hermétiquement scellé (à la façon d'un cadavre pomponné placé dans un cercueil de verre) plutôt que de le laisser sortir dans la rue pour aller bavarder avec les gens. Mais le langage a sa propre raison d'être. Les parapsychologues sont de fervents partisans de la perception extrasensorielle ; les psychologues et les neurologues nient farouchement son existence ; mais ceux qui aiment les livres et le langage savent que le texte imprimé est une forme de télépathie. Dans la plupart des cas, l'écrivain accomplit son œuvre en silence, transcrivant ses pensées en symboles formés de groupes de lettres séparés par des espaces blancs, et le lecteur travaille lui aussi en silence, lisant ces symboles et les transformant en pensées et en images. Le poète Louis Zukofsky (auteur entre autres d'un recueil intitulé *A*) affirmait que même la disposition des mots sur la page – renvois d'alinéas, ponctuation, fins de ligne en bout de paragraphe – avait un sens. « La prose est poésie », disait-il.

Sans doute que les pensées de l'auteur et celles du lecteur ne sont jamais exactement les mêmes, que les images que voit l'auteur et celles que voit le lecteur ne sont jamais identiques à cent pour cent. Nous ne sommes pas des anges, après tout, et le langage est souvent confus, comme peuvent en témoigner tous les poètes et tous les romanciers. Il n'existe pas un seul écrivain, je pense, qui ne se soit pas heurté une seule fois aux murailles du langage, qui n'ait pas une seule fois maudit l'introuvable mot juste. Des émotions telles que la peine et l'amour sont particulièrement difficiles à formuler, mais même une opération aussi simple que la conduite automobile peut présenter des difficultés quasiment insurmontables si on essaie de la décrire plutôt que de l'effectuer. Et si vous ne me croyez pas, tentez donc l'expérience suivante : rédigez un manuel d'instructions pour la conduite automobile, donnez-le à un de vos amis qui n'a pas le permis, et passez-lui le volant... mais consultez d'abord votre contrat d'assurance auto.

Chaque langage existant semble avoir été conçu dans certains buts précis ; si les Français ont acquis une telle réputation dans le domaine de l'amour, c'est peut-être parce que la langue française semble particulièrement apte à exprimer les sentiments (il n'existe pas de plus belle déclaration que « *Je t'aime* [242] »... mais aucune langue ne surpasse le français dans le registre de l'insulte). L'allemand est la langue de l'explication et de la clarification (mais c'est un langage des plus froids ; un groupe d'Allemands en train de discuter évoquent le bruit de machines-outils dans une usine). L'anglais est fort apte à exprimer la pensée et modérément apte à exprimer l'image, mais c'est une langue qui n'a rien de séduisant (même si, comme me l'a fait remarquer un de mes amis, l'anglais est capable de petits triomphes ; voir par exemple l'adorable euphonie d'une expression comme « *proctological examination* »). Mais l'anglais m'a toujours paru médiocrement doué pour exprimer les sentiments. Ni « *Why don't we go to bed together ?* »

ni sa variante plus décontractée « *Baby, let's fuck* » n'arrivent à la cheville de « *Voulez-vous coucher avec moi ce soir ?* [243] » Mais on fait ce qu'on peut avec ce qu'on a... et comme peuvent en attester les lecteurs de Shakespeare et de Faulkner, ce qu'on peut faire est parfois remarquable.

Les écrivains américains sont plus susceptibles de malmener le langage que nos cousins britanniques (même si je ne pense pas que l'anglais soit une langue moins dynamique que l'américain, le fait est que nombre d'écrivains britanniques ont la fâcheuse habitude de ronronner ; ils ronronnent sans faire la moindre faute de grammaire, mais ça n'empêche pas leur prose d'être un tantinet lénifiante), souvent à cause des méthodes d'éducation erratiques qu'ils ont subies durant leur enfance, mais les meilleurs écrivains américains sont capables d'une originalité désormais fort peu répandue dans la littérature britannique ; voir par exemple des auteurs aussi disparates que James Dickey[244], Harry Crews[245], Joan Didion[246], Ross Macdonald[247] et John Irving[248].

Campbell et Herbert écrivent tous deux dans une prose impeccable et typiquement anglaise ; leurs livres sont tirés à quatre épingles... mais ils sont loin d'exercer le même effet sur le lecteur.

James Herbert empoigne celui-ci à bras-le-corps plutôt que de l'aborder poliment ; il le saisit par les revers de sa veste et lui hurle au visage. Ce n'est pas une méthode d'attaque que l'on pourrait qualifier d'artistique, et personne ne la comparera avec celles de Doris Lessing[249] ou de V. S. Naipaul[250]... mais elle est efficace.

Fog (aucun rapport avec le film de John Carpenter portant le même titre) raconte les conséquences d'une explosion souterraine qui détruit un conteneur en acier enterré par le ministère de la Défense dans la campagne anglaise. Ce conteneur abritait un organisme baptisé le mycoplasme (un sinistre protoplasme qui évoquera peut-être au lecteur un obscur film japonais des années 50 intitulé *L'Homme H*[251]) qui ressemble à un brouillard jaune-vert. Tout comme la rage, cet organisme attaque le cerveau des animaux et des êtres humains touchés par le brouillard et les transforme en fous furieux. Certains des incidents impliquant des animaux sont particulièrement macabres ; un fermier est piétiné par ses vaches dans un pré envahi par le brouillard, et un boutiquier ivre qui ne semble éprouver de l'affection que pour ses pigeons voyageurs de compétition (en particulier un vétéran baptisé Claude) se fait crever les yeux par lesdits pigeons, qui ont traversé un banc de brouillard en regagnant Londres. Le misérable tombe du toit de son immeuble et s'écrase plusieurs étages plus bas.

Herbert ne travaille pas dans la dentelle et ne nous épargne aucun détail ; il semble en fait aborder chaque nouvelle atrocité avec une sorte de zèle jubilatoire. Un chauffeur de bus castre le professeur qui l'a jadis tourmenté avec une paire de cisailles ; plus tard, c'est un vieux braconnier, naguère pris la main dans le sac et corrigé par un propriétaire terrien, qui est touché par le brouillard et va rendre visite à son tortionnaire pour le clouer sur la table de sa salle à manger avant de l'achever à coups de hache. Un banquier peu sympathique est enfermé dans sa propre chambre forte, un prof de gym est battu à mort par ses élèves, et la scène la plus réussie du bouquin nous montre cent cinquante mille vacanciers et indigènes de Bournemouth marchant vers la mer tel un troupeau de lemmings.

Fog a été publié en 1975, trois ans avant la tragédie de Guyana, et nombre des épisodes de ce livre – en particulier celui de Bournemouth – semblent l'avoir anticipée. Le suicide collectif nous est décrit par les yeux d'une jeune femme du nom de Mavis Evers. Son amante vient de la quitter après avoir découvert les joies de l'hétérosexualité, et Mavis s'est rendue à Bournemouth afin de s'y suicider... une note ironique digne des EC Comics. Elle s'avance dans la mer, prend peur lorsque l'eau lui arrive à la poitrine, et décide de vivre quelque temps encore. Les courants manquent de l'emporter, mais à l'issue d'une brève et intense lutte, elle réussit à reprendre pied. Alors qu'elle se tourne vers le rivage, Mavis découvre un nouveau cauchemar :

Voici que par centaines, par milliers peut-être, des gens descendaient les marches qui menaient à la plage, et marchaient droit vers la mer !

Rêvait-elle ? [...] Toute une population marchait en rangs serrés vers la mer, sans bruit, les yeux fixés sur l'horizon comme si, de là-bas, on leur faisait signe. Les visages étaient blancs, comme en extase, à peine humains. Des enfants se mêlaient à la foule ; certains marchaient seuls, semblant n'appartenir à personne ; ceux qui ne pouvaient pas marcher étaient portés. Dans cette masse humaine, la plupart étaient en tenue de nuit, quelques-uns étaient nus : ils s'étaient levés de leur lit, comme pour répondre à un appel que Mavis n'avait pas perçu[252].

Rappelez-vous : ces lignes ont été écrites *avant* la tragédie de Guyana.

Peu de temps après celle-ci, j'ai entendu un commentateur affirmer d'une voix solennelle : « Même la plus fertile des imaginations macabres n'aurait pu concevoir un tel drame. » Je me suis alors rappelé cette scène de *Fog* et je me suis dit : « Erreur. James Herbert l'avait fait. »

Ils continuèrent sans rien entendre, sans rien voir. Elle se vit perdue, elle courut vers eux pour tenter de rompre ce mur, en vain : ils la refoulèrent, sourds à ses prières. A coups de poing, elle réussit à se faufiler entre leurs premiers rangs, mais dut renoncer, écrasée sous le nombre, repoussée vers la mer, la mer qui l'attendait.

Comme vous l'avez sans doute deviné, la pauvre Mavis a droit à son suicide, qu'elle le veuille ou non. Et en fait, ce sont des scènes de violence et d'horreur explicites comme celle que je viens de décrire qui ont valu à Herbert de subir de sévères critiques dans son pays. Il en avait tellement marre que les journalistes lui posent des questions du genre : « Ecrivez-vous de la violence par amour de la violence ? », m'a-t-il confié, qu'il a fini par éclater. « Oui, a-t-il répondu un jour. J'écris de la violence par amour de la violence, tout comme Harold Robbins écrit du sexe par amour du sexe, Robert Heinlein[253] de la science-fiction par amour de la science-fiction et Margaret Drabble[254] de la littérature par amour de la littérature. Sauf qu'on ne leur pose jamais ce genre de question, pas vrai ? »

Voici comment Herbert a eu l'idée d'écrire *Fog* : « Il m'est presque impossible de me rappeler d'où me viennent mes idées – disons plutôt qu'une idée donnée peut provenir de plusieurs sources. Mais si je me souviens bien, le germe de celle-ci m'est venu lors d'une réunion d'affaires. Je travaillais à l'époque dans une agence de publicité et je me trouvais dans le bureau de mon directeur artistique, un type plutôt sans relief. Et soudain, je me suis dit : "Que se passerait-il s'il se levait, allait près de la fenêtre, l'ouvrait et sautait dans le vide ?" »

Herbert a retourné cette idée dans sa tête, puis il s'est assis à son bureau et a écrit son bouquin, l'achevant au bout de huit mois en travaillant le soir et le week-end. « Ce que je préfère dans ce roman, dit-il, c'est qu'il n'a aucune limite en termes de structure ou de lieu. Il me suffisait d'en poursuivre l'écriture jusqu'à ce que l'intrigue parvienne à sa résolution. J'aimais bien travailler sur les personnages principaux, mais j'aimais aussi travailler sur les scènes isolées, car ça me permettait de partir dans une autre direction quand je me lassais de la ligne narrative principale. Le principe qui m'a guidé est le suivant : "Je vais écrire ce bouquin pour m'amuser. Je vais m'efforcer d'en faire le maximum ; de voir jusqu'où je peux aller trop loin. »

En termes de construction, *Fog* est clairement placé sous l'influence des films de Grosses Bêtes de la fin des années 50 et du début des années 60. Tous les ingrédients sont là : un savant fou qui manipule une substance sans la comprendre et se fait tuer par le mycoplasme qu'il a inventé ; des militaires qui testent des armes secrètes et déchaînent l'horreur sur le pauvre monde ; un « jeune savant héroïque », John Holman, que nous rencontrons alors qu'il sauve une petite fille tombée dans la fissure d'où est sorti le brouillard maléfique ; sa belle petite amie, Casey ; la classique équipe de savants qui évoquent « le système F100 » de dispersion du brouillard, qui regrettent que l'on ne puisse utiliser « le bioxyde de carbone qui profite si bien au mycoplasme » et qui nous informent que le brouillard est en réalité « un organisme pleuro-pneumonique ».

Ce vernis de science-fiction nous ramène en terrain connu, celui de films tels que *Tarantula*[255], *La Chose surgie des ténèbres*[256], *Des monstres attaquent la ville*[257] et bien d'autres ; mais nous avons conscience qu'il ne s'agit que d'un vernis, et le roman de Herbert n'a pas pour sujet l'origine ou la composition du brouillard maléfique mais bien ses effets franchement dionysiaques : le meurtre, le suicide, les déviations sexuelles et toutes sortes de comportements antisociaux. Holman, le héros, est notre porte-parole, le représentant d'un univers apollinien, et il faut remercier Herbert de l'avoir rendu plus intéressant que les héros des films de Grosses Bêtes d'antan, tels que les interprétaient William Hopper, Craig Stevens ou Peter Graves... sans parler de ce pauvre Hugh Marlowe dans *Les soucoupes volantes attaquent*[258], qui en était réduit dans le dernier tiers de ce film à ne plus prononcer que des répliques du genre : « Tirez sur la soucoupe ! » ou : « Continuez de tirer jusqu'à ce qu'elle s'écrase ! »

Néanmoins, l'intérêt que nous inspirent les aventures de Holman et les souffrances de son amie Casey (et si jamais elle guérit, comment réagira-t-elle en apprenant qu'elle a planté une paire de ciseaux dans le ventre de son père alors qu'elle était sous l'influence du brouillard ?) semble bien pâle comparé à la fascination morbide que nous ressentons en lisant l'épisode où une vieille dame se fait dévorer vive par ses chats ou encore celui où un pilote pris de démence écrase son 747 sur l'immeuble de bureaux où travaille l'amant de sa femme.

Je pense que la littérature populaire peut être divisée en deux catégories, que j'appellerai « fiction générale » et « *pulp* ». Cela fait belle lurette que les *pulps* – et en particulier les *shudder pulps*[259], dont *Weird Tales* était un des fleurons – ont disparu des kiosques, mais ils survivent dans le domaine du roman et les rayons de livres de poche en regorgent. Nombre de ces *pulps* modernes auraient été publiés en feuilleton dans les magazines américains de jadis s'ils avaient été écrits durant la période 1910-1950. Mais je ne pense pas que l'étiquette de *pulp* s'applique uniquement aux genres spécialisés, que ce soit l'horreur, le fantastique, la science-fiction, le polar ou le western ; Arthur Hailey[260], par exemple, me semble travailler dans une version moderne du registre *pulp*. Tous les ingrédients sont là, de l'inévitable violence à l'inévitable damoiselle en détresse. Les critiques qui tirent à boulets rouges sur Hailey sont les mêmes qui, hélas, divisent la fiction en deux catégories : la « littérature », dont les représentants doivent être jugés suivant leurs mérites, et la « littérature populaire », qui est forcément nulle, quels que soient les mérites de ses représentants (de temps en temps, ces critiques accordent une promotion sociale à des écrivains comme John D. MacDonald[261], les considérant comme des objets d'étude sans danger à présent qu'ils ne les jugent plus comme relevant de la « littérature populaire »).

En ce qui me concerne, je suis d'avis que la fiction peut être divisée en trois catégories : la littérature, la fiction générale et les *pulps*... et je pense en outre que cette taxinomie n'est qu'un point de départ pour le travail critique et non un jugement en soi. Dire qu'un roman relève du *pulp* ne veut pas forcément dire qu'il est mauvais, ni qu'il n'apportera aucun plaisir au lecteur. Certes, je suis le premier à admettre que la plupart des *pulps* ne valent pas tripette ; ne comptez pas sur moi pour défendre des nullités d'avant-guerre comme *Seven Heads of Bushongo* de William Shelton ou *Satan's Virgin* de Ray Cummings[262]*. Mais d'un autre côté,

---

* Voici une anecdote racontée par Erle Stanley Gardner[263] à propos de ce que l'écrivain Frank Gruber[264] appelait « la jungle des *pulps* ». Durant la Grande Dépression, Gardner écrivait des histoires de western à un penny le mot, qu'il publiait dans des revues comme *Western Round-Up*, *West Weekly* et *Western Tales* (dont le slogan était « Quinze nouvelles, quinze *cents* »). Gardner avoue qu'il avait l'habitude de faire traîner au maximum la scène finale du duel au revolver. Bien entendu, le méchant finissait par mordre la poussière et le bon

Dashiell Hammett a beaucoup œuvré pour les *pulps* (notamment pour l'extraordinaire *Black Mask*[265], au sommaire duquel figuraient aussi Raymond Chandler, James M. Cain[266] et Cornell Woolrich[267]) ; la première nouvelle de Tennessee Williams, une histoire vaguement lovecraftienne intitulée *La Vengeance de Nitocris*[268], fut publiée dans un des premiers numéros de *Weird Tales* ; Bradbury a percé grâce aux *pulps* ; et c'est aussi le cas de MacKinlay Cantor, qui a par la suite écrit *Andersonville*.

Condamner d'emblée les *pulps*, c'est comme si on qualifiait une jeune fille de traînée pour la seule raison que sa famille est peu recommandable. Et c'est ce que font encore aujourd'hui des critiques, spécialisés ou non, à la réputation pourtant flatteuse, ce qui me plonge dans la tristesse et la colère. James Herbert n'est pas un nouveau Tennessee Williams attendant le moment de sortir de son cocon pour devenir un des grands noms de la littérature contemporaine ; il est ce qu'il est et c'est tout ce qu'il est, comme dirait Popeye. Et je pense pour ma part qu'il est bon. Il y a quelques années, le romancier John Jakes a publié la saga historique de la famille Kent en l'honneur du bicentenaire de la révolution américaine. A cette occasion, il a déclaré que, si Gore Vidal[269] était la Rolls-Royce du roman historique, lui-même se considérait plutôt comme une Chevrolet Vega. Ce que sa modestie l'a empêché d'ajouter, c'est que ces deux voitures sont également capables de vous amener à destination ; le style de conduite ne regarde que vous.

pouvait regagner le saloon, les Colt.44 fumant et les éperons tintant, pour y boire un verre de salsepareille avant de repartir vers le soleil couchant, mais en attendant, chaque fois que Gardner écrivait « Bang ! », il gagnait un penny de plus... et en ce temps-là, le journal du matin ne coûtait que deux bang.

De tous les écrivains abordés dans ces pages, James Herbert est le seul à s'inscrire franchement dans la tradition des *pulps*. Ses spécialités sont les morts violentes, les affrontements sanglants, les relations sexuelles explicites et parfois perverses, les héros jeunes et virils et les femmes belles et sexy. Le principal ressort de ses intrigues est un problème clairement exposé, et le but desdites intrigues est essentiellement sa résolution. Et dans le contexte de son genre d'élection, Herbert est un écrivain des plus efficaces. Dès son premier roman, il a refusé de se contenter de personnages mal dessinés assimilables à des marionnettes ; la plupart d'entre eux ont des motivations crédibles qui permettent au lecteur de s'identifier à eux, voir par exemple cette pauvre Mavis et ses envies de suicide. « Elle désirait qu'ils sachent qu'elle s'était ôté la vie, songe Mavis avec un orgueil un peu pitoyable. Sa mort devait avoir un sens, si sa vie n'en avait pas eu. Même si Ronnie était la seule à vraiment comprendre ses raisons. » Ce n'est pas là ce qu'on appelle un portrait psychologique fouillé, mais cette notation remplit parfaitement le but que s'est fixé Herbert, et comme l'épisode de Mavis se conclut avec une ironie digne des meilleurs EC Comics, il nous apparaît comme encore plus crédible et nous pouvons ainsi partager le triomphe de Herbert. En outre, celui-ci n'a jamais cessé de s'améliorer. *Fog* est son deuxième roman ; les suivants dénotent des progrès continus et sensibles, et *La Lance* en particulier nous montre qu'il a quitté l'arène des *pulps* pour faire son entrée dans le champ plus vaste de la fiction générale.

Ce qui nous amène à Harlan Ellison[270]... et à toutes sortes de problèmes. Car dans son cas il est impossible de séparer l'homme de son œuvre. Si j'ai décidé de conclure ce bref et partiel exposé sur la littérature d'horreur moderne par l'œuvre d'Ellison, c'est parce que, bien qu'il réfute l'étiquette d'« écrivain d'horreur », il résume à mes yeux les meilleures qualités de ce terme. Et peut-être est-il obligatoire de conclure avec Ellison, car dans ses nouvelles de fantastique et d'horreur, il met le doigt sur toutes les choses qui nous horrifient et nous amusent (parfois en même temps) en ce bas monde tel qu'il est de nos jours. Ellison est hanté par la mort de Kitty Genovese[271] – un meurtre qu'il évoque dans sa nouvelle *Comme un gémissement de chien battu*[272] ainsi que dans nombre de ses essais – et par le suicide collectif de Guyana ; et il est convaincu que l'ayatollah Khomeyni a créé un rêve de pouvoir sénile dans lequel nous vivons tous désormais (un peu à la manière de ces personnages de conte fantastique qui finissent par comprendre qu'ils vivent à l'intérieur de l'hallucination d'un dément). Mais s'il me semble important de conclure avec Ellison, c'est surtout parce que celui-ci n'a jamais cessé d'évoluer ; cela fait une quinzaine d'années qu'il est aux avant-postes de notre genre d'élection, et s'il doit exister un fantastiqueur des années 80 (en supposant que celles-ci arrivent à leur terme, ha-ha), alors c'est sûrement à lui que ce rôle doit échoir. Il s'est toujours efforcé de provoquer la controverse par ses écrits – un écrivain de ma connaissance œuvrant dans le fantastique le considère comme une incarnation contemporaine de Jonathan Swift, tandis qu'un autre le traite régulièrement de « pauvre type sans une once de talent ». Harlan Ellison vit en permanence dans l'œil de ce cyclone et s'en porte comme un charme.

« Vous n'êtes pas un écrivain, m'a dit un jour un interviewer d'un air blessé. Vous êtes une véritable industrie. Comment voulez-vous qu'une personne sérieuse vous prenne au sérieux si vous persistez à sortir un livre par an ? » En fait, je ne suis pas une « véritable industrie » (ou alors c'est une industrie familiale) ; je travaille régulièrement, voilà tout. Un écrivain qui ne produit qu'un bouquin tous les sept ans ne consacre pas son temps à de profondes réflexions ; même un pavé ne nécessite au plus que trois ans de travail. Non, un écrivain qui ne produit qu'un bouquin tous les sept ans passe tout simplement son temps à glander. Mais ma propre fécondité – quelque importance qu'on lui attribue – pâlit à côté de celle d'Ellison, qui n'a jamais cessé d'écrire à un rythme soutenu ; à ce jour, il a publié plus d'un millier de nouvelles. Outre celles qui sont sorties signées de son nom, il en a écrit sous les pseudonymes suivants : Nalrah Nosille, Sley Harson, Landon Ellis, Derry Tiger, Price Curtis, Paul Merchant, Lee Archer, E. K. Jarvis, Ivar Jorgensen, Clyde Mitchell, Ellis Hart, Jay Solo, Jay Charby, Wallace Edmondson... et Cordwainer Bird*.

Le cas Cordwainer Bird illustre parfaitement l'esprit caustique d'Ellison et la colère que lui inspirent les œuvres de mauvaise qualité. Depuis le début des années 60, il a rédigé quantité de scénarios pour la télé, notamment pour *Alfred Hitchcock présente, Des agents très spéciaux, The Young Lawyers* et *Au-delà du réel,*

---

* Tous ces noms sont mentionnés dans la notice consacrée à Ellison par John Clute et Peter Nicholls dans *The Science Fiction Encyclopedia*. Le lecteur astucieux aura remarqué que « Nalrah Nosille » est une anagramme de Harlan Ellison. Parmi les autres pseudonymes cités, E. K. Jarvis, Ivar Jorgensen et Clyde Mitchell étaient des *house*

sans oublier *Contretemps*[274]*, un épisode de *Star Trek* que nombre de fans considèrent comme le meilleur de la série. Pendant qu'il écrivait ces scénarios télé – ce qui lui permit, fait sans précédent, de gagner à trois reprises le prix du meilleur script télé décerné chaque année par la *Writers Guild of America* –, Ellison se livrait à une lutte amère, une sorte de guérilla créative, avec les producteurs qui semblaient bien résolus à déprécier son travail ainsi que le média lui-même (à l'homogénéiser, comme il dit). Quand il estimait que son travail avait été si édulcoré qu'il ne souhaitait plus le signer de son propre nom, il lui substituait celui de Cordwainer Bird – un nom qui réapparaît dans sa nouvelle *L'Oiseau*[276], recueillie dans *Hitler peignait des roses*[277], une histoire

names. Dans le vocable des *pulps*, un *house name* était un écrivain totalement fictif et pourtant extraordinairement prolifique... en partie parce que plusieurs auteurs (parfois des douzaines) publiaient sous ce nom pour éviter de figurer deux fois au sommaire d'un même numéro. Si bien que « Ivar Jorgensen » publiait parfois des contes à tonalité ellisonienne quand c'était Harlan qui se dissimulait sous ce nom, et des histoires d'horreur dans la tradition des *pulps*, comme le roman *Rest in Agony*, quand ce pseudonyme abritait un autre auteur (Paul Fairman[273] au cas précis). Je me dois d'ajouter qu'Ellison a depuis cette époque reconnu la paternité de toutes ses œuvres parues sous pseudonyme et qu'il a publié uniquement sous son nom depuis 1965. « A l'instar d'un lemming, déclare-t-il, il faut toujours que je sois au premier rang. »

* Voici sans doute la note de bas de page la plus longue de toute l'histoire de l'édition, mais je ne résiste pas au plaisir de vous raconter deux histoires à propos de Harlan, la première apocryphe et la seconde rigoureusement authentique.

J'ai entendu la première histoire dans une librairie de science-fiction, et elle m'a été répétée à plusieurs reprises lors de diverses conventions : Paramount Pictures décide de réunir plusieurs Grands Maîtres de la Science-Fiction dans le cadre de la préparation du premier film de *Star Trek*. Le but de cette conférence : proposer des idées suffisamment cosmiques pour faire passer l'astronef *Enterprise* du

démente qui aurait pu être sous-titrée *Les Sept de Chicago chez Brentano's.*

Cordwainer est un mot de vieil anglais signifiant « cordonnier » ; si bien que le pseudonyme adopté par Ellison pour signer des scripts qu'il estime irréparablement pervertis signifie littéralement « celui qui fabrique des souliers pour les oiseaux [278] ». A mon sens, cette description correspond parfaitement à celle de la création télévisuelle et donne une excellente idée de son utilité.

Le but de ce livre n'est pas de raconter des ragots sur diverses personnes, pas plus que celui de ce chapitre n'est de vous offrir des confidences sur tel ou tel écrivain ; ce genre de boulot relève des magazines du genre *People* (que mon fils cadet, avec une acuité critique

petit au grand écran... et je veux des idées COSMIQUES, répétait avec insistance le bureaucrate chargé de diriger la conférence. Un écrivain suggère que l'*Enterprise* soit avalé par un trou noir (une idée que les studios Disney reprendraient à leur compte trois mois plus tard). Pas assez cosmique, décrète le bureaucrate. Un autre écrivain suggère que Kirk, Spock et compagnie découvrent un pulsar qui est en fait un organisme vivant. Toujours pas assez cosmique ; le bureaucrate rappelle aux écrivains réunis qu'il veut des idées COSMIQUES. Ellison reste assis en silence, en train de bouillir intérieurement... sauf que Harlan atteint d'ordinaire le point d'ébullition en cinq secondes. Finalement, il prend la parole. « L'*Enterprise*, dit-il, traverse une faille hyperspatiale, la grand-mère de toutes les failles hyperspatiales. En quelques secondes, l'astronef est transporté sur une distance de plusieurs millions d'années de lumière et se retrouve devant un immense mur gris. Ce mur marque la limite de l'univers. Scotty règle ses canons ioniques à l'intensité maximum et perce une brèche dans le mur pour voir ce qu'il y a derrière. Et voici qu'apparaît, baigné d'une lumière incandescente, le visage de Dieu Lui-Même. »

Bref silence. Puis le bureaucrate déclare : « Pas assez cosmique. Je vous ai pourtant dit que je voulais des idées COSMIQUES ! »

Alors, Harlan s'est tourné vers lui, lui a fait le geste de l'oiseau [275] (en l'honneur de Cordwainer Bird, sans doute) et s'est tiré.

Et voici, de la plume d'Ellison, la version fidèle de cet incident :

inconsciente, insiste pour rebaptiser *Pimple*[279]). Mais dans le cas de Harlan Ellison, l'homme et son œuvre sont si intimement mêlés qu'il est impossible de les dissocier.

Le livre dont j'ai l'intention de parler ici est un recueil de nouvelles intitulé *Hitler peignait des roses* (1978). Mais chacun des recueils d'Ellison semble un prolongement de ceux qui l'ont précédé – la façon qu'a Ellison de dire à ses contemporains : « C'est ici que j'en suis arrivé maintenant. » Si bien que je me vois obligé d'aborder ce bouquin sous l'angle personnel. C'est une contrainte qu'Ellison s'impose à lui-même, et bien que cela n'ait qu'une importance toute relative, son œuvre me l'impose également... et *ça*, c'est important.

« Ça faisait quelque temps que Paramount tentait de mettre le projet *Star Trek* sur les rails. Roddenberry était bien décidé à ce que son nom apparaisse comme celui du scénariste. [...] Le problème, c'est qu'il est incapable d'écrire une ligne correcte. La seule idée qu'il a jamais eue, et qu'il a resservie six ou sept fois dans la série avant de la replacer dans le film, c'est que l'équipage de l'*Enterprise* s'enfonce dans l'espace profond, y trouve Dieu, et que Dieu s'avère être un enfant, ou un fou, ou les deux. Avant 1975, on m'avait déjà contacté à deux reprises en vue de discuter d'un scénario. Certains de mes confrères avaient subi le même traitement. La direction de Paramount n'arrivait pas à se décider, et elle avait même tenté d'écarter Gene du projet, si bien qu'il avait dû faire intervenir ses avocats. Puis il y a eu une nouvelle révolution de palais chez Paramount, et Diller et Eisner ont quitté ABC pour y prendre le pouvoir, amenant avec eux une escouade de leurs... copains. Parmi ceux-ci se trouvait un ancien décorateur [...] nommé Mark Trabulus.

« Roddenberry a suggéré de m'engager comme scénariste alors que ce Trabulus était le dernier en date [...] des ignares à qui Paramount avait confié ce projet qui n'avançait pas. J'ai discuté avec Gene [...] d'une idée de scénario. Il m'a dit que la Paramount voulait des idées de plus en plus cosmiques et qu'aucune de celles qui leur avaient été suggérées ne leur semblait assez cosmique. J'ai préparé un synopsis, Gene l'a trouvé bon, et il a organisé une réunion avec Trabulus pour

L'œuvre d'Ellison est et a toujours été un tissu de contradictions. Il prétend ne pas être romancier, mais il a écrit au moins deux romans, et l'un d'eux, *Rockabilly* (par la suite retitré *Spider Kiss*), est l'un des deux ou trois meilleurs romans consacrés à l'univers cannibale de la musique rock. Il prétend ne pas écrire de fantastique, mais presque toutes ses nouvelles relèvent de ce genre. Dans *Hitler peignait des roses*, par exemple, nous rencontrons un écrivain dont les textes sont écrits par des *gremlins* quand il est en panne d'inspiration ; un brave jeune homme juif hanté par sa défunte mère (« Mom, pourquoi ne me fiches-tu pas la paix ? finit par supplier le brave jeune homme juif. – Je t'ai vu te tou-

le 11 décembre [1975]. Cette réunion a été annulée [...] mais on a fini par se voir le 15 décembre. N'étaient présentes que trois personnes, Gene, Trabulus et moi, et ça se passait dans le bureau de Gene.

« J'ai raconté mon histoire. L'*Enterprise* doit se rendre aux frontières de l'univers connu afin de remonter dans le temps, plus précisément durant le pléistocène, l'époque où l'homme a fait son apparition sur Terre. Je postulais l'existence d'une espèce reptilienne qui aurait pu devenir la forme de vie dominante sur Terre si les mammifères n'avaient pas pris le dessus. Je postulais aussi l'existence d'une intelligence extraterrestre provenant d'une lointaine galaxie où c'étaient les reptiles qui étaient devenus la forme de vie dominante, et je supposais qu'un de ces *aliens* reptiliens, ayant visité la Terre à l'époque de *Star Trek* et constaté que l'équivalent de ses ancêtres n'avait pu évoluer de façon "normale", remontait dans le temps afin de changer l'histoire de la Terre de façon à éliminer l'espèce humaine. L'équipage de l'*Enterprise* remonte donc dans le temps à son tour pour redresser la situation, retrouve l'extraterrestre et se retrouve confronté au dilemme suivant : Kirk et compagnie ont-ils le droit d'annihiler une forme de vie afin d'assurer leur domination territoriale dans notre présent et dans le leur ? Bref, une histoire embrassant la totalité de l'espace et du temps, avec en son cœur un problème de morale et d'éthique.

« Trabulus m'a écouté attentivement, puis est resté silencieux quel-

cher la nuit dernière », répond d'une voix peinée le spectre maternel).

Dans l'introduction de *Croatoan*[280], la plus terrifiante histoire de ce recueil, Ellison se déclare pour le libre choix en matière d'avortement, et cela fait vingt ans qu'il se déclare, dans ses nouvelles comme dans ses essais, comme libéral et libre-penseur*, mais *Croatoan* – ainsi que la majorité de ses nouvelles – est un récit d'une rigueur morale digne d'un prophète de l'Ancien Testament. Dans la plupart de ses nouvelles d'horreur pure, on respire plus qu'une bouffée des B.D. des EC Comics, à la conclusion desquelles le méchant était souvent puni par là où il avait péché... puni au centuple. Mais l'œuvre d'Ellison est imprégnée d'une ironie beaucoup plus acé-

quelques instants. Finalement, il a dit : "L'autre jour, j'ai lu un livre d'un nommé von Däniken, qui démontre que le calendrier maya était exactement identique au nôtre, ce qui prouve que ce sont des extraterrestres qui nous l'ont enseigné. Vous ne pourriez pas mettre quelques Mayas dans votre histoire ?"

« J'ai regardé Gene ; Gene m'a regardé ; il n'a pas dit un mot. Je me suis tourné vers Trabulus et je lui ai dit : "Il n'y avait pas de Mayas à l'aube des temps." Et il m'a répliqué : "Ce n'est pas grave, personne ne verra la différence. – Si, *moi*, je verrai la différence, j'ai répondu. C'est une idée stupide." Alors, Trabulus s'est fâché, il m'a dit qu'il aimait beaucoup les Mayas, et que si je voulais écrire ce film, j'avais intérêt à mettre des Mayas dedans. Et je lui ai dit : "Je suis un écrivain. Vous, je ne sais foutrement pas ce que vous *êtes* !" Puis je me suis levé et je me suis tiré. Ainsi s'est achevée ma collaboration au projet de film sur *Star Trek*. »

Quant à nous autres, pauvres mortels qui n'arrivons jamais à trouver les mots qu'il faut au moment où il faut, il ne nous reste qu'une seule chose à dire : « Bravo, Harlan ! »

* Anecdote ellisonienne n° 2 : Durant l'automne 1974, ma femme et moi avons assisté à une conférence donnée par Harlan à l'Université du Colorado. Il venait tout juste d'écrire *Croatoan*, le conte de terreur qui ouvre *Hitler peignait des roses*, et il avait subi une vasectomie deux jours plus tôt. « Je saigne encore, dit-il à l'assistance, et

rée, et elle donne rarement l'impression au lecteur que la justice a été rendue et l'équilibre restauré. Dans les nouvelles d'Ellison, il n'y a ni gagnants ni perdants. Il y a parfois des survivants. Et parfois non.

Croatoan utilise comme point de départ le mythe des alligators vivant dans les égouts de New York – voir aussi *V.* de Thomas Pynchon[281] et *Death Tour*[282] de David Michael, un petit bouquin aussi drôle qu'horrible ; il s'agit là d'un cauchemar urbain étrangement pervers. Mais le sujet de ce texte est en fait l'avortement. Ellison n'est peut-être pas contre l'avortement (d'un autre côté, il ne dit nulle part dans son introduction qu'il est *pour*), mais sa nouvelle est plus achevée et plus dérangeante que ce sinistre tract que les partisans du « droit à la vie » conservent sur eux de façon à vous le brandir au visage à la moindre occasion – je veux parler de ce texte censé avoir été rédigé par un bébé *in utero*. « Comme il me tarde de voir les fleurs et le soleil, s'enthousiasme l'innocent fœtus. Comme il me tarde de voir le visage souriant de ma mère... » Bien entendu, ce texte s'achève par la phrase suivante : « Hier soir, ma mère m'a tué. »

La première scène de *Croatoan* nous montre le protagoniste en train de jeter le fœtus avorté dans les toilettes. Les deux femmes qui ont débarrassé sa petite amie de ce fardeau encombrant sont reparties avec leurs instruments. Carol, la petite amie en question, flippe et exige que notre héros lui retrouve son fœtus. Désireux de la calmer, il sort armé d'une barre de fer,

mon amie ici présente peut en témoigner. » Ce que fit l'amie en question, et un couple de personnes âgées se dirigèrent vers la sortie de l'amphi, visiblement un peu choquées. Harlan leur lança un signe d'adieu depuis l'estrade. « Bonne soirée, les amis, dit-il. Désolé d'avoir déçu votre attente. »

soulève une plaque d'égout... et descend dans un autre monde.

Ce mythe de l'alligator des égouts est la conséquence directe d'une mode qui sévissait dans les années 50 et qui voulait qu'on offre des bébés alligators aux petits enfants – ne sont-ils pas adorables ? L'ennui, c'est qu'au bout de quelques semaines le bébé alligator grandissait, ses dents se faisaient pointues, et il finissait le plus souvent dans les toilettes. Et il ne semblait pas trop délirant de croire que ces bestioles réussissaient à survivre et à prospérer au sein des déjections de la ville, guettant le premier égoutier assez stupide pour s'aventurer dans leur domaine. Comme le fait remarquer David Michael dans *Death Tour*, la température régnant dans la plupart des conduites d'égout est bien trop basse pour permettre la survie d'un alligator adulte, sans parler des bébés sur lesquels on a tiré la chasse. Mais ce genre de fait, si irréfutable soit-il, ne suffit pas à faire disparaître une image aussi évocatrice... et je crois savoir qu'elle a inspiré un film en cours de production[283].

Ellison a toujours été un écrivain à tendance sociologique, et nous le sentons presque s'emparer de tous les prolongements symboliques de cette idée, si bien que lorsque le protagoniste est descendu au fond de ce purgatoire, il y découvre un mystère de type lovecraftien :

A l'entrée de leur domaine, quelqu'un – pas les enfants, ils n'auraient pas pu – a jadis placé un panneau de signalisation. C'est un vieux tronc pourri sur lequel on a fixé, sculptés dans du beau bois de merisier, un livre et une main. Le livre est ouvert et la main repose sur le livre, un doigt indiquant le seul mot gravé sur les pages ouvertes. Et ce mot est CROATOAN[284].

Le secret ne tarde pas à être percé. A l'instar des alligators du mythe, les fœtus ont survécu. On ne se débarrasse pas si facilement du péché. Habitués à nager dans le liquide amniotique, à leur façon aussi primitifs et reptiliens que les alligators, ils ont échappé à la mort et vivent désormais dans les ténèbres, dans les déjections que déverse sur eux le monde de la surface. Ils sont l'incarnation de ces maximes de l'Ancien Testament qui disent : « Le péché est immortel » et : « Veille à ce que ton péché ne te retrouve pas. »

Ici-bas, dans ce domaine souterrain, vivent les enfants. Ils vivent sans problèmes et d'étrange manière. Je commence à bien connaître leur incroyable mode de vie. Comment ils se nourrissent, ce qu'ils mangent, comment ils font pour survivre, et ce depuis plusieurs siècles – voilà ce que j'apprends jour après jour, allant de merveille en merveille.

Je suis le seul adulte ici.

Ils m'attendaient.

Ils m'appellent père.

A son niveau le plus simple, *Croatoan* est une histoire de vengeance. Son protagoniste est un sale type qui a déjà engrossé plusieurs femmes ; ce n'est pas la première fois que ses amies Denise et Joanna doivent pratiquer une I.V.G. sur une conquête de ce don Juan irresponsable (mais elles lui assurent que ce sera la dernière). Et il découvre que toutes les responsabilités dont il s'était défilé l'attendaient dans un coin sombre, aussi implacables que le cadavre pourrissant qui revient d'entre les morts pour punir son assassin dans les classiques des EC Comics[285] (voir par exemple *Horror We ? How's Bayou ?* dessiné par le grand Graham Ingels).

Mais le style d'Ellison est saisissant, sa maîtrise du

mythe des alligators des égouts complète, et son évocation du domaine souterrain merveilleuse. Et surtout, nous ressentons sa colère et son indignation – il semble toujours s'impliquer personnellement dans ses meilleures nouvelles, un peu comme s'il extirpait férocement une histoire de sa cachette plutôt que de se contenter de la raconter. Le lecteur a l'impression de fouler des éclats de verre en pieds de chaussettes, ou encore de traverser un champ de mines en compagnie d'un dément. Et il a aussi l'impression qu'Ellison lui délivre un sermon... pas d'une voix monocorde mais avec un organe de stentor qui évoque *Sinners in the Hands of an Angry God* de Jonathan Edwards[286]. Ses meilleures nouvelles sont assez puissantes pour abriter une morale en plus de leurs thèmes, et ce qu'il y a de plus surprenant et de plus gratifiant en elles, c'est qu'Ellison parvient à y faire passer son moralisme ; il ne lui arrive que rarement de céder son droit d'aînesse pour un plat de messages. Ça ne devrait pas marcher, mais la colère et l'indignation qui habitent Ellison lui permettent d'accomplir tout ce qu'il souhaite, et avec brio.

Dans *Hitler peignait des roses*, nous faisons la connaissance de Margaret Thrushwood, dont les souffrances font paraître ridicules celles de ce pauvre Job. Dans cette nouvelle, Ellison suppose – un peu à la façon de Stanley Elkin[287] dans *Au commencement était la fin* – que le sort qui nous attend dans l'au-delà est dicté par des considérations politiques : à savoir l'opinion qu'ont de nous nos contemporains. En outre, Ellison postule un univers où Dieu (ici un Dieu multiple, qui se conjugue au pluriel) est un poseur qui se préoccupe davantage de son image de marque que des concepts de bien et de mal.

L'amant de Margaret, un vétérinaire timide du nom de Doc Thomas, a massacré toute la famille Ramsdell en 1935 après avoir découvert que cet hypocrite de Ramsdell père (« Je ne tolérerai pas de prostituée sous mon toit », dit-il le jour où il surprend Margaret au lit avec Doc) se permettait de fricoter avec Margaret de temps à autre ; apparemment, Ramsdell définissait comme « prostituée » toute femme de mœurs légères le délaissant pour un autre partenaire.

Seule Margaret a survécu à la colère de Doc, et lorsque les bons citoyens de la ville l'ont découverte au milieu des cadavres, ils ont aussitôt conclu à sa culpabilité et l'ont jetée toute nue au fond d'un puits. Margaret a été envoyée en enfer pour le crime dont on l'a accusée, tandis que Doc, qui est mort dans son lit vingt-six ans plus tard, s'est retrouvé au paradis. Le paradis que décrit Ellison évoque également *Au commencement était la fin*. « Le paradis ressemble à un petit parc à thème », nous dit Elkin. Pour Ellison, c'est un lieu dont la beauté passable rachète – mais à peine – le vague mauvais goût. On remarque d'autres ressemblances ; dans les deux cas, les gens de bien – non, les *saints* ! – sont parfois envoyés en enfer suite à une erreur administrative, et même les dieux sont des êtres existentiels dans cette vision désespérée de la condition humaine contemporaine. La seule horreur qui nous soit épargnée est une vision du Tout-Puissant en chaussures Adidas, avec une raquette de tennis sur l'épaule et une cuillère à coke pendue à Son cou. Mais ça viendra, rassurez-vous.

Avant de sortir de cette comparaison, permettez-moi de remarquer que, si le roman d'Elkin a fait l'objet de nombreuses critiques, pour la plupart favorables, la nouvelle d'Ellison, publiée à l'origine dans *Penthouse* (un magazine qui n'est guère consulté par les amateurs de littérature), est passée quasiment inaperçue. C'est aussi le cas du recueil où elle a été reprise, d'ailleurs.

La plupart des critiques ignorent le fantastique, étant incapables de comprendre ce genre hors de ses manifestations ouvertement allégoriques. « J'ai choisi de ne jamais parler des ouvrages de fantastique, m'a déclaré un jour un critique travaillant occasionnellement pour le *New York Times Book Review*. Les hallucinations de dément ne m'intéressent pas. » C'est toujours gratifiant de rencontrer un esprit aussi ouvert. On se sent tout de suite meilleur.

Un incident imprévu permet à Margaret Thrushwood de s'échapper de l'enfer, et en décrivant de façon outrancière les augures qui annoncent ce cafouillage surnaturel, Ellison s'amuse à récrire le premier acte du *Jules César* de Shakespeare. L'humour et l'horreur sont les frères siamois de la littérature, et Ellison le sait. Nous éclatons de rire... non sans ressentir un certain malaise.

Au moment où le soleil ardent franchit l'équateur céleste dans sa marche du nord vers le sud, d'innombrables prodiges se révélèrent : un veau à deux têtes naquit dans le Dorset, près de la petite ville de Blandford ; des vaisseaux naufragés émergèrent de la fosse des Mariannes ; partout les yeux des enfants vieillirent et parurent très sages ; au-dessus de l'Etat de Maharashtra, aux Indes, des nuages prirent la forme d'armées en bataille ; des mousses lépreuses poussèrent sur le côté nord des mégalithes celtiques puis disparurent en quelques minutes ; en Grèce, les jolies petites giroflées se mirent à saigner et, autour d'elles, le sol des plates-bandes dégagea une odeur putride ; les seize mauvais présages énumérés par Jules César au premier siècle avant Jésus-Christ se manifestèrent tous, et en particulier : le sel et le vin se répandirent, les gens trébuchèrent et éternuèrent, les chaises craquèrent ; une aurore boréale, ou plutôt australe, apparut aux Maoris ; un cheval à cornes fut entrevu par des Basques dans les rues de Bilbao. Et d'innombrables autres augures...

Et la porte de l'enfer s'ouvrit.

Si ce passage nous réjouit particulièrement, c'est parce que nous y sentons Ellison en train de décoller, de s'amuser des effets et de l'harmonie de sa prose, de se dépasser en permanence. Parmi ceux qui profitent de l'ouverture de la porte pour fuir les enfers figurent Jack l'Eventreur, Caligula, Charlotte Corday, Edward Teach[288] (« la barbe encore hérissée mais avec des rubans charbonneux et décolorés [...] avec un rire hideux »), Burke et Hare[289], et George Armstrong Custer[290].

Tous sont récupérés, excepté Margaret Thrushwood, la version ellisonienne du personnage de Lizzie Borden. Elle parvient au paradis, y retrouve Doc Thomas pour une conversation à cœur ouvert... puis est renvoyée par Dieu dès que le séjour céleste commence à se détériorer à présent qu'elle a pris conscience de l'hypocrisie qui l'imprègne. La flaque d'eau dans laquelle Doc prend un bain de pieds s'emplit de lave lorsque Margaret traîne vers lui son corps carbonisé et couvert de cloques.

Margaret retourne en enfer, sachant qu'elle pourra supporter son sort alors que ce pauvre Doc, qu'elle réussit à aimer encore, en serait bien incapable. « Il y a des gens à qui on ne devrait pas permettre de prendre l'amour trop au sérieux », dit-elle à Dieu dans la meilleure réplique de la nouvelle. Pendant ce temps, Hitler est toujours affairé à peindre des roses près de la porte de l'enfer (trop absorbé par son travail, il n'a même pas eu l'idée de fuir lorsqu'elle s'est ouverte). Dieu jette un œil sur lui, nous dit Ellison, et « Ils allèrent sans le moindre délai décrire à Michel-Ange l'œuvre sublime qu'Ils venaient de contempler, dans l'endroit le plus invraisemblable qui se puisse imaginer ».

La grandeur qu'Ellison souhaite nous montrer ne se trouve pas, bien entendu, dans les roses de Hitler mais dans la capacité qu'a Margaret d'aimer et de continuer de croire (ne serait-ce qu'en elle-même) dans un monde où les innocents sont punis et les méchants récompensés. Comme dans la plupart de ses œuvres, l'horreur naît d'une injustice particulièrement criante ; cette horreur trouve son antidote dans des personnages qui réussissent à surmonter cette injustice ou, faute de mieux, à trouver avec elle un *modus vivendi*.

La plupart des nouvelles recueillies dans *Hitler peignait des roses* sont des fables – terme d'un emploi délicat en ces temps où le concept de littérature est perçu de façon simpliste –, et Ellison le proclame sans ambiguïté dans certaines des introductions qu'il a rédigées pour les accompagner. Dans une lettre datée du 28 décembre 1979, il discute de l'utilité de la fable dans un fantastique délibérément placé dans le contexte de notre monde moderne :

« *Hitler peignait des roses* exprime une nouvelle fois – je le vois bien avec le recul – la perception qui est la mienne et qui est que le réel et le fantastique ont changé de place dans notre société contemporaine. S'il y a un thème commun à toutes ces nouvelles, c'est bien celui-ci. Prolongement logique de mes deux précédents recueils, *Approaching Oblivion* (1974) et *Deathbird Stories* (1975), celui-ci tente de fournir au lecteur un genre de pré-continuum superposé dont l'usage et la compréhension lui permettront, même s'il ou elle ne se pose guère de questions sur son existence, d'appréhender sa vie et de comprendre son destin afin de le transcender.

« Voilà qui est bien prétentieux ; pour m'exprimer de façon plus simple, je veux dire que les événements quotidiens qui exigent notre attention sont si incroyables, si fantastiques, si improbables que seules les personnes à la lisière de la folie peuvent accepter l'avenir qui les attend*.

« Les otages de Téhéran, le kidnapping de Patty Hearst, la fausse biographie et la mort subséquente de Howard Hughes, le raid sur Entebbe, le meurtre de Kitty Genovese, le massacre de Guyana, l'alerte à la bombe survenue à Los Angeles il y a quelques années, le Watergate, l'étrangleur des collines, la famille Manson, la conspiration des pétroliers : autant d'événements mélodramatiques que tout le monde trouverait ridicules s'ils étaient évoqués dans une œuvre de fiction mimétique. Mais ils se sont bel et bien produits. Si vous ou moi avions écrit un roman sur l'un de ces sujets avant qu'il n'ait fait les titres des journaux, même le plus incompétent des critiques nous aurait submergés de ses quolibets.

« Je ne cherche pas à paraphraser le vieux cliché qui dit que la réalité dépasse la fiction, car je ne considère *aucun* de ces événements comme reflétant la "réalité" ou la "vérité". Il y a vingt ans, l'*idée* même de terrorisme international aurait été inconcevable. Aujourd'hui, c'est

---

* Ça me rappelle une histoire qui m'est arrivée lors de la *World Fantasy Convention* de 1979. Un journaliste de l'agence UPI m'a posé la sempiternelle question : « Pourquoi les gens lisent-ils de l'horreur ? » Je lui ai répondu un peu à la façon de Harlan : pour enfermer la folie dans un bocal afin de mieux l'accepter. Les gens qui lisent de l'horreur sont un peu tordus, ai-je poursuivi ; mais si on n'est pas un tant soit peu tordu, on n'arrivera jamais à accepter ce qui risque de nous tomber dessus lors du dernier quart du XXᵉ siècle. Le titre du télex d'UPI qui a été ensuite transmis à tous les journaux d'Amérique n'aurait pas dû me surprendre comme il l'a fait, et ça m'a appris à ne plus jamais employer de métaphores en présence d'un journaliste : KING DÉCLARE QUE SES FANS SONT TORDUS. Décidément, j'aurais mieux fait de la boucler.

une donnée. Un fait si banal que nous somme réduits à l'impuissance devant l'audace de Khomeyni. D'un coup, d'un seul, cet homme est devenu le personnage public le plus important de notre époque. En bref, il a manipulé la réalité tout simplement en faisant preuve de courage. Le paradigme parfait pour l'impuissance de notre temps ! Ce dément est l'exemple même d'un homme qui a compris – ne serait-ce que de façon sous-cutanée – que le monde réel était infiniment manipulable. Il a fait un rêve et il a obligé le reste du monde à vivre dans son rêve. Que ce rêve soit un cauchemar pour le reste de l'humanité, le rêveur s'en fiche. L'utopie des uns...

« Mais cet exemple de concentration mentale n'est hélas pas unique. Et c'est ce genre de démarche que je m'efforce d'adopter dans mes textes. Altérer la vie de tous les jours au moyen de la fiction.. [...] Et grâce à cette altération, grâce à l'insertion d'un élément fantastique paradigmatique, permettre au lecteur de percevoir d'une façon différente ce qu'il ou elle considère comme allant de soi dans son environnement. J'espère que ce *frisson*, cette petite prise de conscience, cette étincelle qui jaillira dans son esprit lorsqu'il ou elle découvrira le monde sous un nouvel angle, lui fera comprendre qu'il lui est possible d'altérer sa propre existence, à condition qu'il ou elle en ait le courage.

« Mon message est toujours le même : nous sommes l'être le plus élaboré, le plus ingénieux, le plus potentiellement divin que l'Univers ait jamais créé. Et chaque homme et chaque femme recèle en lui ou en elle la capacité de réordonner l'univers perçu en fonction de son propre dessein. Mes nouvelles parlent toutes de courage, d'éthique, d'amitié et de force d'âme. Elles le font parfois avec amour, parfois avec violence, parfois dans la douleur, le chagrin ou la joie. Mais elles délivrent toutes le même message : plus vous savez, plus vous pouvez. Ou, comme l'a dit Pasteur : "Le hasard favorise l'esprit averti."

« Je suis anti-entropie. Je suis un fervent partisan du chaos. Je passe ma vie, personnelle et professionnelle, à remuer la merde. Quand un type comme moi cesse d'être dangereux, on le qualifie de mouche du coche ; je préfère me considérer comme un fauteur de troubles, un mécontent, un desperado. Je me vois comme un mélange de Zorro et de Jiminy Cricket. Mes nouvelles vont dans le vaste monde pour y semer le souk. De temps à autre, un critique en prend ombrage et cherche à me dénigrer en ces termes : "Il écrit dans le seul but de choquer."

« Je hoche la tête en souriant. Exactement. »

Et nous constatons que les efforts déployés par Ellison pour « voir » le monde à travers le filtre du fantastique ne sont guère différents de ceux déployés par Kurt Vonnegut [291] pour le « voir » à travers les filtres de la satire, de la science-fiction (plus ou moins) et d'un genre de fadeur existentialiste (« Hi-ho... c'est la vie... que dites-vous de ça ? ») ; ou encore des efforts de Joseph Heller [292] pour le « voir » comme une tragi-comédie éternelle interprétée dans un asile de fous à ciel ouvert ; ou encore de ceux de Thomas Pynchon pour le « voir » comme la plus longue pièce absurdiste de la création (l'épigraphe ouvrant la deuxième partie de *L'Arc-en-ciel de la gravité* [293] provient du *Magicien d'Oz* : « J'ai l'impression que nous ne sommes plus dans le Kansas, Toto... » ; et je crois que Harlan Ellison serait d'accord avec moi pour dire que cela résume parfaitement la vie dans l'Amérique de l'après-guerre, entre autres choses). Le point commun entre ces écrivains, c'est que ce sont *tous* des fabulistes. En dépit de leurs styles et de leurs points de vue fort variés, tous écrivent des contes moraux.

Durant les années 50, Richard Matheson a écrit l'histoire aussi terrifiante que convaincante d'un succube moderne (un vampire sexuel femelle) [294]. En termes de choc et d'efficacité, c'est une des meilleures nouvelles que j'aie jamais lues. On trouve aussi un succube dans *Hitler peignait des roses*, mais dans *Les femmes solitaires sont les outres du temps* [295], le succube est bien plus qu'un vampire sexuel ; c'est un agent des forces morales, dont le but est de rétablir un équilibre en dérobant sa confiance en soi à une ordure qui adore lever des femmes seules dans les bars pour célibataires parce qu'elles sont pour lui des proies faciles. Le succube échange sa solitude contre la puissance sexuelle de Mitch, et quand ils ont fini de faire l'amour, elle lui dit : « Lève-toi, habille-toi, et fous le camp d'ici. » Cette nouvelle ne peut même pas être qualifiée de sociologique, en dépit de son vernis de sociologie ; c'est un conte moral, un point c'est tout.

Dans *Le Messager de Hamelin* [296], un enfant joueur de flûte fait son apparition sept cents ans jour pour jour après que tous les enfants ont disparu de cette bonne ville, prêt à interpréter le chant du cygne de l'humanité. L'idée développée ici par Ellison, à savoir que le progrès progresse de façon immorale, me paraît à la fois banale et hystérique, un mélange sans surprise de *La Quatrième Dimension* et de la génération « Peace and Love ». (On entend presque les haut-parleurs de Woodstock : « Et n'oubliez pas de ramasser vos déchets. ») L'enfant donne de son retour une explication simple et directe : « Nous voulons que chacun de vous cesse de faire des choses qui transforment cet endroit en mauvais lieu, sinon nous vous retirerons d'ici. » Mais les paroles qu'Ellison met dans la bouche de son narrateur journaliste pour amplifier cette idée sont un peu trop prêchi-prêcha à mon goût : « Cessez de recouvrir de matière plastique les terres verdoyantes, cessez de vous combattre, cessez d'assassiner l'amitié, ayez du courage, ne mentez pas, cessez de vous brutaliser les uns les autres... » Ces idées sont celles d'Ellison, et elles sont fort louables, mais je n'aime pas qu'on insère des placards publicitaires dans les histoires que je lis.

Je suppose que ce genre de faux pas – une pub enchâssée au cœur d'une histoire – est le plus grave des pièges guettant la « fiction fabuliste ». Et peut-être que le nouvelliste est plus vulnérable à ce piège que le romancier (encore que, quand c'est le romancier qui y succombe, le résultat soit encore plus consternant ; allez donc faire un tour dans une bibliothèque publique et feuilletez les romans commis durant les années 50 et 60 par le journaliste Tom Wicker – vos cheveux en deviendront blancs comme neige). Dans la plupart des cas, Ellison évite ce piège de justesse... ou y tombe volontairement à pieds joints, évitant d'y succomber par la force de son talent, par la grâce de Dieu ou par un mélange des deux.

Certaines des nouvelles recueillies dans *Hitler peignait des roses* ne peuvent pas être qualifiées de fables, et Ellison fait peut-être la meilleure démonstration de son talent quand il se contente de jouer avec le langage, n'allant pas jusqu'à produire des chansons achevées mais plutôt des lignes mélodiques empreintes de sentiment. Dans cette catégorie, on peut ranger une histoire comme *De A à Z dans l'alphabet chocolat*[297] (sauf que ce n'est pas vraiment une histoire ; plutôt une suite de fragments, tantôt narratifs, tantôt non, qui ressemblent davantage à des poèmes *beat*). Ce texte a été écrit dans la vitrine d'une librairie de Los Angeles baptisée *A Change of Hobbit,* dans des circonstances si embrouillées que même l'introduction rédigée par Ellison ne leur rend pas justice. Chacun de ces fragments fait des petits ronds dans l'eau de notre esprit, à la manière des bons poèmes brefs, et révèle chez son auteur un amour inspiré du langage qui va nous permettre de conclure notre exposé en beauté.

Le langage est un jeu pour la plupart des écrivains, tout comme les pensées elles-mêmes. Une histoire est pour eux l'équivalent d'une petite voiture montée sur ressorts qui fait un bruit si agréable quand on la fait rouler sur le plancher. Par conséquent, en guise de bouquet final, je vous propose *De A à Z dans l'alphabet chocolat*, la version ellisonienne de la main qui applaudit toute seule... un son que seuls les meilleurs écrivains de fantastique peuvent nous faire entendre. Mais avant cela, dans des buts de comparaison édifiante, je vous propose un bref extrait de l'œuvre de Clark Ashton Smith[298], un contemporain de Lovecraft bien plus proche de la condition de poète que Lovecraft n'a jamais pu l'être ; Lovecraft rêvait désespérément de devenir poète, mais la lecture de sa poésie ne suscite au mieux que deux commentaires : c'était un versificateur compétent et personne n'aurait pu confondre ses sujets d'inspiration avec ceux de Rod McKuen[299]. George F. Haas, le biographe de Smith, suggère que son meilleur livre est sans doute *Ebony and Crystal,* un recueil de poèmes, et votre serviteur aurait tendance à partager cet avis, même si les amateurs de poésie moderne risquent de fort peu goûter ce traitement conventionnel de sujets qui ne le sont pas. Mais je pense que Clark Ashton Smith aurait grandement apprécié *De A à Z dans l'alphabet chocolat.* Avant de vous citer deux extraits de ce texte, je vous présente un morceau choisi des carnets de notes de Smith, publiés il y a deux ans par Arkham House sous le titre *The Black Book of Clark Ashton Smith* :

Le visage de l'infini

Un homme redoute le ciel pour une raison indéfinie, et il s'efforce autant que possible d'éviter les grands espaces. Sur le point de mourir dans une chambre aux rideaux tirés, il se retrouve soudain dans une immense plaine nue sous [...] un ciel vide. Dans ce ciel, lentement, monte un visage infini et terrible auquel il ne peut échapper, tous ses sens s'étant mystérieusement fondus au sens de la vue. La mort, pour lui, est l'instant éternel durant lequel il fait face à ce visage, et il comprend pourquoi il a toujours craint le ciel.

Et maintenant, l'inquiétante jovialité de Harlan Ellison :

E comme ÉLÉVATEURS

Ils ne parlent jamais et il leur est impossible de croiser votre regard. Il y a aux Etats-Unis cinq cents gratte-ciel dont les ascenseurs descendent plus bas que le dernier sous-sol. Lorsque vous avez pressé le bouton du dernier sous-sol et que vous êtes arrivé à destination, il vous faut presser ce bouton deux fois encore. Les portes de l'ascenseur se refermeront, vous entendrez le déclic de certains relais spéciaux, et l'ascenseur descendra. Dans les cavernes. La chance n'a guère souri aux voyageurs occasionnels de ces cinq cents cages d'ascenseur. Ils ont pressé le dernier bouton une ou plusieurs fois de trop. Ils ont été capturés par ceux qui rôdent dans les cavernes et ils ont été... conviés. Maintenant ce sont eux qui font marcher les cages. Ils ne parlent jamais et il leur est impossible de croiser votre regard. Ils lèvent les yeux vers les numéros au moment où ils s'allument, puis ils montent et descendent, même après la tombée de la nuit. Leurs vêtements sont propres. Il y a une teinturerie spéciale qui les nettoie. Un jour, vous avez vu l'un d'eux, et ses yeux étaient pleins de cris. Londres est une ville garnie d'escaliers étroits et rassurants.

Et pour finir :

H comme HAMADRYADE
L'*Oxford English Dictionary* propose trois définitions de l'hamadryade. La première est : « Nymphe des bois qui vit et meurt dans son arbre. » La deuxième : « Serpent venimeux de l'Inde pourvu d'une capuche. » La troisième définition est improbable. Aucune de ces définitions n'évoque les origines mythiques du mot. L'arbre dans lequel vivait le Serpent était l'hamadryade. Eve a été empoisonnée. Le bois dont a été faite la croix était l'hamadryade. Jésus n'a pas ressuscité, il n'est jamais mort. L'arche a été construite avec des coupes de l'hamadryade. Vous ne découvrirez aucune trace du vaisseau au sommet du mont Ararat. Il a sombré. Dans les restaurants chinois, il faut éviter à tout prix les cure-dents.

Alors... vous l'avez entendu ? Le bruit d'une main qui applaudit ?

10

J'ai commencé ce chapitre – il y a de cela deux mois et cent vingt-quatre pages manuscrites – en déclarant qu'il me serait impossible de rédiger un panorama de la littérature d'horreur de ces trente dernières années sans écrire un livre entier sur le sujet, et je n'ai pas changé d'opinion. Tout ce que j'ai pu faire dans les pages qui précèdent, c'est mentionner quelques livres qui m'ont plu et, du moins je l'espère, vous indiquer les pistes vers lesquelles ces livres semblent conduire. Je n'ai pas abordé *Je suis une légende*, mais si j'ai réussi à vous donner envie de lire *L'Homme qui rétrécit*, probablement souhaiterez-vous poursuivre votre exploration de l'œuvre de Matheson, et vous retrouverez toutes ses qualités dans ce classique moderne de l'histoire de vampires : sa tendance à se concentrer sur un personnage isolé placé dans un grave danger, ce qui lui permet de se livrer à une étude de caractère des plus pointues, l'importance qu'il donne au courage face à l'adversité, sa maîtrise de la terreur sur fond apparemment prosaïque. Je n'ai pas abordé des écrivains comme Roald Dahl [300], John Collier [301] ou Jorge Luis Borges [302], mais si vous réussissez à lire tous les contes fantastiques et excentriques de Harlan Ellison disponibles en librairie, vous poursuivrez forcément par ces trois-là, et vous trouverez chez eux nombre des préoccupations qui obsèdent Ellison, en particulier l'étude de l'animal humain quand il se montre le plus abject, le plus vénal... ou le plus courageux, le plus sincère. Le roman qu'Anne Rivers Siddons a consacré à la possession domestique vous amènera peut-être à lire celui que j'ai écrit sur le même sujet, *Shining*, ou encore l'excellent *Notre vénérée chérie* de Robert Marasco [303].

Mais je ne peux vous indiquer au mieux que quelques directions. Pénétrer dans le monde de la littérature d'horreur, c'est s'aventurer, tel un petit hobbit [304], dans certaines passes dangereuses (où les seuls arbres qui poussent sont sûrement des hamadryades) et dans l'équivalent du Pays de Mordor [305]. C'est la contrée volcanique et enfumée du Seigneur ténébreux, et si les critiques qui l'ont vue de leurs yeux sont fort rares, les cartographes qui l'ont explorée sont plus rares encore.

La carte de cette contrée est composée en majorité d'espaces blancs... et c'est à mon avis tant mieux ; je laisse le soin de les remplir aux profs de lettres et aux étudiants qui pensent que la poule aux œufs d'or doit être disséquée et ses entrailles cataloguées ; à ces ingénieurs en travaux publics de l'imagination qui ne se sentent à l'aise dans la jungle littéraire si luxuriante (et probablement si dangereuse) que lorsqu'ils y ont bâti une autoroute faite de guides de lecture – et écoutez-moi bien, ouvrez grandes vos oreilles : tous les profs de lettres qui ont jamais commis un guide de lecture Cliff ou Monarch[306] devraient être traînés en place publique, écartelés et découpés en cent morceaux, lesdits morceaux étant ensuite séchés au soleil pour être revendus en guise de signets dans les librairies universitaires. Je laisse le travail de défrichage en profondeur à ces pharmaciens de la créativité qui n'ont de cesse que chaque histoire conçue pour captiver les lecteurs, tout comme nous avons tous été jadis captivés par l'histoire de Hansel et de Gretel, du Petit Chaperon rouge ou du Crochet, ne soit déshydratée et enfermée dans un bocal. C'est leur boulot – le sale boulot des disséqueurs, des ingénieurs et des pharmaciens – et je leur laisse, en espérant de tout mon cœur qu'Arachne les attrapera et les dévorera quand ils entreront dans la contrée du Seigneur ténébreux, ou que les visages qui hantent le Marais des Morts les hypnotiseront avant de les rendre fous en leur citant les œuvres de Cleanth Brooks[307] jusqu'à la consommation des siècles, ou encore que le Seigneur ténébreux lui-même les emprisonnera dans sa Tour pour l'éternité, à moins qu'il ne les jette dans les Crevasses du Destin, où des crocodiles d'obsidienne attendent de leur broyer le corps et de réduire au silence leurs voix prétentieuses et soporifiques.

Et s'ils évitent tous ces pièges, je leur souhaite de tomber dans les orties.

Ma tâche est accomplie, je crois bien. Mon grand-père m'a dit un jour que la meilleure carte est celle qui vous indique le nord et les points d'eau se trouvant sur votre route. Tel est le genre de carte que je me suis efforcé de vous dessiner. La rhétorique et la critique littéraire ne sont pas des formes que j'aime pratiquer, mais je suis capable de parler bouquins pendant... eh bien, pendant deux bons mois, ce me semble. Au milieu d'*Alice's Restaurant*[308], Arlo Guthrie déclare à son public : « Je pourrais jouer encore toute la nuit. Je ne suis ni fier... ni fatigué... » Je pourrais dire à peu près la même chose. Je ne vous ai pas parlé des livres que Charles Grant[309] a consacrés à la bonne ville d'Oxrun Station, ni des nouvelles que Manly Wade Wellman[310] a consacrées à John, le barde des Appalaches à la guitare aux cordes d'argent. Je n'ai que brièvement évoqué *Notre-Dame des Ténèbres* de Fritz Leiber (mais il y a dans ce livre, cher lecteur, une chose brun pâle qui hantera vos rêves). Il y en a des douzaines d'autres comme ça. Non, des *centaines*.

Si vous avez besoin qu'on vous indique d'autres directions – ou si vous n'en avez pas marre de parler bouquins –, jetez un coup d'œil à l'appendice de ce volume, où figurent une centaine de livres parus durant la période qui nous intéresse, des livres d'horreur qui sont tous excellents d'une façon ou d'une autre. Si vous découvrez tout juste ce domaine, vous avez de quoi vous occuper pendant au moins un an et demi. Dans le cas contraire, vous les avez sûrement presque tous déjà lus... mais au moins vous donneront-ils le nord tel que l'indique vaguement ma boussole personnelle.

CHAPITRE 10

La dernière valse –
Horreur et morale, horreur et magie

1

« Oui, mais vous gagnez votre vie en exploitant les craintes des gens. Comment vous justifiez-vous ? »

2

Les policiers ont été alertés par un voisin qui a entendu des bruits de lutte. En entrant dans la maison, ils découvrent un véritable bain de sang... et quelque chose de bien pire. Le jeune homme avoue d'une voix posée qu'il a tué sa grand-mère avec une barre de fer et lui a tranché la gorge.

« J'avais besoin de son sang, déclare-t-il aux policiers. Je suis un vampire. Si je n'avais pas bu son sang, je serais mort. »

Dans sa chambre, les policiers trouvent des coupures de presse, des bandes dessinées et des romans, tous consacrés aux vampires.

3

Jusque-là, le déjeuner se passait bien et j'en étais reconnaissant au journaliste du *Washington Post*. La veille, je me trouvais à New York, première des douze étapes de la tournée de promotion de mon roman *Dead Zone*[1], où mon éditeur Viking donnait un cocktail de lancement à *Tavern on the Green*, un immense restaurant de style rococo situé tout près de Central Park. Je m'étais efforcé de boire avec modération lors de ce cocktail, mais j'avais quand même éclusé huit ou neuf bières, auxquelles étaient venues se rajouter les six ou sept canettes que m'avaient offertes des copains du Maine lors de la soirée entre amis qui avait suivi. J'avais quand même réussi à me réveiller à cinq heures moins le quart pour prendre le vol de six heures à destination de Washington, où j'étais attendu à sept heures pour parler de mon bouquin à la télé. La rançon de la gloire.

J'avais embarqué à l'heure dite, puis je m'étais mis à réciter un chapelet invisible dès que l'avion avait décollé en pleine tempête (mon voisin, un homme d'affaires obèse, avait passé le trajet à lire le *Wall Street Journal* et à croquer des pilules contre les maux d'estomac comme si c'étaient des *toffees*), arrivant aux studios dix minutes avant le début de l'émission AM *Washington*. L'éclat des projecteurs avait aggravé ma légère migraine, et je n'avais commencé à me détendre que lorsque j'avais retrouvé ce journaliste du *Washington Post*, dont les questions s'avéraient intéressantes et relativement peu menaçantes. Et puis voilà qu'il me lance à brûle-pourpoint cette remarque provocatrice. Le journaliste, un homme jeune et efflanqué, me regardait de ses yeux pétillants au-dessus de son sandwich.

Nous sommes dans l'Ohio, en 1960, et un jeune homme solitaire vient de quitter le cinéma où il a vu Psychose *pour la cinquième fois. Il rentre chez lui et tue sa grand-mère à coups de couteau. Le médecin légiste dénombrera plus de quarante blessures distinctes.*

Pourquoi ? demandent les policiers.

A cause des voix, répond le jeune homme. Ce sont des voix qui m'ont dit de faire ça.

5

« Ecoutez, j'ai dit en reposant mon sandwich. Considérez un psychiatre exerçant dans une grande ville. Il a une superbe maison en banlieue, une maison qui vaut au moins cent mille dollars. Il conduit une Mercedes-Benz, de couleur tabac ou gris argenté. Sa femme conduit un break Country Squire. Ses enfants fréquentent une école privée durant l'année scolaire et ils séjournent chaque été dans un bon camp de vacances de la Nouvelle-Angleterre. Son fils est sûr d'entrer à Harvard si ses notes le lui permettent – l'argent ne pose pas problème – et sa fille ira dans une fac cotée dont la devise est : "Nous ne conjuguons pas, nous déclinons." Et comment gagne-t-il l'argent nécessaire au financement de toutes ces merveilles ? En écoutant des femmes qui se lamentent sur leur frigidité, des hommes qui lui confient leurs pulsions suicidaires, des paranoïaques de toutes sortes et même parfois un ou deux authentiques schizophrènes. Il traite des personnes qui, dans leur immense majorité, sont mortes de trouille à l'idée que leur vie est foutue et que les choses se déglinguent autour d'elles... et si ce n'est pas gagner sa vie en exploitant les craintes des gens, alors je ne vois vraiment pas ce que c'est. »

J'ai repris mon sandwich et j'en ai mordu une bonne bouchée, persuadé que si je n'avais pas vraiment répondu à cette question provocatrice, j'avais au moins réussi à la détourner de façon satisfaisante. Mais lorsque j'ai levé les yeux, le petit sourire qui éclairait le visage du journaliste s'était éteint.

« Il se trouve, dit-il, que je suis en analyse. »

6

Janvier 1980. La jeune femme a longuement consulté sa mère au sujet de son bébé de trois mois. Il ne cesse pas de brailler. Il braille tout le temps. Les deux femmes déterminent l'origine de ce problème : le bébé est possédé par un démon, comme la petite fille dans L'Exorciste. *Elles versent de l'essence sur le bébé, qui braille toujours dans son berceau, et y mettent le feu pour en chasser le démon. Le bébé survit pendant trois jours au service des grands brûlés. Puis il décède.*

L'article du journaliste s'avéra finalement plutôt objectif ; il émettait quelques remarques déplaisantes sur mon aspect physique, mais ce n'était pas sans raisons – j'étais particulièrement peu soucieux de ma personne durant cet été 1979 – et je pense néanmoins avoir été relativement bien traité. Mais en lisant attentivement sa prose, on sent à quel instant nos routes divergent ; comme si on entendait le bruit que font deux idées en se séparant pour courir dans des directions opposées.

« On a l'impression que King adore ce genre de joute verbale », écrit-il.

Boston, 1977. Une femme est tuée par un jeune homme avec une quantité invraisemblable d'ustensiles de cuisine. Les enquêteurs supposent que cette idée lui a été inspirée par un film – Carrie, *de Brian De Palma, d'après le roman de Stephen King. Dans ce film, Carrie cloue sa mère au mur en projetant à l'autre bout de la pièce toutes sortes d'ustensiles de cuisine – parmi lesquels un tire-bouchon et un épluche-légumes.*

Pendant plus de dix ans, les chaînes de télévision américaines ont résisté aux groupes de pression déterminés à bannir toute violence du petit écran, ainsi qu'aux innombrables commissions d'enquête formées par le Sénat et la Chambre des représentants afin d'étudier ce problème. Même après les assassinats de John Kennedy, de Robert Kennedy et de Martin Luther King, les détectives privés ont continué de dégainer leurs pétards et de recevoir des coups de matraque sur la tête ; tous les soirs de la semaine, y compris le dimanche, il suffisait de changer de chaîne pour avoir sa dose de carnage. La guerre du Viêt-nam suivait tranquillement son cours, merci pour elle ; la liste des morts et des disparus s'allongeait inexorablement. Les pédopsychiatres affirmaient que après avoir regardé deux heures de violence à la télé, les enfants manifestaient une agressivité accrue au cours de leurs jeux – ils tapaient leurs petites voitures sur le plancher plutôt que de les faire rouler dessus, par exemple.

10

Los Angeles, 1969. Janis Joplin, qui mourra peu après d'une overdose, chante à pleins poumons Ball and Chain. *Jim Morrison, qui mourra d'une crise cardiaque dans une baignoire, chante « Kill, kill, kill, kill » à la fin d'une chanson intitulée* The End *– Francis Ford Coppola l'utilisera dix ans plus tard en fond sonore du prologue d'*Apocalypse Now. Newsweek *publie la photo d'un soldat*

américain au sourire timide brandissant une oreille cou-
pée. Et dans la banlieue de Los Angeles, un petit garçon
crève les yeux de son frère avec ses doigts. Il voulait seu-
lement imiter les Three Stooges *qui font ça dans leurs*
films, explique-t-il en sanglotant. Quand ils font ça à la
télé, personne n'a jamais mal.

11

Mais on voyait toujours de la violence à la télévision, même après que Charles Whitman[2] fut monté sur la Texas Tower avec son fusil (« Il y avait une rumeur/Sur une tumeur/Nichée au fond de son cerveau... » chantaient Kinky Friedman[3] and the Texas Jewboys), et ce qui a fini par la tuer, ce qui a engendré la décennie des *sitcoms* que furent les années 70, c'est un événement d'une importance négligeable comparé à l'assassinat d'un président, d'un sénateur ou d'un grand défenseur des droits civiques. Les dirigeants des chaînes ont été obligés de réviser leur position parce qu'une jeune fille est tombée en panne d'essence à Roxbury.

Malheureusement pour elle, elle avait un bidon dans son coffre. Elle l'a fait remplir dans une station-service, et alors qu'elle regagnait sa voiture, elle a été agressée par une bande de jeunes Noirs qui lui ont pris son bidon, l'ont aspergée d'essence et – tout comme la jeune femme et sa mère qui cherchaient à chasser le démon du bébé – ont mis le feu à ses vêtements. Elle est décédée quelques jours plus tard. Les jeunes voyous ont été arrêtés, et on leur a posé la question banco : qu'est-ce qui vous a donné une idée aussi horrible ?

La télé, ont-ils répondu. Le film qui passait sur ABC.

Vers la fin des années 60, Ed McBain[4] (qui publie aussi sous le nom d'Evan Hunter) a écrit un des meilleurs romans de sa série du 87e District. Ce roman s'intitule *La Rousse*[5] et décrit les agissements d'une bande d'adolescents qui aspergent les clochards d'essence et y mettent le feu. L'adaptation cinématographique de ce roman, *Les Poulets*[6], que Steven Scheuer décrit dans son précieux guide *Movies on TV* comme une « comédie écervelée », est interprétée par Burt Reynolds et Raquel Welch. Lors de la scène la plus comique de ce film, plusieurs flics déguisés en bonnes sœurs se lancent à la poursuite d'un suspect, retroussant leurs robes pour révéler de lourdes grolles. Qu'est-ce qu'on rigole.

Le roman de McBain n'a rien de rigolo. C'est une œuvre d'une noire beauté. Jamais McBain n'a brossé un portrait plus réaliste de la condition de policier que dans ce livre, à la fin duquel Steve Carella[7], déguisé en clochard, est à son tour la proie des flammes. Les producteurs qui ont acheté les droits de ce bouquin y ont vu un mélange de *M*A*S*H*[8] et de *La Cité sans voiles*[9], et leur produit fini est aussi peu mémorable qu'un lancer de Tracy Stallard... sauf que c'est grâce à une balle lancée par Stallard que Roger Maris[10] a battu un jour son record à Fenway Park. Et c'est ainsi que *Les Poulets*, ce film aussi mal fichu que mal inspiré, a sonné le glas de la violence à la télé.

Verdict ? C'est vous les responsables. Et les dirigeants des chaînes ont accepté ce verdict.

12

Un beau jour, un critique demanda à Sir Alfred Hitchcock : « Comment justifiez-vous la violence de la scène de la douche dans Psychose *?*

*– Comment justifiez-vous la première scène d'*Hiroshima, mon amour[11] *?* », *aurait répliqué Hitchcock. Dans cette scène, qui semblait bien scandaleuse pour l'Amérique de la fin des années 50, on voit Emmanuelle Riva et Eiji Okada s'étreignant dans le plus simple appareil.*

« Cette scène est nécessaire à l'intégrité du film, répondit le critique.

– C'est aussi le cas de la scène de la douche dans Psychose », *dit Hitchcock.*

13

Quelle est à cet égard la part de responsabilité de l'écrivain – et en particulier de l'écrivain d'horreur ? Pas un seul des auteurs ayant œuvré dans ce genre (excepté peut-être Shirley Jackson) n'a été considéré sans une certaine méfiance. Cela fait plus de cent ans que l'on remet en question la moralité de la littérature d'horreur. *Varney the Vampire*[12], un des précurseurs les plus sanglants de *Dracula*, fut à son époque qualifié de « *penny dreadful* ». Par la suite, l'inflation devait transformer les *penny dreadfuls* en *dime dreadfuls*[13]. Durant les années 30, certains prétendirent que des *pulps* comme *Weird Tales* et *Spicy Stories* (dont les couvertures étaient souvent ornées de scènes sadomaso où des jolies filles en petite tenue étaient menacées par des créatures de la nuit bestiales mais de sexe indubitablement masculin) exerçaient une influence néfaste sur la jeunesse américaine. Et durant les années 50, les éditeurs de bandes dessinées causèrent la disparition des EC Comics et instituèrent un *Comics Code*[14] quand il devint évident à leurs yeux que le Congrès était prêt à faire le ménage chez eux s'ils ne se chargeaient pas de cette tâche. Finies les histoires de dépeçage, de cadavres revenus d'entre les morts et d'enterrements prématurés – du moins pour un temps. Leur retour fut signalé par la naissance discrète de *Creepy*[15], un magazine publié par la firme Warren qui faisait explicitement référence aux EC Comics de William Gaines. L'Oncle Creepy et le Cousin Eerie, qui fit son apparition deux ans plus tard, se substituèrent sans peine à la Vieille Sorcière et au Gardien de la crypte[16]. Et on retrouvait même certains dessinateurs de l'âge d'or des EC Comics – si mes souvenirs sont bons, Joe Orlando[17], qui fit ses premières armes dans l'écurie de Gaines[18], figurait au sommaire du premier numéro de *Creepy*.

A mon humble avis, on a toujours eu tendance, surtout en ce qui concerne des formes aussi populaires que le cinéma, la télévision et ce que j'ai appelé plus haut la « fiction générale », à tuer le messager quand le message est déplaisant. Je ne doute pas et je n'ai jamais douté que ces crétins de Roxbury s'étaient inspirés des *Poulets* pour commettre leur crime ; mais si ce film n'avait pas été diffusé à la télé, leur stupidité et leur manque d'imagination les auraient certainement réduits à tuer cette malheureuse jeune fille d'une façon plus banale. *Idem* pour les autres cas que j'ai rappelés dans les pages qui précèdent.

La danse macabre est une valse avec la mort. Nous ne pouvons pas nous permettre de nier cette vérité. A l'instar des attractions foraines qui font référence à la mort violente, l'histoire d'horreur nous donne la possibilité de voir ce qui se passe derrière des portes que nous maintenons d'ordinaire fermées à double tour. Car l'imagination humaine ne se satisfait jamais d'une porte fermée. Notre partenaire nous attend derrière cette porte, murmure-t-elle – une femme vêtue d'une robe de soirée pourrissante, aux orbites vides, aux gants couverts de moisissure, aux rares cheveux grouillants de vers. Tenir une telle créature entre nos bras ? Qui serait assez fou pour avoir une pareille idée ? me demandez-vous. Qui ?...

« Tu ne voudras pas ouvrir cette porte, dit Barbe-Bleue à son épouse dans la plus horrible de toutes les histoires d'horreur, car ton mari te l'interdit. » Mais ceci ne fait qu'exciter sa curiosité... laquelle finit par être satisfaite.

« Vous pouvez aller où vous le désirez dans ce château, dit le comte Dracula à Jonathan Harker, sauf dans les chambres fermées à clé et où, bien entendu, vous ne voudriez pas pénétrer. » Mais Harker finit par aller dans ces chambres.

Et nous faisons la même chose. Si nous franchissons la porte ou la fenêtre interdites, c'est peut-être parce que nous savons qu'il viendra un moment où nous devrons le faire, que ça nous plaise ou non... et pas simplement pour jeter un coup d'œil derrière, mais pour y être précipités. Pour l'éternité.

Baltimore, 1980. La jeune femme attend son autobus en bouquinant. Le soldat démobilisé qui l'aborde est un vétéran du Viêt-nam qui consomme parfois de la drogue. Il souffre de troubles mentaux datant de son service militaire. La jeune femme l'a déjà remarqué dans le bus : il lui arrive parfois d'agiter les bras, de vaciller sur ses jambes ou encore de parler à des gens qu'il est le seul à voir. « C'est ça, capitaine ! crie-t-il parfois. C'est ça, c'est ça ! »

L'ex-soldat agresse la jeune femme qui attend son bus ; plus tard, les policiers supposeront qu'il avait besoin d'argent pour se procurer de la drogue. Aucune importance. Quel qu'ait été son but, il l'aura conduit à la mort. Le quartier où se passe cette scène est dangereux. La jeune femme a dissimulé un couteau sur sa personne. Elle s'en sert au cours de la lutte. Quand l'autobus arrive, le cadavre du vétéran gît dans le caniveau.

Quel livre lisiez-vous ? demande à la jeune femme un journaliste curieux ; elle lui montre Le Fléau *de Stephen King.*

Une fois qu'on a débarrassé leurs déclarations de leur vernis sémantique, les adversaires des histoires d'horreur (ou ceux qui ont tout simplement honte de les aimer) semblent nous dire la chose suivante : vous vendez la mort, la mutilation et la monstruosité ; vous exploitez la haine et la violence, le mépris et la morbidité ; vous n'êtes qu'un représentant des forces du chaos qui mettent notre monde en danger.

Bref, vous êtes immoral.

Après la sortie de *Zombie*, un critique demanda à George Romero s'il pensait que son film, où abondaient les scènes d'horreur, de violence et de cannibalisme, témoignait d'une société en bonne santé. En guise de réponse, Romero, faisant preuve d'autant d'esprit que Hitchcock dans l'anecdote rapportée plus haut, demanda au critique s'il pensait que la chaîne de montage des moteurs du DC-10 témoignait d'une société en bonne santé. Le critique jugea cette réponse évasive (je l'entends presque penser : « On a l'impression que Romero adore ce genre de joute verbale. »).

Eh bien, regardons ça d'un peu plus près, et creusons un peu plus la question, si vous le voulez bien. Il commence à se faire tard, l'orchestre joue la dernière valse, et si nous ne disons pas certaines choses maintenant, je pense que nous ne les dirons jamais.

Je me suis efforcé de suggérer dans ce livre que l'histoire d'horreur, sous son masque velu et plein de dents, est en fait aussi conservatrice qu'un Républicain de l'Illinois en costume trois-pièces ; que son but est avant tout de réaffirmer les vertus de la norme en nous montrant le sort funeste réservé à ceux qui s'aventurent dans les territoires tabous. La plupart des histoires d'horreur reposent sur un code moral si rigide qu'il ferait sourire un puritain. Dans les EC Comics, les époux infidèles étaient toujours punis et les assassins subissaient un châtiment à côté duquel une séance de torture ressemblerait à une partie de plaisir*. En fin de compte, les

---

* Mon histoire préférée (dit-il affectueusement) : Un mari enragé fourre le tuyau d'un compresseur dans la gorge de sa femme maigre à faire peur et la gonfle comme un ballon jusqu'à ce qu'elle explose.

histoires d'horreur contemporaines ne sont guère différentes des contes moraux des XVe, XVIe et XVIIe siècles. Non seulement ce sont de farouches partisans des Dix Commandements, mais en outre elles les hurlent à pleins poumons plutôt que de les réciter d'une voix de stentor. Quand les lumières s'éteignent dans le cinéma, ou quand nous ouvrons les pages du livre, nous savons parfaitement que les méchants seront punis, œil pour œil et dent pour dent, et cela nous rassure

Je suis allé jusqu'à utiliser une métaphore universitaire plutôt prétentieuse, suggérant que l'histoire d'horreur décrit l'irruption d'une démence dionysiaque dans un univers apollinien, et que l'horreur persiste jusqu'à ce que les forces dionysiaques aient été repoussées et la norme apollinienne restaurée. Si l'on fait abstraction de son prologue impressionnant mais incompréhensible se déroulant en Irak, *L'Exorciste* de William Friedkin débute en fait à Georgetown, banlieue apollinienne s'il en fut. Dans la première scène, Ellen Burstyn est réveillée par un rugissement provenant du grenier – on dirait que les lions sont lâchés là-haut. C'est la première fêlure dans l'univers apollinien ; bientôt va s'y déverser tout un torrent de cauchemars maléfiques. Mais cette fêlure donnant sur un monde chaotique où les démons sont capables de posséder une enfant innocente finit par être refermée à la conclusion du film. Lorsque vient la scène finale, où Burstyn conduit vers sa voiture une Linda

« Enfin bien en chair », exulte-t-il un instant avant qu'elle fasse *boum*. Mais un peu plus tard, ledit mari, qui est aussi obèse que Jackie Gleason, tombe dans un piège tendu par sa moitié, et il est aplati comme une crêpe par un énorme coffre-fort. Cette version ingénieuse du vieux conte de Jack Sprat et de son épouse n'est pas seulement d'une répugnante drôlerie ; c'est aussi un parfait exemple de la loi du talion en action [19]. Ou encore, comme le dit le proverbe espagnol : La vengeance est un plat qui se mange froid.

Blair pâle mais de toute évidence guérie, il est clair à nos yeux que le cauchemar est terminé. Le *statu quo* a été rétabli. Nous avons réussi à bouter le mutant hors de notre monde. Jamais l'équilibre ne nous a paru aussi parfait.

Telles sont certaines des idées que nous avons examinées dans ce livre... mais s'il ne s'agissait que de faux-semblants ? Je ne veux pas dire que tel est effectivement le cas, mais (puisque nous dansons la dernière valse) peut-être devrions-nous au moins envisager cette possibilité.

Quand nous avons discuté des archétypes, nous avons mentionné celui du Loup-Garou, cet être tantôt horriblement velu et tantôt trompeusement lisse. Et s'il existait un Loup-Garou à double détente ? Le créateur d'histoires d'horreur, comme nous l'avons dit, est sans doute un Républicain en costume trois-pièces sous son masque velu et plein de dents... mais supposez que son apparence d'agent de la norme dissimule en fait un *véritable* monstre, une créature pourvue d'authentiques crocs et d'un nid de serpents en guise de chevelure ? Et si tout ceci n'était qu'un mensonge ? Et si le créateur d'histoires d'horreur, une fois débarrassé de tous ses oripeaux, était en fait un démon – un agent du chaos aux yeux écarlates et au sourire acéré ?

Que dites-vous de *ça*, mes amis ?

16

Il y a environ cinq ans, après avoir fini d'écrire *Shining*, j'ai pris un mois de vacances puis j'ai commencé à bosser sur un nouveau bouquin, dont le titre de travail était *The House on Value Street*. Ce devait être un roman à clé évoquant le kidnapping de Patty Hearst, son lavage de cerveau (ou sa prise de conscience idéologique, diront peut-être certains), sa participation à une attaque de banque, puis à la bataille rangée autour du repaire de la SLA [20] à Los Angeles – dans mon livre, ledit repaire était une maison de Value Street, d'où le titre – et à la cavale qui s'ensuivit, bref tout le bazar. Le sujet me paraissait brûlant, et même si je savais que quantité d'ouvrages documentaires allaient lui être consacrés, il me semblait que seule une œuvre de fiction serait à même d'en expliquer toutes les contradictions. Le romancier, après tout, est le petit menteur du bon Dieu, et s'il fait bien son boulot, s'il réussit à ne perdre ni pied ni courage, il arrive parfois à trouver la vérité qui vit au centre du mensonge.

Je n'ai jamais écrit ce bouquin. J'ai rassemblé la documentation nécessaire, c'est-à-dire pas grand-chose (Patty était encore en fuite à ce moment-là, ce qui me convenait parfaitement : j'étais libre d'imaginer la fin que je voulais), puis j'ai attaqué mon bouquin. Je l'ai attaqué sur un flanc, et rien ne s'est passé. Je l'ai attaqué sur un autre, et j'avais l'impression de progresser jusqu'au moment où je me suis aperçu que mes personnages semblaient tout droit sortis du marathon dansant d'*On achève bien les chevaux* [21], le roman de Horace McCoy. J'ai adopté un nouvel angle d'attaque. J'ai essayé d'imaginer que mon bouquin était une pièce de théâtre, un truc qui est souvent payant pour moi quand je me retrouve coincé. Et ça n'a pas marché.

Dans son merveilleux roman *The Hair of Harold Roux* [22], Thomas Williams compare l'écriture d'un long bouquin à un rendez-vous de personnages sur une immense plaine enténébrée. Ils se rassemblent autour du petit feu de camp qu'a allumé l'imagination de l'auteur, se réchauffant les mains et espérant que cet humble foyer va devenir un brasier leur fournissant lumière et chaleur. Mais il arrive souvent que les flammes s'éteignent, que la lumière s'évanouisse et que les malheureux soient étouffés par les ténèbres. C'est une excellente métaphore du processus créatif, mais ce n'est pas la mienne... peut-être est-elle trop aimable pour que je la fasse mienne. J'ai toujours considéré le roman comme un immense château noir, un bastion que je dois investir par la force ou par la ruse. Et ce château semble grand ouvert. Nullement en état de siège. Son pont-levis est abaissé. Sa herse relevée. Ses tourelles vides d'archers. Le problème, c'est qu'on ne peut y accéder que par une seule entrée ; toutes les autres dissimulent des pièges aussi invisibles que meurtriers.

J'ai passé six semaines à chercher en vain la voie d'accès à mon bouquin sur Patty Hearst... et pendant ce temps-là, quelque chose me travaillait l'esprit de façon insidieuse. C'était un article consacré à une fuite de cultures virales survenue dans l'Utah. Ces satanés virus s'étaient échappés de leur conteneur et avaient tué quelques moutons. Mais à en croire le journaliste, si le vent avait soufflé dans l'autre sens, les bons citoyens de Salt Lake City auraient eu une drôle de surprise. Cet article me rappelait un roman de George R. Stewart intitulé *La Terre demeure*[23]. Dans le livre de Stewart, l'humanité est pratiquement anéantie par une épidémie de peste, et le héros, immunisé grâce à une morsure de serpent reçue à point nommé, assiste aux transformations écologiques causées par la disparition de l'homme. La première moitié de ce bouquin est passionnante ; la seconde est un peu trop poussive – trop d'écologie, pas assez d'histoire.

A ce moment-là, ma famille et moi demeurions à Boulder (Colorado), et j'écoutais régulièrement une station de radio fondamentaliste émettant depuis Arvada. Un jour, j'ai entendu un prêcheur commenter le texte suivant : « Une fois par génération, la peste descendra parmi eux. » J'ai été si séduit par cette phrase – qui ressemble à une citation de la Bible mais n'en est pas une – que je l'ai recopiée sur un bout de papier que j'ai punaisé au-dessus de ma machine à écrire : *Une fois par génération, la peste descendra parmi eux.*

Cette phrase, l'article de journal et le roman de Stewart ont commencé à parasiter mon histoire de Patty Hearst, et un jour, alors que j'étais assis devant mon clavier, mes yeux allant de cette sinistre homélie à ma feuille de papier désespérément vierge, j'ai écrit – juste pour écrire quelque chose – les mots suivants : *C'est la fin du monde mais tous les membres de la SLA sont immunisés. Un serpent les a mordus.* J'ai contemplé ces mots, puis j'ai tapé : *Plus de pénurie d'essence.* C'était une idée réjouissante, quoique un peu sinistre. Plus de consommateurs, plus de files d'attente aux stations-service. Alors je me suis mis à taper de plus belle : *Plus de guerre froide. Plus de pollution. Plus de sacs en croco. Plus de crime. Une saison de repos.* Cette dernière phrase m'a particulièrement plu ; elle me semblait digne d'être retenue. Je l'ai donc soulignée. Puis je suis resté un quart d'heure sans rien faire, écoutant les Eagles sur mon petit magnéto à cassettes, et ensuite j'ai écrit : *Donald DeFreeze est un homme noir.* Je ne voulais pas dire par là que DeFreeze était de race noire ; je venais de me rappeler que, sur les photos prises durant l'attaque de banque à laquelle avait participé Patty Hearst, on distinguait à peine le visage de DeFreeze. Il était coiffé d'un chapeau à large bord et ses traits étaient quasiment invisibles. J'ai écrit *Un homme noir sans visage*, puis j'ai levé les yeux et j'ai vu cette sinistre promesse : *Une fois par génération, la peste descendra parmi eux.* Et le tour était joué. J'ai passé les deux années suivantes à écrire un livre apparemment interminable intitulé *Le Fléau*[24]. C'est devenu si pénible pour moi que j'en parlais à mes amis comme de mon petit Viêt-nam personnel, car j'étais sûr qu'au bout de cent pages de plus je commencerais à entrevoir la lumière au bout du tunnel. Une fois achevé, le manuscrit faisait douze cents pages et pesait six kilos, le poids de ma boule de bowling préférée. Un beau soir de juillet, je l'ai porté de l'UN Plaza Hotel jusqu'à l'appartement de mon éditeur. Pour une raison connue d'elle seule, ma femme l'avait emballé dans du film de congélation, et après que je l'eus fait passer d'une main à l'autre pour la troisième ou la quatrième fois, j'ai eu une soudaine prémonition : j'allais mourir ici, dans la 3e Avenue. Les ambulanciers allaient me trouver dans le caniveau, victime d'une crise cardiaque, terrassé par ce monstrueux manuscrit enveloppé de film plastique transparent.

Il m'est parfois arrivé de détester cordialement *Le Fléau*, mais pas une seule fois je n'ai envisagé de renoncer à l'écrire. Même lorsque ça se passait mal pour mes personnages de Boulder, ce bouquin éveillait en moi une joie un peu folle. Chaque matin, j'étais impatient de m'asseoir devant ma machine à écrire et de regagner ce monde où Randall Flagg était tantôt un corbeau et tantôt un loup, où l'enjeu de la lutte n'était pas une liasse de bons d'essence mais le salut des âmes. J'avais quand même l'impression – il me faut bien l'avouer – de danser la gigue sur le tombeau de l'espèce humaine. Rappelez-vous que tout ceci se passait durant une période troublée pour la planète en général et l'Amérique en particulier ; nous souffrions de la première crise de l'énergie de l'histoire, nous venions d'assister à la débâcle de l'administration Nixon et à la première démission présidentielle de notre histoire, nous venions de subir une défaite humiliante en Asie du Sud-Est, et nous avions à affronter tout un tas de problèmes intérieurs, de la controverse sur l'avortement à la spirale inflationniste.

Moi ? Je souffrais de l'équivalent financier du décalage horaire. Quatre ans auparavant, je bossais dans une blanchisserie industrielle pour un dollar soixante l'heure et j'écrivais *Carrie* près de la chaudière de mon *mobile home*. Ma fille, qui allait avoir un an, ne disposait que de grenouillères de seconde main. L'année précédente, j'avais épousé Tabitha dans un costume d'emprunt bien trop grand pour moi. J'ai quitté mon emploi à la blanchisserie quand un poste d'enseignant s'est libéré à la Hampden Academy, une école proche de notre domicile, et Tabby et moi avons découvert avec consternation que mon salaire annuel de six mille quatre cents dollars était à peine supérieur à celui que m'accordait la blanchisserie... et l'été suivant, je me suis empressé de retourner bosser dans celle-ci.

Puis Doubleday a acheté *Carrie*, et il en a revendu les droits de l'édition de poche pour une somme fabuleuse qui, à cette époque, représentait presque un nouveau record. Les événements se sont précipités. *Carrie* a été vendu à un producteur ; les droits de *Salem* ont été acquis pour une somme tout aussi fabuleuse, et le cinéma s'y est aussi intéressé ; *idem* pour *Shining*. Soudain, tous mes copains me croyaient riche. C'était grave, c'était terrifiant ; mais le plus terrifiant, c'était que j'étais peut-être *vraiment* riche. On commençait à me parler d'investissements et d'avantages fiscaux, on me conseillait de déménager en Californie. Tous ces changements étaient difficiles à encaisser, mais par-dessus le marché, l'Amérique dans laquelle j'avais grandi semblait s'effriter sous mes pieds... un peu comme un gigantesque château de sable malencontreusement édifié au-delà de la ligne de haute mer.

La première vague à avoir touché ce château (du moins la première que j'aie perçue) fut sans doute l'annonce de la mise en orbite de Spoutnik... mais la marée montait désormais pour de bon.

Et c'est là, je crois bien, que nous apparaît enfin le vrai visage du Loup-Garou. En surface, *Le Fléau* respecte les conventions que je viens de rappeler : une société apollinienne est bouleversée par une force dionysiaque (au cas précis, une variété de supergrippe qui tue la quasi-totalité de la population). Ensuite, les rares survivants se divisent en deux camps : le premier, qui s'installe à Boulder (Colorado), reconstitue la société apollinienne qui vient d'être détruite (en lui apportant quelques changements significatifs) ; le second, établi à Las Vegas (Nevada), est violemment dionysiaque.

Le premier phénomène dionysiaque de *L'Exorciste* se manifeste lorsque Chris MacNeil (Ellen Burstyn) entend un rugissement de lion dans son grenier. Dans *Le Fléau*, Dionysos annonce sa venue lorsqu'une vieille Chevrolet défonce les pompes à essence d'une station-service d'un trou perdu du Texas. Dans *L'Exorciste*, le *statu quo* apollinien est restauré lorsque nous voyons Regan MacNeil se diriger au bras de sa mère vers la Mercedes-Benz familiale ; dans *Le Fléau*, cet instant survient à mon sens lorsque les deux personnages principaux, Stu Redman et Frannie Goldsmith, contemplent le bébé parfaitement normal de Frannie derrière une vitre de l'hôpital de Boulder. Tout comme dans *L'Exorciste*, jamais l'équilibre ne nous a paru aussi parfait.

Mais en profondeur, dissimulé (peut-être pas si bien que ça) par les conventions morales de l'histoire d'horreur, on aperçoit vaguement le visage du *vrai* Loup-Garou. Si j'ai éprouvé un tel enthousiasme à écrire

Le Fléau, c'est de toute évidence parce que j'avais trouvé un remède radical aux problèmes de notre société bloquée. Je me sentais un peu dans la peau d'Alexandre levant son épée au-dessus du nœud gordien et grommelant : « Rien à *foutre* de le dénouer ; j'ai une meilleure idée. » Et je savais aussi ce que devait éprouver Johnny Rotten quand il lançait l'intro d'*Anarchy for the UK*, ce classique des Sex Pistols. Il pousse un sinistre gloussement, un rire sardonique digne de Randall Flagg, et s'exclame : « *Right... NOW !* » Quand on entend sa voix, on ne peut que ressentir un intense soulagement. Le pire est désormais assuré ; nous sommes entre les mains d'un authentique dément.

Dans ce contexte, la destruction du MONDE TEL QUE NOUS LE CONNAISSONS devint une sinécure. Plus de Ronald McDonald ! Plus de *Gong Show* ni de *Soap* à la télé... rien que de la neige lénifiante ! Plus de terroristes ! *Plus de conneries !* Rien que le nœud gordien se déroulant dans la poussière. Ce que je veux suggérer ici, c'est que sous le masque de l'écrivain d'horreur moraliste (qui, tel Henry Jekyll, est « la fleur même des convenances ») se dissimule une créature d'une tout autre nature. Disons qu'elle demeure au troisième sous-sol inventé par Jack Finney [25] et que c'est un nihiliste confirmé qui, pour prolonger cette métaphore Jekyll-Hyde, ne se contente pas de piétiner les os fragiles d'une fillette mais estime nécessaire de danser la gigue sur l'humanité tout entière. Oui, mes amis, *Le Fléau* m'a donné l'occasion d'annihiler l'espèce humaine, et *j'ai pris un pied d'enfer* !

Et la morale dans tout ça ?

Eh bien, voilà ce que j'en pense. Je pense que la morale est là où elle a toujours été : dans le cœur et l'esprit des hommes et des femmes de bonne volonté. Dans le cas de l'écrivain, ça veut dire qu'il débute par des prémisses nihilistes et réapprend en chemin des principes anciens et des valeurs aussi anciennes. Dans *Le Fléau*, je postule que l'espèce humaine porte en elle une sorte de germe – ce germe, d'abord symbolisé à mes yeux par la SLA, est devenu ensuite celui de la super-grippe – qui se fait de plus en plus virulent à mesure que la technologie accroît sa puissance. La supergrippe se répand suite à un seul faux pas technologique (ce qui n'a rien d'extraordinaire si l'on se rappelle les événements de Three Mile Island ou l'alerte déclenchée il y a peu à la base aérienne de Loring : les avions de chasse et les bombardiers étaient prêts à foncer vers la Russie suite à une erreur informatique de laquelle il ressortait que la Troisième Guerre mondiale venait d'être déclenchée). Comme je m'étais accordé une poignée de survivants – pas de survivants, pas d'histoire, d'accord ? –, j'ai pu envisager un monde où les silos de missiles rouilleraient en paix et où l'univers en folie qui est le nôtre retrouverait un semblant d'équilibre moral, politique et idéologique.

Mais je suis d'avis qu'aucun d'entre nous ne sait ce qu'il pense – voire ce qu'il sait – tant qu'il ne l'a pas couché sur le papier, et j'ai fini par comprendre que mes survivants auraient probablement tendance à reprendre leurs anciennes querelles, puis leurs anciennes armes. Et le pire dans l'histoire, c'est que tous ces joujoux meurtriers seraient à leur portée, la question étant alors de savoir quel groupe de cinglés serait le premier à apprendre comment s'en servir. La leçon que m'a apprise *Le Fléau*, c'est qu'il ne sert à rien de trancher le nœud gordien : cela détruit l'énigme au lieu de la résoudre, et la conclusion du livre nous montre que l'énigme reste entière.

Mon bouquin s'efforce aussi de célébrer ce qu'il y a de positif dans notre vie : le courage, l'amitié et l'amour dans un monde qui en semble souvent dépourvu. En dépit de son thème apocalyptique, *Le Fléau* est un livre plein d'espoir qui fait écho à la remarque d'Albert Camus selon laquelle « le bonheur lui aussi est inévitable ».

Ou, plus prosaïquement et comme disait ma mère : « Il faut s'attendre au pire et espérer le meilleur. » Voilà qui résume parfaitement ce livre tel que je l'ai écrit.

Si bien que nous espérons trouver un quatrième sous-sol (un Loup-Garou à triple détente ?), qui nous révélera l'écrivain d'horreur comme un être humain, tout simplement, un mortel ou une mortelle, un passager parmi tant d'autres sur notre bateau, un pèlerin parmi tant d'autres en quête d'un monde meilleur. Et s'il voit un autre pèlerin tomber par terre, nous espérons qu'il écrira son histoire – mais pas avant de l'avoir aidé à se relever, d'avoir épousseté ses vêtements et de s'être assuré qu'il n'est pas blessé et qu'il peut continuer sa route. Et un tel comportement ne peut pas résulter d'une prise de position intellectuelle ; il résulte avant tout de l'amour, lequel est un fait, une force guidant l'être humain dans sa vie.

La morale, après tout, n'est que la codification de toutes les choses que le cœur sait être vraies, de toutes les obligations d'une existence vécue parmi les autres... en un mot, de la civilisation. Et si nous ôtons l'étiquette « horreur » ou « fantastique » pour la remplacer par celle de « littérature », ou plus simplement de « fiction », nous comprenons alors qu'il est injuste de proférer en bloc des accusations d'immoralité. Si nous postulons que la moralité est tout simplement la conséquence de la bonté d'âme – rien à voir avec les préceptes lénifiants et les gesticulations pompeuses – et l'immoralité celle du manque de soin, de l'à-peu-près et de la soumission de l'art à la vénalité – ce dernier terme étant pris à son sens le plus large –, alors nous sommes en mesure de prendre une position à la fois humaine et efficace. La fiction, c'est la vérité à l'intérieur du mensonge, et en ce qui concerne l'histoire d'horreur, mais pas elle seule, la même règle s'applique aujourd'hui qui s'appliquait lorsque Aristophane a raconté son histoire de grenouilles : la morale, c'est dire la vérité que recèle votre cœur. Quand on lui demanda s'il n'avait pas honte du caractère cru et sordide de son roman *Les Rapaces*, Frank Norris[26] répondit : « Pourquoi aurais-je honte ? Je n'ai pas menti. Je n'ai pas fléchi. J'ai dit la vérité. »

Vu sous cet angle, je pense que l'histoire d'horreur est plus souvent innocente que coupable.

17

Regardez-moi ça... on dirait bien que le soleil se lève. Nous avons dansé toute la nuit, comme un couple d'amoureux dans une comédie musicale de la MGM. Mais les musiciens ont rangé instruments et partitions, et ils ont quitté la scène. Tous les danseurs sont partis, sauf vous et moi, et je suppose qu'on devrait s'en aller, nous aussi. Je ne saurais vous dire à quel point j'ai apprécié cette soirée, et s'il vous est parfois arrivé de me trouver maladroit (ou si je vous ai parfois marché sur les pieds), je vous prie de m'en excuser. Comme tous les amoureux du monde à la fin de leur premier bal, je me sens épuisé... mais toujours gai.

Puis-je encore vous dire une chose pendant que je vous raccompagne ? Arrêtons-nous au vestiaire tandis qu'on range les tapis et qu'on éteint les lumières. Laissez-moi vous aider à enfiler votre manteau ; je ne vous retiendrai pas très longtemps.

Le problème de la morale chez l'écrivain d'horreur ne doit pas nous faire oublier la vraie question. Il existe une expression russe à propos du « cri du coq de bruyère ». C'est une expression empreinte de dérision, car le coq de bruyère est un animal ventriloque : si vous prenez pour cible l'endroit d'où provient son cri, vous ne le mangerez pas pour dîner. Vise le coq, ne vise pas son cri, disent les Russes.

Voyons si nous arrivons à trouver un coq de bruyère – rien qu'un – au milieu de tous ces buissons hurlants. Peut-être se dissimule-t-il dans cette histoire, dans cette histoire vraie, extraite de *The Book of Lists*, ce bouquin du clan Wallace-Wallechinsky qui ressemble à un grenier débordant d'objets fascinants. Pensez-y donc un peu avant de partir... méditez un peu là-dessus.

LE MYSTÈRE DE MLLE PERSONNE

Le 6 juillet 1944, le cirque Ringling Brothers and Barnum & Bailey donnait une représentation à Hartford (Connecticut) devant sept mille personnes. Un incendie éclata ; cent soixante-huit personnes périrent dans les flammes et quatre cent quatre-vingt-sept personnes furent blessées. Parmi les morts se trouvait une petite fille âgée de six ans environ qui demeura non identifiée. Comme personne n'était venu réclamer son corps, et comme son visage était intact, on publia sa photo dans la région, puis sur tout le territoire des Etats-Unis. Des jours passèrent, puis des semaines, puis des mois, mais personne, ni parent ni ami, ne se manifesta. Son identité demeure inconnue à ce jour.

Devenir adulte, à mes yeux, c'est se confectionner des œillères mentales et encourager l'ossification de ses facultés imaginatives (et Mlle Personne ? me demandez-vous – patientez un peu, on va y venir). Les enfants voient tout, perçoivent tout ; l'expression typique du bébé bien nourri, bien propre et bien réveillé est celle d'une personne fascinée par tout ce qui bouge. Salut, enchanté de faire votre connaissance, je ne sais plus où donner du regard. Un enfant n'a pas encore acquis les formes de comportement obsessionnel que nous appelons « les bonnes habitudes ». Il ou elle n'a pas encore assimilé la notion selon laquelle la ligne droite est le plus court chemin d'un point à un autre.

Tout ceci arrive plus tard. Les enfants croient au Père Noël. Rien d'extraordinaire ; une donnée parmi tant d'autres. De même, ils croient au Croque-Mitaine, au Lapin de Pâques, à McDonaldland (un pays où les hamburgers poussent sur les arbres et où le vol à petite échelle est autorisé – voir l'aimable Hamburglar), à la Petite Souris qui vous échange une pièce d'argent contre un morceau d'ivoire... toutes ces choses leur paraissent comme allant de soi. Et je n'ai mentionné que certains des mythes les plus populaires ; il en existe d'autres encore plus *outrés* [27]. Papy est allé vivre chez les anges. Les balles de golf contiennent un poison mortel. Si vous marchez sur une fissure, vous brisez le dos de votre maman. Si vous traversez un buisson de houx, votre ombre s'accrochera aux épines et sera emprisonnée pour l'éternité.

Les changements s'instaurent peu à peu, à mesure que la logique et le rationalisme prennent le dessus. L'enfant commence à se demander comment le Père Noël arrive à se trouver simultanément au coin de la rue, en train de faire la quête pour l'Armée du salut, et au pôle Nord, en train de diriger son usine de lutins. L'enfant se rend compte qu'il a peut-être marché sur un bon millier de fissures sans que le dos de sa maman en souffre pour autant. L'âge envahit peu à peu les traits de cet enfant. « Ne fais pas ton bébé ! » lui dit-on d'un air irrité. « Tu as toujours la tête dans les nuages ! » Et le bouquet final : « Quand donc vas-tu te décider à *grandir* ? »

A en croire la chanson, Puff le Dragon magique a un beau jour arrêté de remonter Cherry Lane pour aller voir son ami Jackie Paper. Wendy et ses frères ont un beau jour abandonné Peter Pan et les Garçons perdus. Plus de poussière magique, plus que quelques pensées heureuses de temps à autre... mais Peter Pan a toujours semblé un peu dangereux, n'est-ce pas ? Un peu trop sauvage. Il y avait dans ses yeux une lueur... eh bien, une lueur franchement dionysiaque.

Oh, les dieux de l'enfance sont immortels ; les grands ne les sacrifient pas sur l'autel de la raison ; ils se contentent de les transmettre à leurs morpions de petits frères et à leurs chipies de petites sœurs. C'est l'enfance qui est mortelle ; l'homme aime, et aime ce qui disparaît. Et il n'y a pas que Puff le Dragon, Peter Pan et la Fée Clochette pour être délaissés en faveur du permis de conduire, du bac et de la licence, de ce processus d'acquisition des « bonnes habitudes ». Nous avons tous exilé la Petite Souris (ou peut-être nous a-t-elle exilés quand nous sommes devenus incapables de lui fournir son ivoire), nous avons assassiné le Père Noël (le ressuscitant ensuite pour le bénéfice de nos enfants), nous avons tué le géant qui chassa Jack sur son haricot magique. Et ce pauvre vieux Croque-Mitaine ! Tué à coups d'éclats de rire, tout comme M. Dark lors de la conclusion de *La Foire des ténèbres*.

Ecoutez-moi, et écoutez-moi bien : quand on atteint ses dix-huit ans ou ses vingt et un ans, soit l'âge à partir duquel on peut consommer de l'alcool dans l'Etat où l'on demeure, c'est toujours gênant de se faire demander ses papiers. On doit fouiller dans son portefeuille à la recherche d'un permis de conduire, d'une carte d'identité ou d'une photocopie de son extrait d'acte de naissance, et tout ça pour siroter une malheureuse bière. Mais dix ans plus tard, quand on commence sérieusement à approcher la trentaine, c'est stupidement flatteur d'avoir à prouver son âge. Ça veut dire qu'on n'a pas l'air de quelqu'un qui est en droit de s'asseoir au bar. Qu'on n'a pas l'air de quelqu'un qui a le droit de vote. Qu'on a encore l'air *jeune*.

J'ai eu cette révélation il y a quelques années, alors que j'étais en train de me pinter dans un bar de Bangor du nom de Benjaman's. Je me suis mis à examiner les clients qui entraient. Le videur discrètement posté près de la porte laisse passer celui-ci... puis celui-là... puis cet autre. Et puis bang ! Voilà qu'il arrête un type vêtu d'un tee-shirt de l'université du Maine pour lui demander ses papiers. Et que je sois damné si le type en question n'a pas tourné les talons. A l'époque, il fallait avoir dix-huit ans pour avoir le droit de boire un pot dans le Maine (suite à la recrudescence des accidents de la route causés par l'alcool, l'âge légal a été depuis porté à vingt ans par le législateur), et les trois clients précédents m'avaient paru âgés de dix-huit ans à peine. Je suis allé voir le videur pour lui demander comment il avait su que le quatrième était trop jeune. Il a haussé les épaules. « Ça se voit, m'a-t-il dit. Surtout dans les yeux. »

Durant les semaines suivantes, je me suis amusé à examiner les visages d'adultes dans le but de repérer ce qui faisait d'eux des « visages adultes ». Un homme de trente ans a un visage sain, exempt de rides, et guère plus développé que celui d'un adolescent de dix-sept ans. Mais on sait que ce n'est pas un gamin ; on le *sait*. Son visage est pourvu d'un quelque chose qui fait de lui un Visage Adulte. Rien à voir avec ses fringues ni avec sa démarche, et ne me dites pas que l'adulte a un attaché-case et l'adolescent un sac à dos ; si on les habille tous les deux en costume de marin ou en tenue de boxeur, on reconnaît quand même l'adulte dix fois sur dix.

J'ai fini par conclure que le videur avait raison. C'est dans les yeux.

Et ce n'est pas quelque chose qui y est resté ; c'est plutôt quelque chose qui en est parti.

Les enfants sont tordus. Ils pensent autour des coins. Mais à partir de huit ou neuf ans, lorsque débute la deuxième époque de l'enfance, ils commencent à se redresser, insidieusement. Les frontières se dessinent peu à peu dans notre esprit, les œillères se placent doucement autour de nos yeux. Et finalement, incapables de retirer un quelconque profit du Pays imaginaire, nous nous contentons d'un quelconque ersatz, à savoir la boîte de nuit la plus proche... ou un séjour à Disney World.

L'imagination est un œil, un extraordinaire troisième œil qui flotte librement au-dessus de nos têtes. Durant l'enfance, nous avons 10/10 à cet œil. A mesure que nous grandissons, sa vision devient de plus en plus floue... jusqu'au jour où le videur nous laisse entrer dans le bar sans nous demander nos papiers, et c'en est fini ; nous avons dit adieu à l'enfance. C'est dans les yeux. Quelque chose dans vos yeux. Regardez-vous dans la glace et dites-moi que je me trompe.

Le travail de l'écrivain de fantastique ou d'horreur consiste à vous ôter vos œillères pour quelque temps ; à offrir un spectacle fabuleux à votre troisième œil. Le travail de l'écrivain de fantastique ou d'horreur consiste à vous faire retomber en enfance, pour un temps.

Et que dire de l'écrivain d'horreur lui-même ? Si un autre que lui venait à lire l'histoire de Mlle Personne (je vous avais dit qu'on y reviendrait, et elle est toujours là, toujours non identifiée, aussi mystérieuse que l'Enfant-

Loup de Paris), il se contenterait de dire : « Eh ben, ça alors ! » et passerait à autre chose. Mais le fantastiqueur se mettra à jouer avec cette histoire comme le ferait un enfant, imaginant des êtres venus d'une autre dimension, des *Doppelgänger* ou Dieu sait quoi. C'est pour lui un jouet, un extraordinaire jouet étincelant. Tirons sur ce levier pour voir ce qui se passe, faisons-le rouler par terre pour voir s'il fait *vroum-vroum* ou *tac-a-tac*. Retournons-le pour voir s'il va se redresser comme par magie. Bref, c'est comme ça que nous avons des pluies de grenouilles et des personnes victimes de la combustion spontanée ; des vampires et des loups-garous. C'est comme ça que nous avons Mlle Personne, qui a peut-être traversé une fêlure dans la réalité pour se faire piétiner par des gens fuyant un cirque en flammes.

Et ceci se reflète dans les yeux des écrivains d'horreur. Ray Bradbury a les yeux rêveurs d'un petit garçon. Et Jack Finney aussi, derrière les verres de ses lunettes. La même expression habite les yeux de Lovecraft – leur acuité est saisissante, encore accentuée par son visage étroit et pincé de bon citoyen de la Nouvelle-Angleterre. Harlan Ellison, en dépit de son débit étourdissant (quand on discute avec Harlan, on a parfois l'impression d'avoir affaire à un V.R.P. apocalyptique shooté aux amphétamines), a aussi ces yeux-là. De temps à autre, il se tait, il détourne les yeux, il regarde l'invisible, et vous comprenez que c'est bien vrai : Harlan est tordu, et il vient de penser autour d'un coin. Peter Straub, qui est toujours vêtu de façon impeccable et projette une aura de cadre supérieur en pleine ascension, a lui aussi le même regard. C'est un regard indéfinissable, mais il est là et bien là.

« C'est le plus beau train électrique qu'un garçon ait jamais eu », a dit un jour Orson Welles en parlant du cinéma ; la même remarque s'applique aux livres et aux histoires. Enfin une chance de pulvériser ces satanées œillères et de faire apparaître, ne serait-ce qu'un instant, un paysage onirique peuplé d'horreurs et de merveilles, aussi clair et détaillé, aussi magique et réel, que la première grande roue que vous ayez jamais vue, tournant lentement sur fond de ciel étoilé. Feu le fils de la voisine apparaît sur l'écran de télévision [28]. Un homme sinistre – le Croque-Mitaine ! – rôde dans la nuit, les yeux étincelants. Deux garçons font virevolter les feuilles d'automne devant la bibliothèque à quatre heures du matin [29], et en un autre lieu, en un autre monde, alors même que j'écris ces lignes, Frodon et Sam se dirigent vers Mordor [30], là où règnent les ombres. J'en suis persuadé.

Prêt à partir ? Bien. J'attrape mon manteau.

Ce n'est pas une danse de mort, après tout. Il y a un troisième sous-sol, ici aussi. C'est une danse des rêves. C'est une façon de réveiller l'enfant qui sommeille en vous, un enfant qui n'est pas mort mais qui dort profondément. Si l'histoire d'horreur est une répétition de notre mort, alors sa morale stricte en fait également une réaffirmation de la vie, de la bonne volonté et tout simplement de l'imagination – un conduit vers l'infini.

Dans le poème épique où il raconte la chute mortelle d'une hôtesse de l'air au-dessus des prairies du Kansas, James Dickey [31] nous offre une métaphore de la vie de l'être rationnel, qui doit faire de son mieux pour appréhender sa propre mortalité. Nous tombons d'une matrice à une autre, d'une ténèbre à une autre, ayant presque tout oublié de l'une et ignorant tout de l'autre... sauf par un acte de foi. Que nous conservions notre santé mentale face à ces mystères tout simples mais aveuglants, voilà qui est presque divin. Que nous puissions les éclairer à la lueur de notre imagination, que nous puissions les examiner dans ce miroir onirique –

que nous puissions, même timidement, placer nos mains dans la faille ouverte au centre du pilier de la vérité – c'est...

... eh bien, c'est de la magie, pas vrai ?

Oui. Je crois que je vais vous quitter avec ce mot plutôt qu'avec un baiser d'adieu, ce mot que les enfants respectent instinctivement, ce mot dont, une fois adultes, nous ne redécouvrons la vérité que dans nos histoires et dans nos rêves :

La magie.

POSTFACE

En juillet 1977, nous avons reçu chez nous toute la famille de ma femme – un gigantesque rassemblement de frères et de sœurs, d'oncles et de tantes, sans parler de plusieurs millions de gosses. Ma femme avait passé la majeure partie de la semaine à ses fourneaux, et il est arrivé ce qui arrive inévitablement dans ce genre de situation : tous les invités avaient apporté de quoi manger. Ce beau jour d'été, nombre de plats furent dévorés sur les berges de Long Lake ; nombre de canettes y furent consommées. Et après le départ des Spruce, des Atwood, des LaBree, des Graves et de tous les autres, il nous restait encore de quoi nourrir un régiment.

Alors on a mangé des restes.

On a mangé des restes pendant plusieurs jours. Et quand Tabby nous a servi des restes de dinde pour la cinquième ou la sixième fois (on avait déjà mangé du bouillon de dinde, de la dinde surprise et de la dinde aux nouilles ; ce jour-là, elle nous proposait quelque chose de plus simple, des sandwiches à la dinde bien nourrissants), mon fils Joe, qui avait alors cinq ans, a contemplé les restes et s'est écrié : « On va *encore* manger cette saloperie ? »

Je ne savais pas si je devais éclater de rire ou lui

flanquer une gifle. Si je me souviens bien, j'ai fait les deux.

Je vous ai raconté cette anecdote parce que les plus assidus parmi mes lecteurs se sont sans doute aperçus que je leur avais servi quelques restes dans ces pages. J'ai repris des idées déjà exposées dans l'introduction de mon recueil *Danse macabre*, dans l'introduction que j'ai rédigée pour une édition « omnibus » réunissant *Frankenstein*, *Dracula* et *Le Cas étrange du Dr Jekyll et de M. Hyde*, dans un article intitulé *The Fright Report* et publié dans le magazine *Oui*, et dans un autre article paru dans *The Writer* sous le titre *The Third Eye* ; la plupart des paragraphes que j'ai consacrés à Ramsey Campbell sont parus à l'origine dans *Whispers*, le magazine édité par Stuart David Schiff [1].

Bon. Avant que vous décidiez de me flanquer une gifle ou de vous écrier : « On va *encore* manger cette saloperie ? », permettez-moi de vous répéter ce que ma femme a dit à mon fils le jour où elle nous a servi des sandwiches à la dinde : il existe plusieurs centaines de plats à base de dinde, mais ils ont *tous* un goût de dinde. Et en outre, a-t-elle ajouté, c'est une honte de gaspiller les bonnes choses.

Ce qui ne signifie pas forcément que mon article de *Oui* était du genre transcendant, ni que les réflexions que m'a inspirées Ramsey Campbell étaient impérissables au point de mériter d'être préservées dans un livre ; ce que je veux dire, c'est que même si mes idées sur le genre dans lequel j'ai passé presque toute ma vie à m'exprimer ont pu évoluer avec le temps, elles n'ont pas pour autant changé. Peut-être le feront-elles, mais comme il ne s'est écoulé que quatre ans depuis que j'ai exposé pour la première fois mes idées sur l'horreur et la terreur dans l'introduction de *Danse macabre*, il serait surprenant – voire suspect – que je me mette soudain à réfuter tout ce que j'ai écrit avant d'entamer ce livre.

Pour ma défense, j'ajouterai qu'*Anatomie de l'horreur* m'a donné plus d'espace que je n'en avais jamais eu pour développer ces idées de façon détaillée, et je dois en remercier Bill Thompson et Everest House. Pas une fois je ne me suis contenté de réchauffer un plat que j'avais confectionné par le passé ; je me suis efforcé de développer chaque idée comme elle le méritait sans pour autant la travailler à mort. Peut-être ai-je malgré tout commis ce crime de temps en temps, et en ce cas je ne peux qu'implorer votre indulgence.

Et je crois bien qu'on est arrivés au bout de la route. Je vous remercie une nouvelle fois de m'avoir accompagné, et je vous souhaite une bonne nuit. Mais vu ce que je suis et ce que je fais, je n'ai vraiment pas le cœur à vous souhaiter de faire de beaux rêves...

NOTES

Chapitre 8

1. Sur Harlan Ellison, voir note 27, chapitre 5, tome I.
Les ouvrages de Harlan Ellison sur la télévision auxquels Stephen King fait référence dans ce chapitre sont *The Glass Teat* (1970) et *The Other Glass Teat* (1975).

2. *Alias Smith and Jones*, série américaine de 48 épisodes de 50 minutes et 2 épisodes de 90 minutes diffusée sur ABC à partir de janvier 1971. Créée par Glen A. Larson, cette série dont l'action se situe dans le Kansas à la fin du XIXe siècle met en scène deux mauvais garçons repentis. Désormais au service du gouvernement, ils font respecter l'ordre et la loi ; ils sont néanmoins surveillés par un ami shérif qu'ils entraînent dans d'incroyables péripéties.

3. *Strange Wine* (1978).

4. Jeu télévisé adapté à la télévision française sous le titre *Une famille en or*.

5. *Hawaii Five-O*, série américaine créée par Leonard Freeman et totalisant 280 épisodes, dont 275 de 50 minutes, diffusés sur CBS de septembre 1968 à avril 1980. Le succès de cette série policière (la plus longue de l'histoire de la télévision américaine, loin devant *Mannix* et *Kojak*) repose sur trois points forts : les paysages exotiques d'Hawaii, des intrigues policières solides à l'action mouvementée, et surtout l'interprète principal Jack Lord, qui incarne l'imperturbable Steve McGarrett, détective du gouvernement.

6. Personnages de la série *Hawaii, police d'Etat*. Ces trois détectives étaient incarnés par Jack Lord (Steve McGarrett), James Mac Arthur (Danny Williams) et Kam Fong (Chin Ho Kelly).

7. Sur Kurt Vonnegut Jr, voir note 58, chapitre 6, tome I. La nouvelle *Pauvre Surhomme* (*Harrison Bergeron*) a été publiée dans *Histoires de demain* (« Grande Anthologie de la science-fiction », Le Livre de Poche n° 3711).

8. *The Young Lawyers*, série américaine diffusée de septembre 1970 à mai 1971 sur ABC, a pour héros deux étudiants en droit. Les futurs avocats offrent une assistance juridique aux indigents et se trouvent ainsi confrontés à des affaires de meurtres, de drogue et de racket.

9. Sur Joseph Wambaugh, voir note 25, chapitre 6, tome I.

10. *Police Story*, série américaine de 94 fois 50 minutes, créée par Stanley Kallis et Joseph Wambaugh (voir note 25, chapitre 6, tome I) ; première diffusion sur NBC en octobre 1976. Il s'agit d'une série d'histoires indépendantes tirées des archives de la police.

11. John Carpenter, metteur en scène américain né en 1947. Spécialiste de la science-fiction et du fantastique horrifique, on lui doit quelques œuvres marquantes, dont *Halloween – La Nuit des masques* (*Halloween*, 1978), *Fog* (*The Fog*, 1980), *The Thing* (1982), *Christine* (adaptation du roman homonyme de Stephen King, 1983) et le jubilatoire *Jack Burton dans les griffes du mandarin* (*Big Trouble in Little China*, 1986).

Someone's Watching Me ! a été diffusé par France 3 en avril 1995 sous le titre *Meurtre au 43ᵉ étage*.

12. *Thriller*, série anthologique américaine de 67 épisodes faisant alterner des histoires policières et des histoires fantastiques. Diffusée sur NBC de 1960 à 1962 et présentée par Boris Karloff, elle bénéficia de scénarios écrits par les meilleurs spécialistes du genre, tels Robert Bloch, Richard Matheson ou Cornell Woolrich. Malgré ces atouts, *Thriller* ne rencontra qu'un succès mitigé auprès d'un public que déconcertait le mélange des genres.

13. *The Untouchables*, série policière américaine de 118 épisodes de 50 minutes, diffusée pour la première fois sur CBS en avril 1959. Dans le Chicago de la prohibition, Elliot Ness (Robert Stack) et son équipe mènent une lutte acharnée contre Al Capone et la mafia.

14. *Peter Gunn*, série policière américaine de 114 fois 25 minutes, diffusée pour la première fois en septembre 1958 sur NBC. Aidé de son ami, le lieutenant Jacoby (Herschel Bernardy), le privé Peter Gunn (Graig Stevens) enquête dans les quartiers chauds de Los Angeles.

15. *Cain's Hundred*, série télévisée américaine diffusée de septembre 1961 à septembre 1962 sur NBC. Créée et produite par Paul Monash, cette série s'articule autour d'un riche avocat de syndicat, Nick Cain (interprété par Mark Richman), qui consacre toute son énergie à lutter contre le crime. Nick Cain choisit pour cibles les cent plus dangereux criminels de la pègre, d'où le titre de la série.

16. *Alfred Hitchcock Presents*, anthologie policière et fantastique de 268 épisodes en noir et blanc (sept saisons) de 26 minutes diffusés du 2 octobre 1955 au 26 juin 1962. Prolongée par *The Alfred Hitchcock Hour* (diffusée en France sous le titre *Suspicion*), anthologie policière de 93 épisodes noir et blanc de 50 minutes (trois saisons) diffusés du 20 septembre 1962 au 10 mai 1965, puis par une anthologie, *Alfred Hitchcock Presents*, en 80 épisodes couleurs de 26 minutes (trois saisons) diffusés de 1985 à 1989. « *Alfred Hitchcock présente* – et sa suite – est à la fois l'une des toutes premières grandes séries policières (et, pour quelques épisodes, fantastiques) de la télévision américaine et une manifestation très réussie d'humour britannique. » (Jacques Baudou, in : *Les Grandes Séries américaines*, Huitième Art, 1994.)

17. Sur Boris Karloff, voir note 31, chapitre 2, tome I.

18. *Starring Boris Karloff*, série télévisée américaine diffusée sur ABC. Cette série, créée par Alex Segal, connut une existence particulièrement brève puisqu'elle débuta le 22 septembre 1949 pour s'achever le 15 décembre de la même année. Conçue sous la forme d'une anthologie de mystères, elle était présentée par Boris Karloff, lequel figura également en tant qu'acteur au générique de plusieurs épisodes.

19. De son vrai nom Cornell Woolrich, William Irish (Etats-Unis,1903-1968) est un des grands auteurs de suspense de la littérature policière. Considéré comme l'« Edgar Poe du XXe siècle », il partage avec son maître le goût de la terreur et un certain attrait pour la morbidité. Ses œuvres – quelques centaines de nouvelles et une vingtaine de romans – ont fait l'objet de nombreuses adaptations cinématographiques. Parmi celles-ci, citons *Fenêtre sur cour* (*Rear Window*, 1954) d'Alfred Hitchcock, *La mariée était en noir* (1967) et *La Sirène du Mississippi* (1969) de François Truffaut.

Quant à la nouvelle qui a inspiré l'épisode de *Thriller*, il s'agit de *Men Must Die*. Cette nouvelle, publiée pour la première fois dans *Black Mask* (voir note 34, chapitre 2, tome I) en 1939, a été traduite en français sous le titre *En haut des marches* et recueillie dans *New York Blues* (Le Livre de Poche n° 4936). L'épisode de *Thriller*, intitulé *Guillotine*, a été réalisé par Ida Lupino et diffusé sur NBC le 25 septembre 1961.

20. L'action du roman de Charles Dickens, *A Tale of Two Cities* (1859), se déroule pendant la Révolution française.

21. Sur *Les Vampires de Salem*, voir note 12, chapitre 7, tome I.

22. Sur Bela Lugosi, voir note 32, chapitre 2, tome I.

23. *Frankenstein 1970* : film de Howard W. Koch (1958). Titre français : *Frankenstein 1970*, puis par la suite : *Frankenstein contre l'homme invisible*.

24. Sur *Weird Tales*, voir note 20, chapitre 2, tome I.

25. Sur Robert Bloch, voir note 41, chapitre 2, tome I.

26. *The Hungry House* (1951). Cette nouvelle a été publiée en français dans *Un brin de belladone : Robert Bloch*, anthologie composée par Jacques Chambon aux Editions Casterman, dans la collection « Autres temps, autres mondes » (1983).

27. Sur Robert E. Howard (1906-1936), voir note 5, chapitre 4, tome I.

La nouvelle *Les Pigeons de l'enfer* (*Pigeons From Hell*) a été publiée dans le recueil *L'Homme noir* (*The Dark Man*) aux Editions NéO dans la collection « Fantastique/Science-fiction/Aventure », n° 40, 1982.

28. Nouvelle inédite en français, publiée dans la revue *Weird Tales* en 1947.

29. *Night Shift* (1978), J'ai lu n° 1355.

30. *The Outer Limits*, série télévisée américaine de 49 fois 50 minutes. Cette série anthologique de science-fiction, qui débuta en 1963 sur ABC, fut la principale rivale de *La Quatrième Dimension*, diffusée par CBS dès 1959.

31. *Twilight Zone*, la plus populaire des séries télévisées consacrées au fantastique et à la science-fiction. Créée par le scénariste Rod Serling, elle connut, de 1959 à 1964, 156 épisodes. Bénéficiant du concours d'écrivains d'exception comme Richard Matheson ou Charles Beaumont et de metteurs en scène de grand talent, elle fait figure aujourd'hui de série-culte des deux côtés de l'Atlantique.

Pour plus de renseignements sur *La Quatrième Dimension*, on consultera avec profit le dossier que lui a consacré le magazine *Générations Séries* dans son numéro 7 (septembre 1993).

32. *I Love Lucy*, suivi de *Here's Lucy*, série de 325 fois 25 minutes, fut la première *sitcom* de l'histoire de la télévision américaine ; première diffusion : août 1951. Cette série créée par Jess Oppenheimer et Cleo Smith développe sur le mode de la comédie les aventures familiales et professionnelles de Lucille Ball et de son mari Desi Arnaz, chef d'orchestre de son état.

33. *Un piano à la maison* (*A Piano in the House*, février 1962), épisode réalisé par David Greene sur un scénario de Earl Hamner.

34. *Un matin noir* (*I Am the Night – Color Me Black*, mars 1964), épisode réalisé par Abner Biberman sur un scénario de Rod Serling.

35. *La Nuit de Noël* (*Night of the Meek*, décembre 1960), épisode réalisé par Jack Smight sur un scénario de Rod Serling.

36. *Arrêt à Willoughby* (*A Stop at Willoughby*, mai 1960), épisode réalisé par Robert Parrish sur un scénario de Rod Serling.

37. Leslie Stevens, un des créateurs d'*Au-delà du réel*.

Auteur dramatique, il écrivit des scénarios à partir de 1955 pour la télévision, mais également pour le cinéma, dont celui du célèbre western d'Arthur Penn, *Le Gaucher* (*The Left-Handed Gun*, 1958) ; il créa par ailleurs en 1959 sa propre maison de production, Daystar.

38. Joseph Stefano, un des créateurs d'*Au-delà du réel*. Auteur de chansons à succès, il rencontra Leslie Stevens alors que celui-ci commençait à percer à Broadway. Devenu à son tour scénariste, il collabora à de nombreux films, dont *Psychose* d'Alfred Hitchcock.

39. *Eye of the Cat* (1969). Réalisateur : David Lowell Rich.

40. Episode inédit en France. Sur 49 épisodes que comportait la série *Au-delà du réel*, seuls 19 ont été diffusés à la télévision française.

41. *Le Sixième Doigt* (*The Sixth Finger*), épisode diffusé lors de la première saison (1963-1964).

42. Ecrivain américain né en 1913, auteur de plusieurs romans à partir de 1952, mais aussi de quantité de scénarios pour des séries comme *Les Envahisseurs* et *Star Trek*. *L'Invention du professeur Costigan* (*Costigan's Needle*, 1953 ; Gallimard, « Folio Junior ») est un des traitements les plus ingénieux du thème des univers parallèles.

43. *Please Stand* ou *The Galaxy Being*, avec Cliff Robertson, premier épisode de la série (saison 1963-1964).

44. *Le Monstre magnétique*, film de Curt Siodmak (1953). Titre original : *The Magnetic Monster*.

45. Premier épisode de la deuxième saison (1964-1965). Inédit en France.

46. *Demon With a Glass Hand*, avec Robert Culp, épisode de la deuxième saison (1964-1965).

47. Né aux Etats-Unis en 1935, Robert Towne est l'auteur d'une vingtaine de scénarios, dont ceux de *Yakuza* (1975) de Sidney Pollack et *The Two Jakes* (1990) de Jack Nicholson ; dans ce dernier film, l'acteur-metteur en scène incarnait à nouveau J. J. Gittes, le privé de *Chinatown* de Roman Polanski

(1974). Towne est passé lui-même à la mise en scène avec *Tequila Sunrise* (1988).

48. *Kolchak : The Night Stalker*, série américaine de 20 épisodes de 50 minutes diffusés sur ABC à partir de septembre 1974. Créée par Richard Matheson (voir note 38, chapitre 2, tome I) d'après un roman de Jeff Rice, cette série met en scène un reporter de l'agence INC, Carl Kolchak (interprété par Darren McGavin), qui enquête à Chicago sur des histoires relevant du surnaturel et de l'horreur.

49. Réalisé par John Llewellyn Moxey sur un scénario de Matheson d'après un roman de Jeff Rice, *The Night Stalker* obtint l'Edgar du meilleur scénario policier TV. Il fut un des grands succès de la chaîne ABC et donna naissance à une suite : *The Night Strangler* (1973), d'après un scénario du même Matheson, et à un feuilleton : *Kolchak : The Night Stalker* (voir note 48 du présent chapitre).

A la différence de la série *Kolchak : The Night Stalker*, diffusée en 1989 sur Canal + sous le titre *Dossiers brûlants*, les téléfilms *The Night Stalker* et *The Night Strangler* (qu'évoque un peu plus loin Stephen King) sont inédits en France.

50. Comme le rappelle Stephen King, *The Night Stalker* est au départ une histoire originale écrite pour la télévision en 1972. Publié après le téléfilm, en 1973, ce roman mélange le genre gothique et policier (un vampire traqué par le journaliste Carl Kolchak assassine des *showgirls* de Las Vegas). Ce roman a été publié en français dans la collection « Super Noire » (n° 17) sous le titre *Nuit de terreur* (Gallimard, 1976).

51. *Dark Shadows*, sitcom américaine diffusée sur ABC de juin 1966 à avril 1971. Par le ton et les thèmes abordés, ce *soap opera* tranchait résolument avec les feuilletons habituellement programmés l'après-midi. On y voyait en effet des vampires, des loups-garous ou des maisons hantées. Créée par Dan Curtis et produit par Robert Costello, *Dark Shadows* rencontra un vif succès auprès du public adolescent, ce qui entraîna par la suite le tournage d'un téléfilm en 1990 et l'élaboration de nouveaux épisodes lors de la saison 1990-1991.

52. Robert Sheckley (né aux Etats-Unis en 1928) fit ses débuts littéraires en 1952 et devint rapidement, grâce à une série de nouvelles incisives ou hilarantes, l'un des auteurs vedettes de la revue *Galaxy*. Souvent comparé à Fredric Brown et à Kurt Vonnegut, il est un des tenants les plus représentatifs de la science-fiction d'humour. Harlan Ellison résume la manière de Sheckley en une formule particulièrement heureuse : « Si les Marx Brothers avaient écrit au lieu de jouer, ils se seraient appelés Robert Sheckley. » Parmi ses nombreux recueils de nouvelles – car, plus que dans le roman, c'est dans le texte bref que transparaît le meilleur de sa verve –, citons *Pèlerinage à la Terre* (*Pilgrimage to Earth*, 1958 ; Denoël, collection « Présence du Futur » n° 43) et *Le Robot qui me ressemblait* (*The Robot Who Looked Like Me*, 1979 ; J'ai lu n° 2193).

53. *The Lone Ranger*, série américaine de 221 épisodes de 30 minutes diffusée sur ABC de septembre 1949 à septembre 1957. Avant de devenir un des westerns les plus populaires de la télévision américaine, *The Lone Ranger* fut d'abord un feuilleton radiophonique créé par G. W. Trendel en 1933. Le héros de la série est un ranger du Texas incarné par Clayton Moore. Seul survivant d'un guet-apens tendu par un gang, il est soigné par l'Indien Tonto (Jay Silver Heels), qui devient son compagnon fidèle. Recouvrant la santé, il change d'identité et se métamorphose en un justicier masqué dont les méthodes sont restées célèbres : utilisant des balles d'argent, il ne tire sur ses adversaires que pour les blesser.

54. *The Love Boat*, série américaine de 227 fois 50 minutes, 1 fois 70 minutes, 6 fois 75 minutes et 6 fois 90 minutes. « Des croisières de luxe où derrière chacun des passagers se cache une célébrité de la chanson, du petit (ou du grand) écran. » (Jean-Jacques Jelot-Blanc, *Télé Feuilletons*, Editions Ramsay, collection « Ramsay Cinéma »,1993.)

55. Sur Richard Matheson voir note 38, chapitre 2, tome I.

56. Reginald Rose (Etats-Unis, 1920). Fort d'une expérience de publicitaire, de dramaturge et de scénariste pour la Warner, il débute à la télévision en 1951 en rédigeant pour

CBS un scénario de la série *Out There*. A partir de cette date, il partage l'essentiel de ses activités entre la télévision et le cinéma. C'est ainsi qu'il écrit en 1957 *The Defender* pour Studio One (téléfilm qui sera à l'origine, quelques années plus tard, de *The Defenders*, série diffusée sur CBS de 1961 à 1965) et crée la série *The Zoo Gang* pour NBC en 1975. En tant que scénariste de cinéma, on lui doit entre autres films – outre le très célèbre *Douze Hommes en colère* de Sidney Lumet (qu'il adapta également pour le théâtre) – le scénario de *L'Homme de l'Ouest* (*Man of the West*, 1958) d'Anthony Mann.

57. Sur William F. Nolan, voir note 12, chapitre 5, tome I.

58. *Prey* (1969), nouvelle recueillie dans l'anthologie d'Alain Dorémieux, *Les Mondes macabres de Richard Matheson*, Editions Casterman (1974).

59. Lew Archer, détective privé californien créé par John Ross Macdonald (1915-1983) en 1949. Ce personnage s'inscrit dans la lignée du Philip Marlowe de Raymond Chandler.

60. C'est sous l'identité du timide Clark Kent que se dissimule Superman, le justicier extraterrestre venu de la planète Krypton. Imaginées par le scénariste Jerry Siegel et le dessinateur Joe Shuster, les aventures de Superman firent leur apparition aux Etats-Unis en 1938.

61. *Mork and Mindy*, sitcom diffusée sur ABC de 1978 à 1982. Cette série mettant en scène Mork, un extraterrestre plein d'esprit (interprété par Robin Williams, dont ce fut le premier grand rôle), fut diffusée sur ABC de 1978 à 1982. Créée par Garry Marshall (le réalisateur de *Pretty Woman*), *Mork and Mindy* devint le plus grand succès de la saison 1978-1979. Débarquant de la planète Ork, Mork rencontre une jeune femme, Mindy (Pam Dowler) ; il la persuade de l'accueillir dans son appartement afin d'étudier la civilisation terrienne. En 1981, l'idylle de Mork et de Mindy se concrétise par un mariage...

62. Richard Kiel interpréta pour la première fois le rôle de Jaws en 1977 dans *L'Espion qui m'aimait* (*The Spy Who Loved Me*) de Lewis Gilbert.

63. Les titres originaux des épisodes de *Dossiers brûlants* cités par Stephen King sont les suivants :

The Spanish Moss Murders (*Croque-Mitaine*).

The Sentry (*La Sentinelle*), 20ᵉ épisode de la série. Première diffusion sur ABC : mars 1975.

The Legacy of Terror (*La Terreur en héritage*), 17ᵉ épisode de la série. Première diffusion sur ABC : février 1975.

The Trevi Collection (*La Collection*), 14ᵉ épisode de la série. Première diffusion sur ABC : janvier 1975.

Chopper (*A toute vitesse*), 15ᵉ épisode de la série. Première diffusion sur ABC : janvier 1975.

Ces épisodes ont été diffusés en France sur Canal + en 1989.

64. *Touchez pas à la schnouff*, film de Louis Gasnier (1936). Titre original : *Reefer Madness* ; autres titres : *The Burning Question, Tell Your Children*. Ce film a eu l'honneur d'être diffusé sur Arte le 6 juin 1995...

65. *Voyage to the Bottom of the Sea*, série américaine de science-fiction de 110 épisodes de 50 minutes, dont 79 en couleurs, diffusée sur ABC à partir du 14 septembre 1964. Développée par Irwin Allen à partir de son film *Le Sous-Marin de l'apocalypse* (*Voyage to the Bottom of the Sea*, 1961), elle narre les aventures de l'amiral Harriman Nelson (Richard Basehart, reprenant le rôle créé par Walter Pidgeon), commandant le sous-marin atomique *Seaview*.

66. Irwin Allen, producteur, réalisateur et écrivain américain (1916-1991). Homme de radio et de télévision, il crée une société de production cinématographique, Windsor Productions, et connaît le succès en tant que producteur en se spécialisant dans le film-catastrophe : *L'Aventure du Poséidon* (*The Poseidon Adventure*, 1972) et *La Tour infernale* (*The Towering Inferno*, 1974) qu'il coréalise avec John Guillermin.

67. Seabury Quinn (Etats-Unis, 1889-1969). Diplômé en droit, il devint après la guerre rédacteur en chef d'un groupe de journaux commerciaux à New York. Parallèlement à ses occupations professionnelles, il collabora à partir de 1923 à la revue *Weird Tales*, dont il devint un des auteurs vedettes, y publiant pas moins de 145 nouvelles et articles dont 93 aventures de Jules de Grandin, détective de l'occulte et pourfendeur du surnaturel. Quelques-uns des exploits de ce détective hors norme, d'origine française (ses jurons comme : « Par la barbe d'un bouc vert ! » sont restés célèbres) ont été publiés en France dans *Les Archives de Jules de Grandin* (Librairie des Champs-Elysées, collection « Le Masque fantastique » n° 20, 1979) et dans *Les Meilleurs Récits de Weird Tales* (anthologie en trois tomes composée par Jacques Sadoul, J'ai lu n° 579,1975 ; n° 580,1975 ; n° 923,1979).

68. Le show américain *That's Incredible* a été jadis adapté pour la télévision française par Jacques Martin sous le titre *Incroyable mais vrai.*

69. Sur les trois « télépièces » de Serling citées par King, deux ont fait l'objet de *remakes* au cinéma : il s'agit de *Patterns*, film de Fielder Cook (1956, inédit en France) et de *Requiem for a Heavyweight*, film de Ralph Nelson (1962), dont le titre français est *Requiem pour un champion.*

70. Paddy Chayefsky (Etats-Unis, 1923-1981). « Son nom est l'un des plus importants de la production dramatique pour la télévision et ses principales "télépièces" ayant été adaptées au cinéma, il est impossible de parler du cinéma des années 50 sans prendre Paddy Chayefsky en considération. » (Jean-Pierre Coursodon et Bertrand Tavernier, *50 Ans de cinéma américain*, Nathan, 1991.) Parmi les films auxquels il a collaboré, citons *La Nuit des maris* de Delbert Mann (*The Bachelor Party*, 1957), *Les Jeux de l'amour et de la guerre* d'Arthur Hiller (*The Americanization of Emily*, 1964), *L'Hôpital* (voir note 76 du présent chapitre) et *Network* (voir note 77 du présent chapitre), ces trois derniers films constituant « une sorte de trilogie sur l'état d'esprit des Américains confrontés à la guerre, à la maladie et à la télévision » (*50 Ans de cinéma américain*, *op. cit.*).

71. Plusieurs « télépièces » écrites par Chayefsky et Rose ont été adaptées au cinéma ; c'est le cas de *Marty* (titre français identique), réalisé par Delbert Mann en 1955, et de *Twelve*

Angry Men (*Douze Hommes en colère*), réalisé par Sidney Lumet en 1957.

72. Né à New York en 1924, Rod Serling est mort en 1975 des suites d'une opération à cœur ouvert.

73. *Le Hold-up du siècle*, film de Jack Donohue (1966) ; titre original : *Assault on a Queen*.

74. *La Planète des singes*, film de Franklin Shaffner (1968) ; titre original : *Planet of the Apes*.

75. *Sept Jours en mai*, film de John Frankenheimer (1964) ; titre original : *Seven Days in May*.

76. *L'Hôpital*, film d'Arthur Hiller (1971) ; titre original : *The Hospital*.

77. *Network*, film de Sidney Lumet (1976) ; titre original identique.

78. Comme tous les épisodes de la quatrième saison (1963) dont la durée était de 50 minutes, *He's Alive* est inédit en France. Cet épisode écrit par Rod Serling et réalisé par Stuart Rosenberg fut diffusé sur CBS en janvier 1963.

79. *The Monsters Are Due on Maple Street*, épisode de la première saison, écrit par Rod Serling et réalisé par Ron Winston. Première diffusion sur CBS : mars 1960. Cet épisode est disponible en version française sur cassette Fox Video (*La Quatrième Dimension*, volume 2).

80. *The Shelter*, épisode de la deuxième saison, écrit par Rod Serling et réalisé par Lamont Johnson. Première diffusion sur CBS : septembre 1961.

81. *Time Enough At Last*, épisode de la première saison, écrit par Rod Serling, réalisé par John Brahm. Première diffusion sur CBS : novembre 1959. Cet épisode est disponible en version française sur cassette Fox Video (*La Quatrième Dimension*, volume 2).

82. *Printer's Devil*, épisode de la quatrième saison, écrit par Charles Beaumont (d'après sa nouvelle *The Devil, You Say ?*) et réalisé par Ralph Senensky. Inédit en France. « Au bord de la faillite, un propriétaire de journal accepte l'aide de

M. Smith sans se douter qu'il s'agit du diable » (*Génération Séries*, n° 7, septembre 1993). Première diffusion sur CBS : février 1963.

83. *The Detectives*, série policière américaine diffusée sur ABC de 1959 à 1961 et sur NBC de 1961 à 1962. La vedette de la série était le grand acteur hollywoodien Robert Taylor ; celui-ci incarnait le capitaine Matt Hotbrook, sorte d'Elliot Ness des années 60 ; comme le pluriel du titre le sous-entend, Matt Hotbrook avait sous ses ordres plusieurs détectives autour desquels se focalisait alternativement l'intérêt.

84. *The Waltons*, série américaine de 195 épisodes de 50 minutes et 1 épisode de 120 minutes diffusés sur CBS à partir de 1972. Créée par Lee Rich et Earl Hamner Jr, cette série-fleuve qui se prolongea durant neuf années mettait en scène les Walton, une famille de sept enfants vivant dans une scierie dirigée par le père et le grand-père lors de la crise économique de 1929.

85. *The Bewitching Pool*, épisode écrit par Earl Hamner Jr et réalisé par Joseph M. Newman. Par l'intermédiaire de sa piscine, une famille communique avec d'autres dimensions. Première diffusion sur CBS : juin 1964.

86. *Bonanza*, série western en 430 épisodes de 50 minutes (quatorze saisons) diffusés sur NBC de septembre 1959 à janvier 1973. Créée par David Dortort, cette série relève de ce que l'on pourrait appeler le *western familial*. Pendant quatorze années, les Américains suivirent assidûment la saga mouvementée des Cartwright, une famille de ranchers, avec à sa tête Ben Cartwright (incarné par Lorne Greene) veillant sur l'immense domaine de Ponderosa.

87. *Perchance to Dream*, épisode de la première saison écrit par Charles Beaumont et réalisé par Robert Foley. « Edward Hall rêve par épisodes et il est persuadé qu'il trouvera la mort dans le dernier. Il n'ose s'endormir... » (*Génération Séries*, n° 7, septembre 1993.) Première diffusion sur CBS : novembre 1959.

88. Né Charles Nutt, Charles Beaumont (Etats-Unis, 1929-

1967), après avoir exercé les métiers d'illustrateur et de *cartoonist*, se tourna vers la littérature fantastique et de science-fiction. Il vendit sa première nouvelle à *Amazing Stories* en 1951 et commença à travailler pour la télévision en 1954. On rencontre dès lors son nom au générique de nombre de séries, telles *Alfred Hitchcock présente*, *Thriller* ou *Au nom de la loi*.

On lui doit par ailleurs plusieurs recueils de nouvelles où dominent le suspense, l'horreur et la science-fiction. En France, seul un recueil d'une quinzaine de nouvelles, *Là-bas et ailleurs* (*Yonder*, 1958), a été publié, aux Editions Denoël dans la collection « Présence du Futur » (n° 31).

89. *Third From the Sun*, épisode de la première saison écrit par Rod Serling (d'après une nouvelle de Richard Matheson) et réalisé par Richard L. Bare. La nouvelle de Matheson ayant servi de base à cet épisode (et qui date de 1950) a d'abord été traduite sous le titre *Deux Planètes trop semblables*... dans *Galaxie* (1re série, n° 54, mai 1958), puis sous le titre *La Troisième à partir du soleil* dans l'anthologie *Phares stellaires et sillages atomiques* (*Marginal* n° 15, 1977). Première diffusion : janvier 1960.

90. *Battlestar Galactica*, série télévisée américaine de science-fiction de 34 fois 50 minutes dont la diffusion débuta en septembre 1978 sur ABC. En partie inspirée par *La Guerre des étoiles*, cette série, dont l'action se déroule à une époque indéterminée, relate les efforts d'une confédération humaine pour faire régner l'ordre et la paix dans une galaxie située à des années de lumière de la Terre.

91. *The Thirty-Fathom Grave*, épisode de la quatrième saison écrit par Rod Serling et réalisé par Perry Lafferty. Inédit en France ; première diffusion sur CBS : avril 1963.

92. Voir note 82 du présent chapitre.

93. *The New Exhibit*, épisode de la quatrième saison écrit par Jerry Sohl, d'après une histoire de Charles Beaumont et Jerry Sohl, et réalisé par John Brahm. Inédit en France ; première diffusion sur CBS : avril 1963.

94. *Miniature*, épisode de la quatrième saison écrit par

Charles Beaumont et réalisé par Walter E. Grauman. Inédit en France ; première diffusion sur CBS : février 1963.

95. « En 1969 démarre *Rod Serling's Night Gallery*, série d'anthologie un peu moins tournée sur la science-fiction, mais davantage sur le macabre et l'horreur, que ne l'était *La Quatrième Dimension* et où Rod Serling se contente du rôle de présentateur. Déçu par le résultat, il tente de quitter la série mais, étant lié par contrat, il devra attendre qu'elle s'arrête d'elle-même. » (Christophe Petit, *Génération Séries* n° 7, septembre 1993.)

96. Voir note 12 du présent chapitre.

97. *Cool Air* (1928). Nouvelle recueillie dans *Je suis d'ailleurs*, Denoël, collection « Présence du Futur » n° 45, et dans le tome II des *Œuvres complètes* de Lovecraft, Robert Laffont, collection « Bouquins ».

98. *Pickman's Model* (1927). Nouvelle recueillie dans *Je suis d'ailleurs*, Denoël, collection « Présence du Futur » n° 45, et dans le tome II des *Œuvres complètes* de Lovecraft, Robert Laffont, collection « Bouquins ».

99. Ecrivain d'origine britannique décédé en 1952, Oscar Cook vécut à Bornéo où il occupa des fonctions officielles pour le compte du gouvernement anglais. Il épousa en 1924 l'agent littéraire et anthologiste Christine Campbell Thomson, dont la série d'anthologies *Not at Night* reste une référence en matière de fantastique et d'horreur. Oscar Cook, qui trouva dans ses souvenirs de Bornéo une des sources de son inspiration, fut un des nombreux collaborateurs de la revue *Weird Tales*.

Ajoutons que l'idée de *Boomerang*, l'épisode de *Night Gallery* raconté par Stephen King, a été reprise dans *Star Trek II : La Colère de Khan* (*Star Trek II : The Wrath of Khan*), de Nicholas Meyer (1982). Dans ce film, l'horrible Khan (Ricardo Montalban) infligeait une torture identique au malheureux Chekov (Walter Koenig) : celui-ci échappait à la mort de la même façon improbable que le protagoniste de *Boomerang*, mais la présence d'œufs dans sa boîte crânienne n'était pas mentionnée...

100. *The Fugitive*, série d'aventures à suspense en 120 épisodes de 50 minutes (quatre saisons, dont la dernière en couleurs) diffusés de septembre 1963 à août 1967. Produite par Wilton Schiller et Quinn Martin, la série est axée autour du personnage du Dr Richard Kimble (interprété par David Janssen). Celui-ci, injustement accusé du meurtre de sa femme, s'évade à la faveur d'un accident. Débute alors une double poursuite calquée sur les modèles hitchcockiens : tandis que Kimble cherche à retrouver le véritable assassin – un manchot entrevu la nuit du crime – qui toujours lui échappe, le lieutenant Philip Gerard (interprété par Barry Morse) traque impitoyablement Kimble.

Ce feuilleton a par la suite inspiré un film, *Le Fugitif* (*The Fugitive*, 1993), d'Andrew Davis, avec Harrison Ford et Tommy Lee Jones dans les rôles principaux.

101. *Wanted, Dead or Alive*, série western américaine de 94 épisodes de 26 minutes (trois saisons) diffusés de septembre 1958 à mars 1961. Cette série met en scène un chasseur de primes du nom de Joss Randall interprété par Steve McQueen.

102. *Je chante le corps électrique* (*I Sing the Body Electric*, 1970), Denoël, collection « Présence du Futur » nº 126.

103. *Mr. Denton on Doomsday*, épisode de la première saison réalisé par Allen Reisner. « L'Ouest américain. Un ancien tireur émérite devenu alcoolique est provoqué en duel... » (*Génération Séries* nº 7, septembre 1993.) Première diffusion sur CBS : octobre 1959.

104. *The Sixteen Millimeter Shrine*, épisode de la première saison réalisé par Mitchell Leisen. « Une actrice dont la seule occupation est de se projeter ses vieux films finit par pénétrer dans l'un d'eux... » (*Génération Séries* nº 7, septembre 1993.) Première diffusion sur CBS : octobre 1959. Cet épisode est disponible en version française sur cassette Fox Video (*La Quatrième Dimension*, volume 3).

105. *Judgment Night*, épisode de la première saison réalisé par John Brahm. « 1942, sur le *Queen of Glasgow*, un navire britannique. Carl Lanser, amnésique, a l'étrange sensation de connaître l'équipage et pressent un grand danger... » (*Génération Séries* n° 7, septembre 1993.) Première diffusion sur CBS : décembre 1959.

106. *The Big Tall Wish*, épisode de la première saison. Première diffusion sur CBS : avril 1960.

107. Pour beaucoup de lecteurs français, Jack Finney (né en 1911 aux Etats-Unis) resta longtemps l'auteur d'un seul roman : *L'Invasion des profanateurs* (*Invasion of the Body Snatchers*, 1955), porté plusieurs fois à l'écran (voir note 3, avant-propos, tome I). Depuis quelques années, les Editions Denoël ont permis de se faire sur cet écrivain (dont l'œuvre, outre de nombreuses nouvelles, compte une dizaine de romans) une idée plus juste, en publiant successivement trois romans : *Le Retour de Marion Marsh* (*Marion's Wall*, 1973), *Le Voyage de Simon Morley* (voir note 109 du présent chapitre) et *La Pièce d'à côté* (*The Woodrow Wilson Dime*, 1968). Au travers de ces œuvres apparaît un auteur hanté par le voyage dans le temps et les univers parallèles et qui, à la maîtrise du suspense et de la progression dramatique, ajoute l'humour et la poésie.

Jack Finney a également écrit plusieurs romans policiers qui, sans égaler ses romans de science-fiction, méritent d'être signalés ; deux d'entre eux ont été publiés en français à la « Série Noire » : *Néant à roulettes* (*Five Against the House*, 1954 ; n° 373) et *En Double* (*The House of Numbers*, 1957 ; n° 413).

108. *The Third Level*, inédit en France. Par contre, la nouvelle donnant son titre au recueil (et que Stephen King commente quelques lignes plus bas) a été publiée en français sous le titre *Le Troisième Sous-Sol* dans *Histoires de voyages dans le temps* (Le Livre de Poche n° 3772).

109. *Time and Again* (1970) décrit un voyage dans le temps aboutissant à New York en 1882. Publié en France longtemps après sa parution aux Etats-Unis, *Le Voyage de Simon Morley* a reçu le Grand Prix de l'Imaginaire 1994 dans la catégorie « roman étranger » (Denoël, collection « Présences », 1993). Sa suite, *From Time to Time* (1995), chez le même éditeur sous le titre *Le Balancier du temps* (1996).

110. La nouvelle de Jack Finney, *Of Missing Persons*, a été publiée en français sous le titre *Des personnes déplacées* dans *Histoires d'extraterrestres* (Le Livre de Poche n° 3763) et sous le titre *Les Disparus* dans le recueil *Contretemps* (Editions Clancier-Guénaud, 1988).

111. Voir note 73 du présent chapitre.

112. *Nick of time*, épisode de la deuxième saison écrit par Richard Matheson et réalisé par Richard L. Bare. Première diffusion sur CBS : novembre 1960.

113. *The Fever*, épisode de la première saison écrit par Rod Serling et réalisé par Robert Florey. Première diffusion sur CBS : janvier 1960.

114. *The Eye of the Beholder*, épisode de la deuxième saison écrit par Rod Serling et réalisé par Douglas Heyes. Première diffusion sur CBS : novembre 1960. Cet épisode est disponible en version française sur cassette Fox Video (*La Quatrième Dimension*, volume 1).

115. *The Invaders*, épisode de la deuxième saison écrit par Richard Matheson et réalisé par Douglas Heyes. Première diffusion sur CBS : janvier 1961. Cet épisode est disponible en français sur cassette Fox Video (*La Quatrième Dimension*, volume 1).

116. Voir note 58 du présent chapitre.

117. *Nightmare at 20,000 feet*, épisode de la quatrième saison écrit par Richard Matheson et réalisé par Richard Donner. Première diffusion sur CBS : octobre 1963. Cet épisode est disponible en version française sur cassette Fox Video (*La Quatrième Dimension*, volume 4). Ajoutons que cet épisode a fait l'objet d'un *remake* réalisé par George Miller dans le film *La Quatrième Dimension* (*Twilight Zone – The Movie*, 1983).

118. *Il était une fois* (*Once Upon a Time*), épisode de la troisième saison écrit par Richard Matheson et réalisé par

Norman Z. McLeod. « 1890. Woodrow Mulligan (Buster Keaton) utilise un casque magique pour faire le voyage vers 1962. Pourra-t-il repartir ?... » (*Génération Séries* n° 7, septembre 1993.) Première diffusion sur CBS : décembre 1961.

119. *Rien à craindre* (*Nothing in the Dark*), épisode de la troisième saison écrit par George Clayton Johnson et réalisé par Lamont Johnson. « La vieille Mme Dunn se barricade chez elle depuis des années, persuadée qu'ainsi la mort ne pourra venir la chercher... » (*Génération Séries* n° 7, septembre 1993.) Première diffusion sur CBS : janvier 1962.

120. Parmi les réalisateurs qui ont collaboré à *La Quatrième Dimension* citons également : John Brahm, Richard Donner, Norman Z. McLeod, Robert Parrish, Don Siegel et Jacques Tourneur.

121. Bernard Herrmann (Etats-Unis, 1911-1975) est le compositeur de nombreuses musiques de films, dont celle de *Psychose*.

122. Voir note 34 du présent chapitre.

123. *Le Scorpion noir*, film d'Edward Ludwig (1957). Titre original : *The Black Scorpion*.
The Beast of Hollow Mountain, film d'Edward Nassour et Ismael Rodriguez (1956) ; inédit en France.

124. *The Jar*, nouvelle publiée dans le recueil *Le Pays d'octobre* (*The October Country*, 1955), Denoël, collection « Présence du Futur » n° 20. L'adaptation de la nouvelle de Bradbury a été diffusée dans le cadre de la deuxième saison (1962-1963) de *The Alfred Hitchcock Hour* (en France : *Suspicion*). Inédit en France.

125. William Hope Hodgson (Grande-Bretagne, 1877-1918). Fils d'un pasteur du comté d'Essex, il quitta très tôt sa famille et navigua pendant huit ans dans la marine marchande. Ces années marquèrent son imagination d'une manière définitive. Chantre des océans maléfiques (il est l'inventeur du mythe de la mer des Sargasses, lieu de terreur où viennent s'enliser les navires perdus), il développe également le thème de l'épouvante cosmique, préfigurant ainsi

Lovecraft. Malgré une œuvre relativement peu abondante, il eut une influence considérable sur l'évolution de la littérature fantastique. Parmi ses romans et recueils de nouvelles, citons *La Maison au bord du monde* (*The House on the Borderland*, 1908 ; Le Livre de Poche) et *Carnaki et les fantômes* (*Carnaki the Ghost-Finder*, 1913 ; Editions NéO, collection « Fantastique/Science-fiction/Aventure » n° 44).

La nouvelle que cite Stephen King est recueillie dans *La Chose dans les algues* (*Deep Waters*, 1914 ; Editions NéO, collection « Fantastique/Science-fiction/ Aventure » n° 3).

126. Sur John Dann MacDonald, voir note 25, chapitre 5, tome I.

127. *The Morning After*, épisode de la quatrième saison (1958-1959) de *Alfred Hitchcock Presents*. Inédit en France.

128. La nouvelle de Roald Dahl à laquelle Stephen King fait allusion est *Le Coup du gigot* (*Lamb to the Slaughter*), extraite du recueil *Bizarre ! Bizarre !* (*Someone Like You*, 1953 ; Gallimard, collection « Folio »). Elle a été adaptée dans le cadre de *Alfred Hitchcock présente* lors de la troisième saison sous le titre *L'inspecteur se met à table* (*Lamb to the Slaughter*). Ajoutons que cette nouvelle a également été adaptée par la télévision britannique dans le cadre de la série *Bizarre, bizarre* (*Tales of the Unexpected*) lors de la première saison (1979) ; titre français : *Un os dans le gigot*.

129. Roald Dahl, écrivain britannique d'origine norvégienne (1916-1990). Dans la lignée de Saki et de John Collier, il est un des maîtres du récit sarcastique. A côté de recueils de nouvelles criminelles et d'humour noir tels *Bizarre ! Bizarre !* (voir note 128) ou *Kiss Kiss* (*Kiss Kiss*, 1960 ; « Folio »), il est aussi un grand auteur de littérature de jeunesse (*The Witches*, 1983 ; *Sacrées Sorcières*, « Folio Junior »).

130. Comme tous les épisodes de 50 minutes, *They're Coming* est inédit en France.

131. *An Occurrence at Owl Creek Bridge*, épisode de la quatrième saison. Scénario et réalisation : Robert Enrico, d'après la nouvelle homonyme d'Ambrose Bierce. Première diffusion : février 1964 sur CBS. « Ce film français intitulé *La Rivière du Hibou* fut acheté et inclus dans *La Quatrième Dimension* pour des raisons budgétaires. Il a remporté la Palme d'Or du court métrage à Cannes en 1962 et a également gagné un Oscar à Hollywood » (*Génération Séries* n° 7, septembre 1993.) Ajoutons que la nouvelle d'Ambrose Bierce a été publiée en France sous le titre *Ce qui se passa sur le pont de Owl Creek* dans le recueil *Histoires impossibles* (Grasset, 1978) et sous le titre *La Rivière du Hibou* dans le recueil homonyme publié par Les Humanoïdes Associés en 1978.

132. Né dans l'Indiana en 1842, Ambrose Bierce disparut – du moins le suppose-t-on – en 1914, lors de la Révolution mexicaine menée par Pancho Villa.

Journaliste à la plume acérée, satiriste et pamphlétaire redouté, il apparaît au travers de ses fables ou de ses aphorismes – réunis dans *Le Dictionnaire du diable* (*The Devil's Dictionary*) – comme un des maîtres de l'humour noir. Mais c'est surtout à ses contes fantastiques – dont une large sélection a été publiée en français sous le titre *Histoires impossibles* (Grasset, 1978) – qu'il doit d'être considéré aujourd'hui comme l'égal d'Edgar Poe.

Son sens de l'horreur psychologique, de la terreur et de l'histoire à chute lui a valu l'admiration d'écrivains comme Lovecraft, lequel déclarait : « Chez Bierce, l'évocation de l'horrible devient pour la première fois non pas tant un avertissement ou une perversion comme chez Poe ou Maupassant qu'une atmosphère définie et décrite d'une manière insoutenable » (*Epouvante et surnaturel en littérature*, 10/18 ; également disponible dans le tome II des *Œuvres complètes* de Lovecraft, Robert Laffont, collection « Bouquins »).

133. *One of the Missing*, nouvelle recueillie dans *Histoires impossibles* (Grasset, 1978).

134. Acteur français né en 1921. De son vrai nom Louis Gendre, Louis Jourdan connut une carrière internationale dont une grande partie se déroula à Hollywood. C'est ainsi qu'il tourna dans *Le Procès Paradine* (*The Paradine Case*, 1947) d'Alfred Hitchcock, et dans *Madame Bovary* (1949) et *Gigi* (1958) de Vincente Minnelli.

135. *Dracula* (1979) de John Badham, avec Frank Langella dans le rôle-titre et Laurence Olivier dans celui de Van Helsing.

136. *Dracula* (1973) de Dan Curtis.

137. Acteur et écrivain américain (1936-1991). Avant de s'adonner à la littérature fantastique et de suspense, Thomas Tryon mena une carrière de comédien tant à la télévision qu'au cinéma où sa prestation dans *Le Cardinal* d'Otto Preminger lui valut plusieurs récompenses.

Son univers romanesque – que sous-tend toujours la présence d'un mystère – accorde une large place à l'enfance (*L'Autre* ; *The Other*, 1971, Pocket), au souvenir (*Lady*, 1974, Albin Michel) et à la nostalgie (*Fédora* ; *Crowned Heads*, 1976, Albin Michel). Chez Thomas Tryon, par-delà la séduction des apparences se cache le mal : que ce soit derrière les façades rassurantes du village de *La Fête du maïs* (*Harvest Home*, 1973 ; Pocket) où le temps semble s'être arrêté ou derrière le visage clair d'un enfant (*L'Autre*).

Deux de ses œuvres ont été adaptées au cinéma ; il s'agit de *L'Autre* (*The Other*, 1972) de Robert Mulligan et de *Fédora* (*Fedora*, 1978) de Billy Wilder. *La Fête du maïs* a inspiré un téléfilm, *Dark Secret of Harvest Home* (1978), réalisé par Leo Penn et interprété par Bette Davis.

138. *Frankenstein : The True Story* (1978), téléfilm produit par Universal Pictures Television Limited, réalisé par Jack Smith sur un scénario de Christopher Isherwood et Don Bachardy. Interprètes : James Mason, Leonard Whiting, Jane Seymour, John Gielgud et Michael Sarrazin.

139. Voir note 12, chapitre 7, tome I.

140. *The Monsters*, série de 70 épisodes de 25 minutes, créée en 1964 par Joe Connelly et Bob Mosher et diffusée en France sur Canal + en 1986. Dans un manoir d'allure gothique vit la famille Monstre. Seule Marilyn, la nièce, est d'une grande beauté...

141. *Journey to the Unknown* (textuellement « Voyage vers l'inconnu »), anthologie anglaise produite par la Hammer et Century Fox TV. On retrouve dans l'équipe de production Joan Harrisson et Norman Lloyd, déjà producteurs de *Alfred Hitchcock présente*. La série, qui comprend 17 épisodes de 60 minutes, a été diffusée aux Etats-Unis sur ABC de septembre 1968 à janvier 1969.

Parmi les réalisateurs, en majorité britanniques (dont certains avaient précédemment mis en scène des films produits par la Hammer), on relève les noms de Roy Ward Baker, James Hill, Peter Sasdy, Don Shaffey, Robert Stevens, etc. Les scénarios, qui pour la plupart ressortissaient au suspense psychologique (à l'exception de trois histoires de science-fiction), étaient dus aux maîtres du genre : Charles Beaumont, John Collier, L. P. Davies, Leslie P. Hartley, Richard Matheson, etc.

142. Sur la Hammer, voir note 25, chapitre 3, tome I.

143. *Tales of the Unexpected*, anthologie fantastico-policière britannique en 112 épisodes de 26 minutes diffusés de mars 1979 à mai 1988. Créée par Roald Dahl (voir note 129 du présent chapitre), *Bizarre, bizarre* jouait la carte de l'histoire à chute ; chaque épisode était présenté par Roald Dahl, ce qui contribuait à donner une unité à la série. La majorité des scénarios s'appuyaient sur des nouvelles d'écrivains de renom : Roald Dahl lui-même, mais aussi Somerset Maugham, C. S. Forester, Patricia Highsmith, Ruth Rendell, etc. Quant aux comédiens, signalons la présence lors de certains épisodes de Joseph Cotten, Peter Cushing, Sir John Gielgud ou Micheline Presle.

Dans *Les Grandes Séries anglaises* (Huitième Art), Christine Chartier précise qu'« un certain nombre d'épisodes, pour des raisons de coût, ont été produits et tournés directement aux Etats-Unis entre 1979 et 1982. Diffusés d'abord aux U.S.A. avant d'être réintégrés ultérieurement dans la collection, ces épisodes ne sont pas tout à fait de même facture et conservent un peu la patte des studios américains ». En évoquant le nom du producteur Quinn Martin, c'est probablement à ces épisodes que Stephen King se réfère ici.

144. *The* F.B.I., série policière en 240 épisodes (neuf saisons) de 50 minutes diffusés de septembre 1965 à septembre 1974 sur ABC. Créée par Quinn Martin et produite par Charles Lawton, cette série s'inscrit dans le courant du *police procedural* (la procédure policière). *Sur la piste du crime* développe en jouant la carte du réalisme les exploits de l'inspecteur Lewis Erskine, interprété par Efrem Zimbalist Jr. Celui-ci poursuit à travers les Etats-Unis des criminels de tout genre : tueurs, kidnappeurs, cambrioleurs, chefs de la mafia et également des espions communistes.

145. Sur *Le Fugitif*, voir note 100 du présent chapitre.

146. *The Invaders*, série américaine en 43 épisodes de 50 minutes (deux saisons) diffusés de janvier 1967 à mars 1968 sur ABC. Créée par Larry Cohen, cette série de science-fiction reprend le principe du roman de Jack Finney, *L'Invasion des profanateurs* (voir note 3, avant-propos, tome I) : les extraterrestres sont en train de conquérir la Terre et pour cela ils ont pris forme humaine. Seul un architecte du nom de David Vincent (interprété par Roy Thinnes) connaît leur existence...

147. *The New Breed*, série américaine de 36 épisodes de 50 minutes diffusés sur ABC à partir de juillet 1967. Créée par Quinn Martin, cette série policière met en scène une brigade de la police de Los Angeles dirigée par le lieutenant Price Adams (interprété par Leslie Nielsen) en lutte contre le crime.

148. *The House Next Door* (1978). Ce roman d'Anne Rivers Siddons, sur lequel Stephen King reviendra longuement dans le chapitre 9, a été publié en français aux Presses de la Cité puis réédité chez Pocket (n° 9104).

Chapitre 9

1. Ecrivain américain, né en 1942, auteur de nombreux romans fantastiques. Parfois inégal – d'où l'ironie de Stephen King –, on lui doit cependant quelques belles réussites dont le très curieux *Que souffrent les enfants* (*Suffer the Children*, Nouvelles Editions Baudinière, 1978) et *Cassie* (*The Unwanted*, 1987, Pocket n° 9058).

2. Ecrivain américain, auteur de romans de suspense et d'horreur. Deux d'entre eux – *Le Jugement de la mer* et *Golgotha* – ont été publiés en France aux Presses de la Cité dans la collection « Paniques ».

3. Ecrivain américain (1865-1933). D'abord attiré par une carrière artistique, Robert W. Chambers étudia la peinture en France. De retour à New York, il devint illustrateur au service de magazines tels *Life* ou *Vogue*. De son œuvre littéraire riche de plus de soixante-dix titres dans des registres aussi divers que le sport, les romans historiques et les biographies, on retiendra surtout son recueil de nouvelles *Le Roi de jaune vêtu* (*The King in Yellow*, 1895 ; Marabout n° 589). Dans cet ouvrage, les défauts de l'écrivain – absence de psychologie, platitude des dialogues, mièvrerie sentimentale – disparaissent devant la richesse thématique où s'entremêlent folie et songes prophétiques. Aussi certains critiques considèrent-ils aujourd'hui *Le Roi de jaune vêtu* comme « le plus important ouvrage fantastique unissant Poe aux modernes » (E. F. Bleiler), avis largement partagé par Lovecraft qui ne cessa de reconnaître l'influence exercée sur lui par Chambers.

4. Samuel Johnson, polygraphe et moraliste anglais (1709-1784). Plus que ses propres œuvres, la biographie que lui a consacrée après sa mort son ami James Boswell lui a assuré, sous le nom de « Dr Johnson », une gloire posthume qui ne s'est jamais démentie.

Quant à la citation à laquelle Stephen King fait allusion (et qu'il semble affectionner particulièrement, car il la reprend souvent), la voici : « Une femme qui prêche ressemble à un chien qui marche sur ses pattes de derrière. Ni l'un ni l'autre ne le font bien, mais pourtant ils nous étonnent. » (James Boswell, *Journal intime d'un mélancolique*, traduction abrégée de G. Brochard, Hachette.)

5. *Lord of the Flies*, roman de William Golding (Grande-Bretagne, 1911-1993), prix Nobel de littérature 1983. Dans ce roman mettant en scène de jeunes collégiens dont l'avion s'est écrasé sur une île déserte, l'auteur reprend le thème de la robinsonade, cher à Defoe et à Verne. Mais contrairement à ses prédécesseurs, Golding montre que, loin de recréer la civilisation, de jeunes naufragés privés de repères sociaux régressent à l'état de sauvagerie et d'animalité. Le pessimisme le plus absolu sous-tend l'ensemble de son œuvre qui explore un thème unique : « L'Homme produit le mal comme l'abeille produit le miel. »

6. Ecrivain américain né en 1947. Bien que peu prolixe, il est considéré par les spécialistes comme un des plus importants stylistes de l'horreur moderne. Son roman *The Ceremonies* (1984) est un hommage éblouissant à Arthur Machen (voir note 71 du présent chapitre) ; son seul autre livre à ce jour, *Dark Gods* (1985), recueille quatre courts romans dont celui cité par Stephen King. Il fut le premier rédacteur en chef de *Twilight Zone*, un magazine aujourd'hui hélas disparu et sur lequel planait l'ombre tutélaire de Rod Serling.

7. Allusion à un épisode de *La Quatrième Dimension : Les Monstres de Maple Street* (*The Monsters Are Due on Maple Street*). « Les habitants d'une petite ville se soupçonnent les uns les autres d'être des monstres venus d'une autre planète... » (*Génération Séries*, n° 7, septembre 1993.) Cet épisode écrit par Rod Serling et réalisé par Ron Winston a été diffusé pour la première fois sur CBS en mars 1960. Il est par ailleurs disponible en version française chez Fox Video (*La Quatrième Dimension*, volume 2).

8. *Ghost Story* (1979 ; Pocket n° 9033) a été adapté au cinéma par John Irvin en 1981, sous le titre français *Les Fantômes de Milburn*.

9. Peter Straub (Etats-Unis, 1943) est l'auteur de plusieurs romans fantastiques dont *Julia* et *Le Talisman des territoires* (*The Talisman*, 1984 ; Le Livre de Poche n° 7075), écrit en collaboration avec Stephen King. Après avoir écrit certains des romans d'horreur les plus brillants des années 80 – citons notamment *Shadowland* (*Shadowland*, 1980 ; J'ai lu n° 2249) et *Le Dragon flottant* (*Floating Dragon*, 1982 ; J'ai lu n° 2373) –, il s'est progressivement éloigné du genre, produisant une trilogie informelle se situant aux lisières du roman policier et du roman d'horreur – *Koko* (*Koko*, 1988 ; Pocket n° 9047), *Mystery* (*Mystery*, 1990 ; Pocket n° 9088) et *La Gorge* (*The Throat*, 1993 ; Plon) – à laquelle se rattachent certaines des nouvelles recueillies dans *Sans portes ni fenêtres* (*Houses Without Doors*, 1990 ; Pocket n° 9106).

10. *Rosemary's Baby* (1967) d'Ira Levin (J'ai lu n° 342).

Après des débuts comme scénariste à la télévision, Ira Levin (Etats-Unis, 1929) fait en 1953 une entrée remarquée dans la littérature policière grâce à un roman, *La Couronne de cuivre* (*A Kiss Before Dying*, J'ai lu n° 449), aussitôt récompensé par un Edgar. Il partage ensuite son temps entre l'écriture de scripts et de pièces de théâtre. *Un bébé pour Rosemary* marque son retour au roman après une interruption de quatorze ans. Le succès de ce livre l'incite à persévérer dans le domaine de l'étrange et à s'intéresser à la science-fiction : *Un bonheur insoutenable* (*This Perfect Day*, 1970 ; J'ai lu n° 434), *Les Femmes de Stepford* (*The Stepford Wives*, 1972 ; J'ai lu n° 649), *Ces garçons qui venaient du Brésil (The Boys from Brazil*, 1977 ; J'ai lu n° 906).

Sliver (*Sliver*, 1991 ; Pocket n° 4698), son dernier roman publié en France, renoue avec le genre policier.

11. *The Exorcist* (1971 ; J'ai lu n° 630) de William Peter Blatty. Voir note 3, chapitre 3, tome I.

12. Sur *L'Autre* de Thomas Tryon, voir note 137, chapitre 8.

13. Fondé en 1923, *Weird Tales* (*The Unique Magazine*, comme il se présentait lui-même à ses lecteurs) publia nombre d'auteurs de premier plan parmi lesquels H. P. Lovecraft et Robert Bloch qui y effectua ses débuts. Sous la poussée de la science-fiction à laquelle allait désormais la faveur du public, *Weird Tales* qui, contre vents et marées, continuait à privilégier le macabre et le surnaturel, disparut en 1954.

A la différence de *Weird Tales*, *Unknown* ne connut qu'une courte existence : trente-neuf numéros publiés de mars 1939 à octobre 1943. Sa fin prématurée n'est cependant pas due à la désaffection du public mais au rationnement du papier qu'imposait la guerre. Malgré la brièveté de son passage sur la scène éditoriale, *Unknown* figure parmi les meilleurs *pulps* de fantastique et de science-fiction avec des sommaires réunissant des auteurs tels que Robert Bloch, Fredric Brown, Robert Heinlein ou Theodore Sturgeon. Une sélection de textes provenant de cette revue a été réunie par Jacques Sadoul dans *Les Meilleurs Récits de « Unknown »* (J'ai lu n° 713).

14. *Julia* (1976 ; Pocket n° 9020).

15. *If You Could See Me Now* (1977 ; J'ai lu n° 2816).

16. Ecrivain américain (1915-1983). Souvent considéré comme le successeur de Raymond Chandler, John Ross Macdonald (de son vrai nom Kenneth Millar) est le créateur du célèbre détective privé Lew Archer. Celui-ci apparaît pour la première fois en 1949 dans *The Moving Target* (*Il est passé par ici*, Presses de la Cité, collection « Un mystère » n° 184) et revient dans une quinzaine de romans. Pour Ellery Queen, il est le détective le plus humain de toute l'histoire du roman policier américain.

Dans la plupart des romans de John Ross Macdonald, le poids du passé est prépondérant : un meurtre commis autrefois empoisonne le présent et engendre de nouveaux meurtres.

17. *The Castle of Otranto* (1764) de Horace Walpole (Angleterre, 1717-1797) est considéré comme le livre fondateur du genre gothique. *Le Château d'Otrante* est disponible en traduction aux Editions José Corti.

18. *Ambrosio or : The Monk* de Matthew Gregory Lewis (Angleterre, 1775-1818), publié en 1796. *Le Moine*, un des chefs-d'œuvre du « roman gothique », a connu de nombreuses traductions françaises (aux Editions Marabout entre autres) et une adaptation fort célèbre, puisque due à Antonin Artaud (Gallimard, « Folio » n° 690).

19. *Melmoth the Wanderer* (1820) de l'écrivain et dramaturge irlandais Charles Robert Maturin (1782-1824). Balzac qui, comme tous les écrivains romantiques, admirait le roman de Maturin, a composé une nouvelle intitulée *Melmoth réconcilié* dans laquelle il tente de réhabiliter l'effrayant personnage de l'homme errant qui a vendu son âme au diable en échange d'une vie prolongée. Ajoutons que la première traduction intégrale publiée en 1954 par Jean-Jacques Pauvert comporte une préface d'André Breton, preuve que, de Nodier aux surréalistes, ce chef-d'œuvre du roman gothique a trouvé auprès des écrivains français un profond écho.

20. Ecrivain américain (1804-1864). Ancien petit-fils d'un des juges les plus sanglants de Salem, il fut marqué par cette lourde hérédité autant que par son éducation puritaine comme en témoigne son roman le plus célèbre, *La Lettre écarlate* (*The Scarlet Letter*, 1850). L'omniprésence du mal ainsi que le thème de la malédiction infusent la majeure partie de son œuvre. Bon nombre de ses contes fantastiques ont été publiés en français : *La Vieille Fille blanche* (Marabout n° 454), *La Fille de Rappaccini* (Le Livre de Poche n° 6558), *L'Enterrement de Roger Malvin* (Flammarion, collection « L'Age d'or »).

21. Ecrivain américain (1843-1916), auteur de romans et de nouvelles psychologiques et de quelques-unes des meilleures histoires de fantômes de la littérature fantastique, dont le célèbre *Tour d'écrou* (*The Turn of the Screw*, 1898 ; Le Livre de Poche n° 3086), adapté au cinéma par Jack Clayton en 1962 sous le titre *Les Innocents* (*The Innocents*). Dans ce court roman, Henry James associe des enfants, symboles convenus de la pureté et de l'innocence, à une *ghost story* ; il entendait ainsi, comme le titre l'indique, donner un tour d'écrou supplémentaire à l'horreur de son récit.

22. Sur Ambrose Bierce, voir chapitre 8, note 132.

23. Femme de lettres américaine (1862-1937), Edith Wharton séjourna en France et fréquenta le milieu intellectuel international. Son œuvre riche d'une cinquantaine de romans et de recueils de nouvelles en fait une héritière de Henry James. Comme chez celui-ci, le fantastique n'occupe qu'une part réduite de sa production littéraire. Le caractère cosmopolite de son existence se retrouve dans la variété des décors dans lesquels se déroulent ses histoires de fantômes : Angleterre, New York, Nouvelle-Angleterre, Normandie, etc. Ses récits fantastiques éparpillés dans ses différents recueils de nouvelles ont été réunis après sa mort sous le titre *The Ghost Stories of Edith Wharton* (1973) et publiés en France en deux volumes aux Editions du Terrain Vague : *Le Triomphe de la nuit* (1989) et *Grain de grenade* (1990).

24. Association formée par quatre vieux messieurs, qui dans le roman de Peter Straub passent leurs soirées à se raconter d'extraordinaires histoires de fantômes.

25. *My Kinsman, Major Molyneux*, nouvelle de Nathaniel Hawthorne (voir note 20 du présent chapitre), publiée en français dans le recueil *La Fille de Rappaccini et autres contes fantastiques* (Le Livre de Poche n° 6558).

26. *The Turn of the Screw* ; voir note 21 du présent chapitre.

27. *The Fall of the House of Usher* (1839), nouvelle d'Edgar Allan Poe traduite par Baudelaire et recueillie dans *Nouvelles Histoires extraordinaires*.

28. Cette citation de *Julia*, comme celles qui suivent, est extraite de la traduction de Franck Straschitz publiée aux Editions Pocket (n° 9020).

29. Cette citation de *Ghost Story*, comme celles qui suivent, est extraite de la traduction de Franck Straschitz publiée aux Editions Pocket (n° 9033).

30. En marge d'une brillante carrière universitaire consacrée aux études médiévales, M. R. James (1862-1936), nommé principal d'Eton en 1918, écrivit une trentaine de *ghost stories*. Sacré maître du fantastique insinuatif par Lovecraft, il édicta à l'occasion d'une préface les trois règles d'or de l'histoire de fantômes : « Celle-ci doit avoir un cadre familier et moderne, pour être plus proche de l'univers du lecteur. Le phénomène macabre doit être maléfique puisque la peur est l'émotion principale à éveiller. Enfin, il faut éviter prudemment le jargon technique de l'occultisme et de la pseudoscience sous un pédantisme peu convaincant. » L'ensemble de ses contes a été réuni pour la première fois en français en 1990 aux Editions NéO, sous le titre *Histoires de fantômes complètes*.

31. Sur Stephen Crane, voir note 61, chapitre 3, tome I.

32. *The Haunting of Hill House* (1959), roman de Shirley Jackson publié en français aux Editions Pocket (n° 9092).

33. *Lovers Living, Lovers Dead* (Rivages). Deux autres romans de cet écrivain américain (mort en 1980) ont été publiés en français aux Editions Sombre Crapule avant d'être réédités par les Editions Rivages : *Les Enfants de Dracula* (*Dracula's Children*) et *Deuil après deuil* (*Bereavements*).

34. *The Cellar* (1980). Une traduction abrégée du roman de Richard Laymon est parue aux Editions Fleuve Noir dans la collection « Gore ».

35. Voir note 7 du présent chapitre.

36. Poète américain (1874-1963). Typiquement yankee, sa poésie est régionaliste et traditionaliste. A l'écart de toutes recherches formelles, Robert Frost chante en strophes régulières les campagnes de la Nouvelle-Angleterre. Une sélection de ses œuvres a été publiée dans la collection « Poètes d'aujourd'hui » aux Editions Seghers.

37. Après avoir obtenu son diplôme d'illustration à l'Auburn University d'Alabama, Anne Rivers Siddons (née à Atlanta en 1936) fit carrière dans la publicité jusqu'en 1974, date à laquelle elle décida de se consacrer à plein temps à la littérature. Elle a depuis publié une dizaine de livres dont *Une jeune fille du Sud* (*Heartbreak Hotel*, 1976 ; Pocket n° 4049), *Pouvoir de femme* (*Fox's Earth*, 1981 ; Pocket n° 3576), *Vent du sud* (*Homeplace*, 1987 ; Pocket n° 4616), *La Géorgienne* (*Peachtree Road*, 1988 ; Pocket n° 3680), *La Plantation* (*King's Oak*, 1990 ; Pocket n° 3263) et, tout récemment *La Maison des dunes* (*Outer Banks*, Presses de la Cité). Elle collabore par ailleurs régulièrement à plusieurs grands magazines américains. Comme Stephen King, Anne Rivers Siddons réside avec sa famille dans le Maine. Tous ses livres figurent en tête des listes de best-sellers aux Etats-Unis.

38. Malgré une existence très courte, Shirley Jackson (Etats-Unis, 1919-1965) a laissé une œuvre qui compte parmi les plus importantes de la littérature fantastique. Si ses premiers livres dénoncent les travers de la bourgeoisie du Vermont où elle s'installa après son mariage, c'est grâce à ses romans fantastiques qu'elle connut la notoriété, tels que *Maison hantée* (*The Haunting of Hill House*, 1959 ; Pocket n° 9092), que Robert Wise adaptera au cinéma en 1963 (*The Haunting, La Maison du diable*), ou *Nous avons toujours habité le château* (*We Have Always Lived in the Castle*, 1962 ; Editions 10/18 n° 2078).

39. Citation de *Maison hantée*, d'après la traduction de Dominique Mols (Pocket n° 9092).

40. Psychopathe homicide de *Psychose* de Robert Bloch.

41. Citation de *La Maison d'à côté*, traduction de Philippe Rouard (Pocket n° 9104).

42. Ecrivain anglais (né entre 1340 et 1345, mort en 1400). Son œuvre la plus importante, *Les Contes de Canterbury* (*Canterbury Tales*), qu'il rédigea à partir de 1373, met en scène une trentaine de pèlerins de toutes conditions faisant route vers Canterbury. Rassemblés lors d'une halte à l'auberge du Tabard, comme les protagonistes du *Décaméron* de Boccace, les pèlerins racontent à tour de rôle des histoires. En 1944, l'écrivain gantois Jean Ray a imaginé une suite fantastique à l'œuvre de Chaucer, *Les Derniers Contes de Canterbury* (Editions NéO, collection « Fantastique/Science-fiction/Aventure » n° 156), signant ainsi un de ses meilleurs recueils de nouvelles.

43. *Tales from the Crypt* (1972), film de Freddie Francis.

44. *Vault of Horror* (1973), film de Roy Ward Baker. Autre titre : *Tales from the Crypt II*. Ce film, inédit sur les écrans français, a été diffusé en août 1994 par Canal + sous le titre *Le Caveau de la terreur*.

45. *The House that Dripped Blood* (1971), film de Peter Duffel.

46. *Asylum* (1972), film de Roy Ward Baker.

47. *Dead of Night*.

48. Voir note 21 du présent chapitre.

49. Voir note 23 du présent chapitre.

50. Voir note 20 du présent chapitre.

51. Inédit en français.

52. William Faulkner (1897-1962), prix Nobel de littérature 1949. Sans doute le plus grand écrivain américain du XXe siècle. Issu d'une vieille famille du Sud, il a grandi dans le climat particulier du Mississippi, imprégné par les souvenirs de la guerre de Sécession. Bien que décrivant les Etats du Sud, ses romans vont bien au-delà du régionalisme et le particulier s'y fond dans l'universel. Psychologue pénétrant, il use souvent d'un ton épique et fait transparaître le symbole sous l'anecdote. A cela s'ajoute le goût du macabre et de l'horreur auquel se mêle un humour sombre qui n'est pas sans rappeler Edgar Poe. Parmi ses quelque vingt-cinq romans, citons *Tandis que j'agonise* (*As I Lay Dying*, 1930), *Sanctuaire* (*Sanctuary*, 1931), *Absalon ! Absalon !* (*Absalom ! Absalom !*, 1936).

53. Romancier américain né en 1935. Ses livres sont autant de variations sur le « grotesque sudiste », où la frontière entre les monstres et les gens normaux est abolie. Parmi ses personnages les plus « pittoresques », on retiendra Herman Mack qui, un beau jour, décide de manger pièce par pièce sa Ford Maverick parce qu'il l'aime plus que tout au monde (*Car*, 1972 ; *Superbagnole*, Albin Michel). Plusieurs de ses romans ont été traduits en français ; parmi ceux-ci, citons : *La Malédiction du gitan* (*The Gypsie Curse*, 1974 ; Gallimard) et *La Foire aux serpents* (*A Feast of Snakes*, 1976 ; « Série Noire » n° 2359).

54. Sur Flannery O'Connor, voir note 15, chapitre 2, tome I.

55. *The Beguiled*, film de Don Siegel (1971).

56. Prix Nobel de littérature 1976 et titulaire du prix Pulitzer, Saul Bellow (1915) est un des plus grands écrivains américains contemporains. Né au Canada de parents juifs originaires de Russie, il a neuf ans quand sa famille émigre aux Etats-Unis. Son œuvre, au confluent de trois cultures – imprégnée de judaïsme, nourrie par la pensée européenne, mais ancrée dans la réalité américaine –, décrit les péripéties de la comédie humaine sous le regard plein de compassion et d'humour d'un narrateur-héros. Parmi ses nombreux romans, citons *Les Aventures d'Augie March* (*The Adventures of Augie March*, 1959), *Herzog* (*Herzog*, 1964), *Le Don de Humbolt* (*The Humbolt's Gift*, 1978).

57. Selon Morris Dickstein, Bernard Malamud (1914-1986) fut « le plus pur, le plus profondément émouvant des écrivains juifs américains qui se firent connaître dans les années 1950 ». Ses personnages, la plupart du temps de pauvres types constamment dans la déveine, sont enfermés dans leurs propres tourments que seul vient alléger le sens comique que l'auteur donne aux ironies du destin. Une douzaine de ses livres ont été traduits en français. Parmi ceux-ci : *L'Homme de Kiev* (*The Fixer*, 1966), *La Vie multiple de William D.* (*Dubin's Life*, 1979).

58. Sur Harold Robbins, voir note 1, chapitre 4, tome I.

59. Voir note 52 du présent chapitre.

60. Cette formule s'adapte particulièrement bien à l'œuvre d'Anne Rice (née à La Nouvelle-Orléans en 1940) dont plusieurs romans comme *Entretien avec un vampire* (*Interview with the Vampire*, 1976 ; Pocket n° 9031) et *Le Lien maléfique* (*The Witching Hour*, 1990 ; Pocket n° 9107) gravitent autour de sa ville natale.

61. Ecrit en 1938, ce roman de Daphné Du Maurier met en scène une jeune Anglaise, Jane, demoiselle de compagnie de la riche Mrs. van Hopper. Jane rencontre à Monte-Carlo, où elle séjourne avec sa patronne, un riche et séduisant veuf, Max de Winter, dont elle s'éprend, sa jeune femme Rebecca ayant péri au cours d'un naufrage. Jane et Max se marient et le couple regagne l'Angleterre. Dès son arrivée à Manderley, Jane se sent oppressée par l'atmosphère lugubre du château sur lequel pèse le souvenir toujours vivant de Rebecca...

Le roman de Daphné Du Maurier a été transposé à l'écran en 1940 par Alfred Hitchcock avec Laurence Olivier et Joan Fontaine. Ajoutons que la romancière anglaise Susan Hill a donné en 1993 une suite au roman de Daphné du Maurier : *La Malédiction de Manderley* (*Mrs. de Winter*, 1993 ; Albin Michel).

62. Fille de l'acteur Gerald Du Maurier et petite-fille de George Du Maurier, l'auteur du roman fantastique et poétique *Peter Ibbetson*, Daphné Du Maurier (Grande-Bretagne, 1907-1989) est l'une des romancières les plus populaires de ce siècle. Ses œuvres où le romanesque sentimental s'allie à la fascination du mystère ont fait l'objet de plusieurs adaptations cinématographiques. Outre *Rebecca*, Alfred Hitchcock a porté à l'écran *L'Auberge de la Jamaïque* (*Jamaica Inn*) en 1939 et *Les Oiseaux* (*The Birds*) en 1963. On n'a pas non plus oublié *Ne vous retournez pas* (*Don't Look Now*, 1973) de Nicholas Roeg.

63. Voir note 37 du présent chapitre.

64. *The Sundial* (1958), Pocket n° 9151.

65. *They Came from Within* ou *The Parasite Murders* (1975).

66. Nom du personnage incarné par Lon Chaney Jr (voir note 47, chapitre 3, tome I) dans *Le Loup-Garou* (*The Wolf Man*, 1941) de George Waggner.

67. Voir note 23, chapitre 3, tome I.

68. *The Curse of the Werewolf*, film de Terence Fisher (1961).

69. Voir note 24, chapitre 2, tome I.

70. *The Haunting*, film de Robert Wise (1963). Titre français : *La Maison du diable*.

71. Fils unique d'un prêtre anglican fortuné, Arthur Machen (1863-1947) naquit au pays de Galles et s'installa à Londres en 1880 où il fut tour à tour professeur, traducteur, compilateur de catalogues de livres d'occultisme, journaliste et comédien. C'est en 1894 que parut son premier livre, *The Great God Pan & The Inmost Light*. Le premier de ces deux récits (*Le Grand Dieu Pan*, récemment réédité par les Editions Ombres), qui choqua beaucoup lors de sa parution, est aujourd'hui considéré comme un classique du fantastique païen.

Imprégné de mythologie grecque et d'occultisme (Arthur Machen, comme Bram Stoker et Bulwer-Lytton, fut affilié à la Golden Dawn), ce court roman développe l'idée qu'à côté de notre monde existe un univers primordial, celui du Dieu Pan. Un savant acquis à cette théorie réussit à établir un contact psychique entre ce monde et une femme. De cette redoutable expérience naîtra une fillette monstrueuse, véritable irruption des forces du mal sur la Terre.

En introduisant le thème de la peur cosmique, l'auteur du *Grand Dieu Pan* non seulement révolutionna le récit de terreur, mais encore ouvrit la voie à Lovecraft qui jamais ne manqua de reconnaître sa dette envers « le très original Arthur Machen ».

Parmi ses autres œuvres, citons *Le Peuple blanc* (*The White People*, 1906 ; Marabout n° 504) et *Le Cachet noir* (sources diverses ; Flammarion, collection « L'Age d'or »).

72. *At the Mountains of Madness* (première parution dans la revue *Astounding Stories*, février-mars-avril 1936). Cette longue nouvelle, comme *Le Sphinx des glaces* de Jules Verne, propose une suite au roman inachevé d'Edgar Poe, *Les Aventures d'Arthur Gordon Pym*.

Ce texte de Lovecraft est disponible dans le recueil *Dans l'abîme du temps* (Denoël, collection « Présence du Futur » n° 5) et dans le tome II des *Œuvres complètes* de Lovecraft (Robert Laffont, collection « Bouquins »).

73. *We Have Always Lived in the Castle* (1962) de Shirley Jackson s'articule autour de deux jeunes sœurs seules survivantes avec un vieil oncle d'un empoisonnement dû à l'arsenic auquel ont succombé cinq membres de leur famille...

Œuvre inclassable, ce dernier roman de Shirley Jackson procède à la fois de l'étude psychologique, du roman policier, du roman fantastique et du récit de terreur. Aussi *Nous avons toujours habité le château* a-t-il été publié tour à tour dans des collections dévolues à la littérature policière (« PJ », Editions Christian Bourgois, 1971) ou au fantastique (« Le Masque fantastique », 1979). Il est actuellement disponible en 10/18 (n° 2078).

74. Extrait de *Maison hantée* d'après la traduction de Dominique Mols (Pocket n° 9092).

75. *Idem.*

76. *Canavan's Backyard*, nouvelle de Joseph Payne Brennan (voir note 22, chapitre 2, tome I), disponible dans *Histoires d'aberrations*, « La Grande Anthologie du fantastique », Pocket.

77. Ecrivain américain né en 1942. Auteur d'une cinquantaine de romans sous son nom et sous divers pseudonymes, Charles L. Grant est une des figures clés de l'horreur moderne, non seulement grâce à ses propres ouvrages, où il défend et illustre un fantastique en demi-teintes loin des excès du *gore*, mais aussi grâce aux nombreuses anthologies qu'il a composées entre 1979 et aujourd'hui et où il a révélé quantité d'écrivains débutants qui sont souvent devenus des valeurs sûres. Seuls deux de ses ouvrages ont été publiés en France : *La Force hideuse* (*The Pet*, 1986 ; J'ai lu n° 2290), un roman, et *Les Proies de l'ombre* (sources diverses, Editions NéO, collection « Fantastique/Science-fiction/Aventure » n° 201), un recueil de nouvelles où figurent notamment quelques-uns des très nombreux textes qu'il a consacrés à la ville imaginaire d'Oxrun Station.

78. Voir note 74 du présent chapitre.

79. *Idem.*

80. Sur Ira Levin, voir note 10 du présent chapitre.

81. *Rosemary's Baby*, film de Roman Polanski (1968).

82. La pièce *Deathtrap* (1978) a été représentée en France au début des années 80 sous le titre *Le Piège* (mais jamais publiée en traduction). Sidney Lumet en a tiré en 1981 un film au titre anglais homonyme. Titre français : *Piège mortel*.

Quant à *Veronica's Room*, cette pièce, inédite en France, a été représentée pour la première fois en 1973 à New York.

83. Voir note 10 du présent chapitre.

84. Voir note 10 du présent chapitre.

85. Sur Cornell Woolrich, voir note 19, chapitre 8.

86. Sur William Goldman, voir note 54, chapitre 7, tome I.

87. Ecrivain américain né en 1935, auteur de plusieurs romans de suspense parfois à coloration fantastique. Ses œuvres sont inédites en français.

88. Sur William Peter Blatty, voir note 3, chapitre 3, tome I.

89. Les espoirs de Stephen King ont été déçus puisque William Peter Blatty a depuis publié *Legion* (roman d'abord traduit en français chez Stock sous le titre *L'Esprit du mal*, puis rebaptisé *L'Exorciste : la suite* lors de sa réédition chez Pocket – n° 9053). On retrouve dans ce roman, dont l'action se déroule dans les services neurologiques d'un hôpital de Washington, l'inspecteur Kinderman, entrevu dans *L'Exorciste*.

90. Extrait d'*Un bébé pour Rosemary*, traduction d'Elisabeth Janvier, J'ai lu, pour tous les extraits cités.

91. Ecrivain américain (né en 1923), Joseph Heller a obtenu un succès considérable avec son premier roman, *Catch 22* (*Catch-22*, 1961). Cette œuvre satirique et d'un comique appuyé lui avait été inspirée par son expérience de bombardier pendant la Seconde Guerre mondiale. Il a depuis écrit plusieurs romans dont certains ont été traduits en français comme *Panique* (*Something Happened*, 1974) et *Figure-toi* (*Picture This*, 1988).

92. Souvent présenté comme un émule de Saul Bellow, Stanley Elkin (Etats-Unis, 1930-1995) est l'auteur de romans au style foisonnant et baroque où la métaphysique se mêle au burlesque des situations. Parmi ses romans traduits en français, citons, outre *Au commencement était la fin* (*The Living End*, 1979), *Un sale type* (*A Bad Man*, 1967) et *Le Royaume enchanté* (*The Magic Kingdom*, 1985).

93. Publié pour la première fois en français sous le titre *Graines d'épouvante* dans la collection « Azimut » aux Editions Clancier-Guénaud en 1977, ce roman, *Invasion of the Body Snatchers* (1955) de Jack Finney (U.S.A.,1911), a été réédité sous le titre *L'Invasion des profanateurs* chez Denoël dans la collection « Présence du Futur » (n° 546). Il convient également de signaler que la dernière édition de *L'Invasion des profanateurs* est une traduction de la version légèrement remaniée que Jack Finney a publiée en 1978. Parmi les changements, le nom de la ville où se situe l'action, qui de Santa Mira est devenue Mill Valley.

Ajoutons que ce roman a été trois fois adapté à l'écran : d'abord par Don Siegel en 1956 (titre français : *L'Invasion des profanateurs de sépultures*), puis par Philip Kaufman en 1987 (titre français : *L'Invasion des profanateurs*), enfin par Abel Ferrara en 1993 (*Body Snatchers*).

94. Poète américain (1879-1955), lauréat d'un prix Pulitzer en 1955 pour ses *Collected Poems*.

95. Voir note 107, chapitre 8.

96. Voir note 93 du présent chapitre.

97. *The Fury*, film de Brian de Palma (1978).

98. *The Wild Bunch*, film de Sam Peckinpah (1969).

99. Voir note 93 du présent chapitre.

100. Maison fondée en 1975, qui cessa toute activité en 1984 et disparut en 1991.

101. Critique et éditeur américain, David G. Hartwell (né en 1941) est le fondateur de Dragon Press, qui publie *The New York Review of Science Fiction*. En tant que directeur littéraire, il a animé durant les années 80 la collection « Timescape » pour Pocket Books, y publiant notamment la tétralogie du *Second Soleil de Teur* de Gene Wolfe. En tant qu'anthologiste, il a composé *The Dark Descent*, une des plus importantes anthologies d'horreur des années 80, qui lui valut de remporter un World Fantasy Award en 1988.

102. Libraire et bibliographe américain, Lloyd W. Currey (né en 1942) est considéré aux Etats-Unis comme une autorité en matière de science-fiction, de *fantasy* et de fantastique.

103. *The Faerie Queene*, poème de Edmund Spencer (Angleterre, 1552-1599), publié de 1591 à 1596.

104. *Pride and Prejudice*, roman de Jane Austen (Angleterre, 1755-1817), publié en 1813.

105. « L'horrible Leng » est un des reliefs de la géographie du Monde-du-Rêve imaginé par Lovecraft dans *A la Recherche de Kadath* (*The Dream-Quest of Unknown Kadath*, 1927 ; *Démons et Merveilles*, in *Œuvres complètes* de Lovecraft, tome III, Robert Laffont, collection « Bouquins »). Sur ce gigantesque plateau battu par les vents s'élève la forme grossière d'un monastère préhistorique, séjour de l'indescriptible grand prêtre du Monde-du-Rêve.

106. *Born of Man and Woman* (1950), nouvelle de Richard Matheson publiée dans le recueil *Journal d'un monstre* (Pocket n° 5110).

107. Ecrivain britannique né en 1946. John Ramsey Campbell est, avec James Herbert et Clive Barker, un des rénovateurs du fantastique anglais. Une dizaine de ses romans ont été traduits en français, parmi lesquels *La Poupée qui dévora sa mère* (*The Doll who Ate His Mother*, 1976 ; J'ai lu n° 1998), *Le Parasite* (*The Parasite*, 1980 ; J'ai lu n° 2058) et *Soleil de minuit* (*Midnight Sun*, 1991 ; Pocket n° 9116). Il a par ailleurs composé plusieurs anthologies, dont *New Terrors* (deux volumes, 1980), une des anthologies-phares des années 80, et cinq volumes de *Best New Horror* (en collaboration avec Stephen Jones), où sont recueillies les meilleures nouvelles de l'année.

108. Ecrivain britannique (1914-1981), considéré de son vivant comme le plus grand auteur de *ghost stories* anglais. Auteur d'une cinquantaine de longues nouvelles réunies dans une douzaine de recueils (dont aucun n'a été traduit en français, seules quelques nouvelles étant parues dans *Fiction*, dans les anthologies Casterman et dans *La Grande Anthologie du fantastique*), Robert Aickman fut en outre un pionnier du tourisme fluvial et un passionné de lieux hantés. Tenu outre-Manche pour un classique du fantastique contemporain, héritier spirituel de Walter de la Mare, il a exercé une profonde influence sur des écrivains comme Ramsey Campbell.

109. Voir note 108, chapitre 8.

110. Localité où se déroule l'action de *Ghost Story* de Peter Straub.

111. Village où se déroule l'action de *La Fête du maïs* de Thomas Tryon. Sur Thomas Tyron, voir note 137, chapitre 8.

112. Localité où se déroule l'action de *Salem* (*Salem's Lot*, 1975).

113. Ecrivain américain (né à New York en 1910), Paul Bowles vit à Tanger depuis 1947. A l'origine musicien et compositeur, il publie son premier roman en 1949 : *Un thé au Sahara* (*The Sheltering Sky*, adapté à l'écran par Bernardo Bertolucci en 1989). Nombre de ses œuvres s'articulent autour de l'opposition entre la culture occidentale et la culture arabe. C'est le cas, par exemple, de son roman *La Maison de l'araignée* (*The Spider's House*, 1955) dont l'action se situe à Fès en 1854 et qui met en scène la rencontre d'un juif arabe et d'un écrivain américain pendant le soulèvement antifrançais.

114. Sur Joyce Carol Oates, voir note 8, chapitre 4, tome I.

115. Extrait de *L'Invasion des profanateurs*. Traduction de Michel Lebrun (Denoël), ainsi que les extraits suivants.

116. Dramaturge américain (né en 1928), Edward Albee devient célèbre en 1962 grâce à sa pièce *Qui a peur de Virginia Woolf ?* (*Who's Afraid of Virginia Woolf ?*), cruelle scène de ménage où un couple sans enfants se déchire en se servant comme arme du fils qu'ils se sont inventé. Au carrefour de plusieurs tendances du théâtre contemporain – théâtre de l'absurde, théâtre de la cruauté, théâtre de l'ambiguïté –, la plupart de ses pièces ont été bien accueillies par le public français. Parmi celles-ci, citons *Zoo Story* (*The Zoo Story*, 1959) et *Délicate Balance* (*A Delicate Balance*, 1966).

117. Voir note 109, chapitre 8.

118. Extrait du *Voyage de Simon Morley*. Traduction d'Hélène Collon, Denoël, collection « Présences ».

119. James Earl Ray assassina Martin Luther King à Memphis (Tennessee) le 4 avril 1968.

120. Sur William F. Nolan, voir note 12, chapitre 5, tome I.

121. Citation de la chanson *Ballad of a Thin Man*, extraite de l'album *Highway 61 Revisited* (1967).

122. *The Thing*, film de Christian Nyby (1951).

123. *The Puppets Masters* (1951) de Robert Heinlein (Denoël, collection « Présence du Futur » n° 158).

124. *Something Wicked This Way Comes* (1962).

125. Né en 1920 dans l'Illinois, Ray Bradbury émigre à Los Angeles avec sa famille pendant la Dépression. Très jeune, il fonde son propre magazine de science-fiction et vend, en 1941, sa première nouvelle. Il commence dès lors une carrière d'écrivain professionnel, publiant dans des revues comme *Wonder Stories*, *Planet Stories* ou *Weird Tales* tout en collaborant sous différents pseudonymes à des revues policières. Son premier recueil de nouvelles fantastiques et de science-fiction, *Dark Carnival*, paraît en 1947 et, en 1950, il obtient son premier grand succès public avec les *Chroniques martiennes* (*The Martian Chronicles* ; Denoël, collection « Présence du Futur » n° 1). La publication en 1953 de *Fahrenheit 451* consolide son statut d'auteur de science-fiction capable d'intéresser un public non initié au genre.

Suivent alors plusieurs recueils de nouvelles parmi lesquels *Le Pays d'octobre* (*The October Country*, 1955 ; Denoël, collection « Présence du Futur » n° 20), *Un remède à la mélancolie* (*Medecine for Melancholy*, 1958 ; Denoël, collection « Présence du Futur » n° 49) et quelques romans comme *Le Vin de l'été* et *La Foire des ténèbres*.

Parallèlement, il rédige quelques scénarios de cinéma, dont *Moby Dick* (1956) pour John Huston, et se lance dans l'écriture de pièces de théâtre inspirées par son amour de l'Irlande.

Depuis quelques années, délaissant la science-fiction, il est revenu au roman avec trois autobiographies transfigurées. Les deux premières – *La solitude est un cercueil de verre* (*Death is* a *Lonely Business*, 1985 ; Gallimard, « Folio » n° 2281) et *Le Fantôme d'Hollywood* (*A Graveyard for Lunatics*, 1990 ; Gallimard, « Folio » n° 2566) – se conforment peu ou prou au genre policier ; quant à son dernier livre, *La Baleine de Dublin* (*Green Shadows*, *White Whale*, 1992 ; Gallimard, « Folio » n° 2691), « troisième tome de son grand feuilleton-mémoire », selon l'expression de François Rivière, il retrace sa collaboration avec Huston lors de l'écriture du scénario de *Moby Dick* et sa découverte émerveillée de l'Irlande.

126. Depuis la parution d'*Anatomie de l'horreur*, Jack Clayton a réalisé une adaptation cinématographique de *La Foire des ténèbres* (1983) sur un scénario de Ray Bradbury.

127. *Stranger in a Strange Land* (1961), Pocket n° 5207. Ce roman fit de Robert Heinlein le gourou des contestataires américains et « inspira » Charles Manson.

128. *Dandelion Wine* (1959), roman de Ray Bradbury (Denoël, collection « Relire », 1977).

129. En français dans le texte.

130. Ecrivain naturaliste américain (1871-1945), Theodore Dreiser rompit avec la bienséance du roman du XIXe siècle et aborda des sujets jusqu'alors interdits, ce qui lui valut les foudres de la censure. Son premier roman, *Sister Carrie* (*Sister Carrie*, 1900), qui retrace l'histoire d'une fille pauvre devenue actrice, fut immédiatement retiré de la circulation pour « immoralité ». Il n'en poursuivit pas moins, au fil de ses œuvres, la dénonciation des tabous du puritanisme : la sexualité et l'argent. Son roman le plus célèbre, *Une tragédie américaine* (*An American Tragedy*, 1932), est le portrait d'un assassin inspiré d'un fait divers.

131. Ecrivain américain (1876-1941), Sherwood Anderson se fit connaître en publiant en 1919 *Winesburg-sur-Ohio* (*Winesburg, Ohio*), recueil de nouvelles brèves et réalistes mettant en scène quelques habitants d'un village, à la sexualité écrasée sous le poids du puritanisme. Abordant surtout, mais non d'une manière exclusive, les questions sexuelles, Sherwood Anderson eut rapidement la réputation – injustifiée – de rechercher le sensationnel. En fait, il fut le premier romancier américain à s'attaquer aux problèmes sexuels des adolescents et à leurs conséquences. L'ensemble de son œuvre, avec ses personnages perdus au milieu du monde violent de l'industrialisation, apparaît comme une protestation contre le conformisme social.

132. *R Is for Rocket* (1962) et *S Is for Space* (1966). Ces deux recueils – sans équivalent français – reprennent en majorité des nouvelles parues dans les précédents recueils de Bradbury.

133. Les romans de Larry Niven (Etats-Unis, 1938) se présentent essentiellement comme des extrapolations scientifiques sérieusement fondées. Plusieurs de ses fictions décrivent des extraterrestres en rivalité avec l'homme dans un avenir lointain. Auteur d'une trentaine de romans, bénéficiant dans son pays d'origine d'un lectorat nombreux et enthousiaste, Larry Niven est pratiquement inconnu en France. Quelques titres seulement ont été traduits jusqu'ici ; parmi ceux-ci, citons *L'Anneau-monde* (*Ringworld*, 1970 ; J'ai lu n° 3527) et sa suite *Les Ingénieurs de l'anneau-monde* (*Ringworld Engineers*, 1979 ; J'ai lu n° 3893).

134. Sur Robert Heinlein, voir note 6, chapitre 1, tome I.

135. Sur Kurt Vonnegut, voir note 58, chapitre 6, tome I.

136. *Dubliners* (1914), recueil de nouvelles de l'écrivain irlandais James Joyce.

137. *The October Country* (1955), recueil de nouvelles de Ray Bradbury contenant notamment : *The Jar* (*Le Bocal*), *The Crowd* (*La Foule*) et *The Small Assassin* (*Le Petit Assassin*).

138. Sur les EC Comics, voir note 18, chapitre 2, tome I. Par ailleurs, les Editions Albin Michel/Spécial U.S.A. ont publié en 1985 deux recueils traduisant ces histoires parues dans les EC Comics : *Monsieur Sourire* contient des B.D. d'horreur (dont l'histoire du croque-mort racontée par Stephen King), *Planète rouge* des B.D. de science-fiction.

139. Célèbre acteur américain de l'époque du cinéma muet

(1883-1930), spécialisé dans les rôles de personnages mons-trueux. Son fils Lon Chaney Jr suivit, mais avec moins de bonheur, les traces de la carrière paternelle (voir note 47, chapitre 3, tome I).

140. *The Hunchback of Notre Dame* (1923), film de Wallace Worsley.

141. *The Phantom of the Opera* (1925), film de Rupert Julian.

142. *West of Zanzibar* (1928), film de Tod Browning.

143. *The Unholy Three* (1925), film de Jack Conway. Ce film est le seul film parlant de Lon Chaney.

144. *The Black Ferris* (1948) est parue en France dans *Territoires de l'inquiétude 6*, anthologie d'Alain Dorémieux (Denoël, collection « Présence du Fantastique » n° 30).

145. *Invitation to the Dance* (1975), film réalisé et inter-prété par Gene Kelly.

146. Citation de *La Foire des ténèbres* ; traduction de Richard Walters (Denoël), pour tous les extraits cités.

147. *The Playground*, nouvelle publiée à la suite du roman *Fahrenheit 451* (Denoël, collection « Présence du Futur » n° 8).

148. Voir note 5 du présent chapitre.

149. *A High Wind in Jamaica* (1929). Dans ce roman (publié aux Editions Phébus), l'écrivain anglais Richard Hughes (1900-1976) inverse le rôle traditionnel des protagonistes de romans d'aventures pour adolescents : un pirate au grand cœur devient la victime des enfants pervers qu'il a enlevés.

150. *The Cement Garden* (1978), roman de l'écrivain anglais Ian McEwan (1948). Ce roman est publié en français aux Editions du Seuil, dans la collection « Point Virgule » (n° V6).

151. *Harriet Said* (1972) de la romancière anglaise Beryl Bainbridge (née en 1934). Ce roman est publié en français aux Editions Flammarion.

152. Ce personnage de marin aveugle ne fait qu'une brève apparition dans *L'Ile au trésor* (1883) de Stevenson, puisqu'il meurt dans la première partie du roman, au chapitre 5, intitulé « La fin d'un aveugle ».

153. *The Chocolate War* ainsi que la suite que Robert Cormier lui a donnée, *Beyond the Chocolate War* (*Après la guerre des chocolats*), publiés chez L'Ecole des Loisirs, sont en passe de devenir en France des classiques de la littérature de jeunesse. Robert Cormier, écrivain américain d'ascendance québécoise, a également écrit un roman fantastique pour adultes, *L'Eclipse* (*Fade*, 1988 ; L'Ecole des Loisirs), salué par Stephen King comme son chef-d'œuvre.

154. Cet écrivain américain (1926-1991), dont les œuvres sont jusqu'à ce jour inédites en français, figure au nombre des admirations de Stephen King, qui lui a dédié son recueil *Rêves et Cauchemars* (*Nightmares and Dreamscapes*, 1993 ; Albin Michel, 1994).

155. Poète et dramaturge irlandais (1865-1939), prix Nobel de littérature 1923.

156. Ecrivain américain né en 1926. Il s'imposa à vingt-trois ans dès la publication de sa première nouvelle, *Journal d'un monstre* (*Born of Man and Woman*, 1950 ; Pocket n° 5110). En quelques années, il produisit une remarquable série de nouvelles aux frontières de la terreur, du fantastique et de la science-fiction ainsi que deux romans qui font aujourd'hui figure de classiques, *Je suis une légende* (*I Am Legend*, 1954 ; Denoël, « Présence du Futur » n° 10) et *L'Homme qui rétrécit* (*The Shrinking Man*, 1956 ; Denoël, « Présence du Futur » n° 18). Parallèlement, il écrivit quelques romans noirs, donnant au genre un de ses chefs-d'œuvre, *Les Seins de glace* (*Someone is Bleeding !*, 1955 ; Gallimard, « Folio » n° 2163). De plus en plus accaparé par le cinéma (on lui doit, entre autres, le scénario de *Duel* de Spielberg en 1974) et la télévision (il collabora à *La Quatrième Dimension* et à *Star Trek*), il délaissa progressivement l'écriture littéraire.

Depuis quelques années cependant, on assiste à son retour sur la scène éditoriale avec la publication de deux romans : *Otage de la nuit* (*Earthbound*, 1989 ; Denoël, collection « Présence du Fantastique » n° 11) et *A sept pas de minuit* (*Seven Steps to Midnight*, 1993 ; Denoël, collection « Présences »).

Malgré une œuvre relativement peu abondante, il apparaît néanmoins comme un des maîtres du fantastique contemporain. Selon ses propres termes, plus que l'épouvante « qui lève le cœur », son domaine est celui de la terreur « qui glace l'esprit ». Comme l'écrit Stan Barets, « l'œuvre de Matheson [...] constitue le lien parfait entre des anciens comme Bloch et de jeunes auteurs tels que King, Koontz ou Masterton, même si ceux-ci sont beaucoup plus friands que lui de surnaturel et de sanguinolent ».

157. Roman inédit en France, publié en 1960.

158. *The Deadly Mantis* (1957), film de Nathan Juran.

159. *Beginning of the End* (1957), film de Bert I. Gordon. Inédit en France.

160. Voir note 109, chapitre 8.

161. *Bid Time Return* (1975). Ce roman de Richard Matheson est disponible dans la collection « Présence du Futur » (n° 230) aux Editions Denoël.

162. La comédie « bêtasse » à laquelle Matheson fait allusion est sans doute *Remarions-nous* (*Let's Do It Again*, 1953), film réalisé par Alexander Hall, *remake* musical de *Cette sacrée vérité* (*The Awful Truth*, 1937) de Leo McCarey.

163. Il s'agit du tournage du film de Jack Arnold, *L'Homme qui rétrécit* (*The Incredible Shrinking Man*, 1957).

164. En français dans le texte.

165. Le film auquel Matheson fait allusion est *The Incredible Shrinking Woman*, film de 1981 réalisé par Joel Schumacher, inédit en France.

166. Metteur en scène américain né en 1951 auquel on doit – entre autres films – *The Blues Brothers* (titre américain identique, 1980) et *Le Loup-Garou de Londres* (*An American Werewolf in London*, 1981).

167. Voir note 106 du présent chapitre.

168. Modèle du biographe dans les pays anglo-saxons. Sherlock Holmes dit parfois, en parlant de Watson : « Je suis perdu sans mon Boswell ! » Sur James Boswell, voir note 4 du présent chapitre.

169. Sur Arthur C. Clarke, voir note 42, chapitre 6, tome I.

170. D'origine russe, Isaac Asimov (1920-1992) émigre avec sa famille aux Etats-Unis à l'âge de trois ans. Sa carrière se partage entre l'enseignement de la biochimie, la vulgarisation scientifique et la science-fiction. Auteur extrêmement prolifique, il a publié près de quatre cents livres, qui – outre ses œuvres de science-fiction – comportent des ouvrages sur la physique, les mathématiques, mais aussi sur Shakespeare, la Bible, Sherlock Holmes ou la poésie.

Dans le domaine de la science-fiction, son cycle *Fondation* (sept volumes publiés de 1951 à 1992 ; Denoël et Pocket) se place, par l'ampleur de sa construction, au premier rang des grands cycles du genre. Parmi ses autres œuvres, il convient également de citer *Le Cycle des robots* (quatre volumes ; J'ai lu). Ajoutons que Isaac Asimov, qui a toujours été intéressé par la littérature criminelle, non seulement a souvent associé science-fiction et intrigue policière (*Les Cavernes d'acier, The Caves of Steel*, 1954 ; J'ai lu n° 404), mais a également écrit d'orthodoxes histoires de détection telles les nouvelles du cycle du Club des veufs noirs (cinq volumes publiés en 10/18).

171. Sur Larry Niven, voir note 133 du présent chapitre.

172. Le cycle de Narnia est une série de sept romans écrits par l'écrivain anglais C. S. Lewis (1898-1963) et racontant les aventures d'un groupe d'enfants dans un monde imaginaire. Seuls deux d'entre eux sont disponibles en France, aux Editions Flammarion (collection « Castor-Poche ») : *L'Armoire magique* (*The Lion, the Witch and the Wardrobe*, 1950) et *Prince Caspian* (*Prince Caspian*, 1951).

173. Citation de *L'Homme qui rétrécit*, d'après la traduction de Claude Elsen (Denoël), pour tous les extraits cités.

174. *The Scarf* (1947). Ce roman de Robert Bloch – son

premier roman policier – est publié aux Editions Pocket (n° 9043). Sur Robert Bloch, voir note 41, chapitre 2, tome I.

175. *The Hobbit, or : There and Back Again* (1937 ; Le Livre de Poche n° 6615) de J. R. R. Tolkien (1892-1973).

176. Inédit en français.

177. Voir note 7, chapitre 2, tome I.

178. On peut s'étonner que Stephen King cite Jeff Jones plutôt que Frank Frazetta, mais si Jones a, en effet, illustré un certain nombre de livres de *sword and sorcery* vers la fin des années 70 (notamment des rééditions de Robert E. Howard chez Zebra Books), il a depuis lors complètement abandonné le genre.

179. Sur Robert E. Howard, voir note 5, chapitre 4, tome I.

180. *The People of the Black Circle* (1934), nouvelle publiée dans *Les Habitants des tombes*, recueil composé par François Truchaud, Editions NéO, collection « Fantastique/Science-fiction/Aventure » n° 148.

181. Ecrivain américain (1900-1938). Né dans le milieu petit-bourgeois du Sud, qu'il décrit dans *Aux Sources du fleuve* (*Look Homeward, Angel*, 1939), Thomas Wolfe est l'auteur de romans tumultueux qui forment une des plus vastes autobiographies de la littérature américaine. Sorte de Prométhée des lettres, mû par une incroyable énergie, usant d'une rhétorique éloquente, il s'était donné comme ambition de tout décrire de l'Amérique.

182. Ville du Wisconsin où Robert Bloch séjourna de 1927 à 1953.

183. Magazine américain de bandes dessinées d'horreur qui connut une édition française de 1969 à 1972.

184. « Méchant » des aventures de Superman. Lex Luthor a été incarné au cinéma par Gene Hackman.

185. Voir note 50, chapitre 2, tome I.

186. *Thomas Covenant the Unbeliever.* Cette trilogie (J'ai lu n° 2232, n° 2306, n° 2406), un des plus gros succès de *fantasy* des années 80, est due à l'écrivain américain Stephen Donaldson (né en 1947). Publiée entre 1977 et 1983, cette suite romanesque met en scène « Thomas, le lépreux névrotique, appelé à combattre malgré lui le sinistre Lord Foul qu'il ne parviendra à dominer que grâce à la magie » (Stan Barets, *Le Science-Fictionnaire 1*, Denoël).

187. Publié en trois tomes de 1954 à 1956, *The Lord of the Rings* de J. R. R. Tolkien (Grande-Bretagne, 1892-1973) est « le » chef-d'œuvre de la *fantasy*. Véritable livre-culte international, son succès, depuis 1965, ne s'est jamais démenti (Editions Bourgois et Pocket).

188. Personnage créé par Kenneth Robeson, pseudonyme sous lequel se dissimulaient plusieurs écrivains dont le plus prolifique fut sans conteste Lester Dent (1905-1959), qui rédigea 138 des 181 romans consacrés à « l'Homme de bronze ». Doc Savage, dont les aventures furent partiellement publiées aux Editions Marabout, est un justicier de génie aidé par une équipe d'amis, à la fois hommes d'action, mais également savants, érudits et techniciens de réputation mondiale.

189. *Hell House* (1971). Ce roman, dont l'intrigue n'est pas sans rappeler *Maison hantée* de Shirley Jackson, a été publié aux Editions J'ai lu (n° 1971).

190. Inédit en français. *What Dreams May Come* narre les tribulations d'un homme qui revient d'entre les morts pour tenter de convaincre son épouse de l'existence de l'au-delà afin qu'elle puisse l'y rejoindre.

191. Apparemment, le projet n'a jamais abouti, mais Isaac Asimov, qui avait écrit la novelisation du film, a écrit sa propre suite, *Destination cerveau* (*Fantastic Voyage II : Destination Brain*, 1987 ; Pocket n° 5381).

192. C'est en imaginant les possibilités d'échanges sexuels entre Terriens et extraterrestres, lors de la publication en 1952 de sa nouvelle *The Lovers* (qu'il étendit en 1961 aux dimensions du roman : *Les Amants étrangers*, *The Lovers*, J'ai lu n° 537), que Philip José Farmer (Etats-Unis, 1918) attira sur lui l'attention. Si le thème de la sexualité imprègne une partie de son œuvre, il a su au fil de sa carrière jouer un rôle de provocateur sans pour autant s'y laisser enfermer. Plusieurs périodes ponctuent ainsi son œuvre ; la première concerne les thèmes de la sexualité et de la religion, la deuxième est tournée vers l'*heroic-fantasy* et la troisième pourrait être qualifiée d'eschatologique. C'est à cette source d'inspiration que se rattache *Le Fleuve de l'éternité* (1971-1983), vaste cycle romanesque (5 volumes publiés au Livre de Poche) où les milliards d'êtres humains ayant vécu depuis les origines ressuscitent en même temps sur les bords d'un fleuve long de quarante mille kilomètres.

Ajoutons que Philip José Farmer est l'aussi l'auteur de délirantes parodies telles *Tarzan vous salue bien* (*Tarzan Alive, A Definitive Biography of Lord Greystoke*, 1972 ; Champ Libre).

193. Sur Harlan Ellison, voir note 27, chapitre 5, tome I.

194. Pas plus intéressé par les sciences exactes que par les thèmes de la conquête de l'espace ou de l'exploration du futur, Theodore Sturgeon (Etats-Unis, 1918-1985) est l'écrivain typique de science-fiction pour « ceux qui, selon l'expression de Terry Carr, détestent la science-fiction ». La voie qu'il choisit est beaucoup plus intimiste et ses thèmes de prédilection – lui-même souffrant de lourdes difficultés relationnelles – sont la solitude, l'incommunicabilité, l'infirmité mentale ou physique. Avant tout auteur de nouvelles (*L'Homme qui a perdu la mer*, Le Livre de Poche n° 7033), il a cependant écrit quelques romans dont deux font aujourd'hui figure de classiques : *Cristal qui songe* (*The Dreaming Jewels*, 1950 ; J'ai lu n° 369) et *Les Plus qu'humains* (*More Than Human*, 1953 ; J'ai lu n° 355).

195. *Some of Your Blood* (1961). Ce court roman de Theodore Sturgeon a été traduit en France dans *Alfred Hitchcock présente : Histoires à faire peur* ; par contre, il ne figure que dans l'édition originale (Robert Laffont, 1965) et n'a pas été repris dans l'édition de poche.

196. Critique américain né en 1917, qui s'est fréquemment intéressé à la science-fiction et au fantastique... et en particulier aux œuvres de Stephen King. Ses livres sont inédits en France.

197. On pourrait également citer, dans le domaine français cette fois, au moins deux romans qui ont abordé avec talent et ingéniosité ce thème, et bien avant Matheson : *Un homme chez les microbes* (1928) de Maurice Renard et *Les Petits Hommes de la pinède* (1929) d'Octave Béliard.

198. Inédit en France.

199. Inédit en France.

200. Voir note 107 du présent chapitre.

201. Ecrivain britannique né en 1943. Outre sa trilogie des *Rats mutants* (voir note 1, chapitre 1, tome I), on lui doit quelques jolies variations sur le thème du fantôme – *Le Survivant* (*The Survivor*, 1976 ; Pocket n° 9036) – et sur celui de la maison hantée – *Dis-moi qui tu hantes* (*Haunted*, 1988 ; Pocket n° 9083), un des rares romans du genre capables de rivaliser avec *Maison hantée* de Shirley Jackson, *La Maison d'à côté* d'Anne Rivers Siddons et *Shining* de Stephen King.

202. Sur Robert Aickman, voir note 108 du présent chapitre.

203. Ecrivain britannique contemporain, Nick Sharman est l'auteur d'une demi-douzaine de romans d'horreur inédits en France ; il semble avoir cessé de publier aujourd'hui.

204. Ecrivain américain né en 1947, Thomas Tessier, qui a longtemps vécu en Grande-Bretagne avant de retourner récemment aux Etats-Unis, est l'auteur d'une douzaine de romans de suspense et de terreur, dont certains ont été traduits en français : *La Nuit du sang* (*The Nightwalker*, 1980 ; J'ai lu n° 2693), *Fantôme* (*Phantom*, 1982 ; Editions Greco) et *L'Antre du cauchemar* (*Finishing Touches*, 1986 : Pocket n° 9006).

205. Voir note 204 du présent chapitre.

206. Ecrivain américain contemporain, connu pour ses récits de voyages (*Le Dernier Train de Patagonie*) et pour son roman *Mosquito Coast*, adapté au cinéma par Peter Weir.

207. Sur M. R. James, voir note 30 du présent chapitre.

208. *The Parasite* (1980). Ce roman de Ramsey Campbell est publié aux Editions J'ai lu, dans la collection « Epouvante », n° 2058.

209. Sur Joyce Carol Oates, voir note 8, chapitre 4, tome I.

210. Citation du *Parasite*, d'après la traduction de Gérard Lebec, Editions J'ai lu. A noter que Stephen King cite ici l'édition anglaise de ce roman (parue sous le titre *To Wake the Dead*) alors que la traduction française est celle de l'édition américaine, légèrement remaniée par son auteur.

211. Recueil de nouvelles publié en 1964 ; inédit en France. On trouvera cependant dans l'anthologie d'August Derleth, *Huit Histoires de Cthulhu* (*Tales of the Cthulhu Mythos* ; Marabout n° 548), une des nouvelles de *The Inhabitants of the Lake*, *Sueurs froides* (*Cold Print*).

212. Recueil de nouvelles publié en 1976 ; inédit en France. Quelques-unes des nouvelles extraites de *The Height of the Scream* ont néanmoins été publiées dans *L'Homme du souterrain*, recueil de quatorze contes fantastiques de Ramsey Campbell, choisis et présentés par Richard D. Nolane (« Le Masque fantastique » n° 16).

213. *The Companion* (1976) ; la traduction de cette nouvelle a paru dans *Territoires de l'inquiétude 1*, anthologie d'Alain Dorémieux, Denoël, collection « Présence du Fantastique » n° 17.

214. *The Narrative of Arthur Gordon Pym of Nantucket* (1837). Ce roman inachevé de Poe a été traduit par Baudelaire.

215. *The Case of Charles Dexter Ward.* Ce court roman écrit entre 1927 et 1928 a été publié pour la première fois aux Etats-Unis en 1941 dans la revue *Weird Tales*. Repris dans le tome I des *Œuvres complètes* de Lovecraft (Robert Laffont, collection « Bouquins ») et dans le recueil *Par-delà le mur du sommeil* (Denoël, collection « Présence du Futur » n° 13), il est également disponible aux Editions J'ai lu (n° 410).

216. Voir note 72 du présent chapitre.

217. *The Doll Who Ate His Mother*, 1976 (J'ai lu), traduction de Monique Lebailly.

218. Sur Stephen Donaldson, voir note 186 du présent chapitre.

219. *Survivor Tale*. Après avoir lu cette note dans la première édition du présent ouvrage, l'écrivain et anthologiste Charles L. Grant (voir note 77 du présent chapitre) a immédiatement contacté Stephen King pour qu'il lui fasse parvenir cette nouvelle, qu'il a publiée dans son anthologie *Terrors* (1982). Stephen King l'a par la suite reprise au sommaire de son recueil *Brume* (*Skeleton Crew*, 1985).

220. Sur les Grands Anciens, voir note 37, chapitre 3, tome I.

221. Sur Dunwich, voir note 20, chapitre 4, tome I.

222. Sur Arkham, voir note 21, chapitre 4, tome I.

223. Sur Providence, voir note 14, chapitre 4, tome I.

224. Ecrivain américain né en 1935. Son premier roman, *Le Plus Sauvage d'entre nous* (*Horseman Pass By*, 1961), qui comme les suivants prend comme point d'ancrage son Texas natal, fut immédiatement porté à l'écran par Martin Ritt. Menant de front une carrière de scénariste (quelque vingt scripts) et de romancier (une dizaine de romans que la critique qualifie de « brillants et désenchantés »), Larry McMurtry est également bibliophile et libraire. Parmi ses romans traduits en français, citons *La Dernière Séance* (*The Last Picture Show*, 1966), porté à l'écran par Peter Bogdanovitch en 1971, et *La Rose du désert* (*The Desert Rose*, 1983).

225. Difficilement classable, Fritz Leiber (Etats-Unis, 1910-1992) arpenta avec un bonheur égal les divers champs de la science-fiction : de l'anticipation classique – mais servie par un réalisme exceptionnel (*Le Vagabond*, *The Wanderer*, 1964 ; Le Livre de Poche n° 7072), à l'*heroic-fantasy* (*Le Cycle des épées*, œuvre écrite sur presque cinquante ans de carrière ; sept volumes parus aux Editions Pocket), en passant par le

344

fantastique (*Notre-Dame des Ténèbres, Our Lady of Darkness*, 1977 ; Denoël, collection « Présence du Fantastique » n° 23).

226. *Smoke Ghost* (1941). Texte paru en France dans le recueil *Les Lubies lunatiques* (Pocket n° 5351).

227. Voir note 225 du présent chapitre.

228. Sur Clark Ashton Smith, voir note 40, chapitre 2, tome I.

229. Transamerica Pyramid : immeuble de forme pyramidale, siège de la compagnie Transamerica. Construite en 1972, « elle est devenue un des symboles architecturaux de la ville au même titre que le Golden Gate » (*Guide du routard, Etats-Unis, côte Ouest et Rocheuses*).

230. Voir note 20, chapitre 2, tome I.

231. Sur Seabury Quinn, voir note 67, chapitre 8.

232. Sur Theodore Sturgeon, voir note 194 du présent chapitre.

233. Sur Henry Kuttner, voir note 18, chapitre 6, tome I.

234. Ecrivain britannique né en 1939. Guy N. Smith, qui commença à écrire à l'âge de douze ans, a abordé tous les genres de la littérature populaire. Son premier roman relevant de la littérature d'épouvante est *Werewolf By Moonlight* (1974), bientôt suivi de plusieurs autres tels *The Sucking Pit* (1975), *The Slime Beast* (1976) et *Night of the Crabs* (1976), tous ces titres inédits en France.

235. Voir note précédente.

236. Sur la réputation de James Herbert : Stephen King décrit ici une situation qui prévalait au début des années 80. Depuis la parution d'*Anatomie de l'horreur* – et en partie grâce à l'éloge que King fait de Herbert –, nombre d'écrivains œuvrant dans le fantastique ont révisé leur jugement, dont certains (notamment Ramsey Campbell) publiquement.

237. *The Rats* (1974), Pocket n° 9007. Sur la trilogie des *Rats*, voir note 1, chapitre 1, tome I.

238. *The Fog* (1975), Pocket n° 9032.

239. *The Survivor* (1976). A noter qu'avant d'être publié aux Editions Pocket sous le titre *Le Survivant* (n° 9036), ce roman avait paru dans la collection « Le Masque Fantastique », sous le titre *Celui qui survit*.

240. *The Spear* (1978), Pocket n° 9064.

241. *The Dark* (1980), J'ai lu n° 2056.

242. En français dans le texte.

243. En français dans le texte.

244. Ecrivain américain né en 1923. James Dickey est essentiellement poète ; il a cependant écrit un roman qui fit date, *Délivrance* (*Deliverance*, 1970 ; J'ai lu n° 531), porté à l'écran par John Boorman en 1974.

245. Sur Harry Crews, voir note 53 du présent chapitre.

246. Journaliste, essayiste et romancière, Joan Didion (Etats-Unis, 1934) est également l'auteur de nombreux scénarios, dont celui de *Panique à Needle Park* (1971). Après avoir traité, dans ses premiers romans, des dérèglements de la société californienne (*A Book of Common Prayer*, 1977 ; *Un livre de raison*, 10/18), elle a élargi son inspiration, abordant par exemple les conflits en Amérique latine (*Salvador*, 1983 ; inédit en France) ou l'impact des exilés cubains sur la société américaine (*Democracy*, 1986 ; *Démocratie*, Editions Julliard).

247. Sur Ross Macdonald, voir note 16 du présent chapitre.

248. Ecrivain américain né en 1942. C'est avec *Le Monde selon Garp* (*The World According to Garp*, 1978 ; Editions du Seuil, collection « Points ») que John Irving s'impose comme un auteur de premier plan. Véritable portrait d'une époque, ce roman à l'humour ravageur qui traite des relations entre un fils et sa mère féministe acharnée est vite devenu un livre-culte. Parmi ses autres romans, citons *Hôtel New Hampshire* (*The Hotel New Hampshire*, 1981) et *L'Œuvre de Dieu, la part du diable* (*Cider House Rules*, 1985).

249. De nationalité britannique, née en Perse en 1919, Doris Lessing vécut à partir de 1925 dans une ferme de Rhodésie où ses parents émigrèrent. A vingt ans, elle commence à écrire et s'inscrit au Parti communiste. Après deux mariages malheureux, elle retourne vivre en Angleterre et publie son premier livre en 1950 : *Vaincue par la brousse* (*The Grass is Singing*, 10/18). Suit alors un cycle romanesque, écrit entre 1952 et 1965, où elle transpose sa propre existence : *Les Enfants de la violence*. Extrêmement prolifique, son œuvre est devenue, malgré les réserves émises par son auteur, une des références du féminisme des années 70.

250. V. S. Naipaul, né en 1932 dans l'île de la Trinité aux Antilles, appartient à une famille hindoue. Après des études à Oxford, il devient journaliste pour la BBC et travaille également pour la télévision. Son premier roman, *Le Masseur mystique* (*The Mystic Masseur*, traduit aux Editions Gallimard), paraît en 1957. A l'instar d'*Une maison pour monsieur Biswas* (*A House for Mr. Biswas*, 1964 ; traduit aux Editions Gallimard), l'action de plusieurs de ses romans se déroule aux Antilles ; ses thèmes de prédilection – la violence politique, le déracinement et l'aliénation des individus – ont souvent amené la critique à le comparer à Joseph Conrad.

251. *L'Homme H* : voir note 70, chapitre 6, tome I.

252. Citation de *Fog*. Traduction d'Anne Crichton, Editions Pocket, comme tous les extraits cités par la suite.

253. Sur Robert Heinlein, voir note 6, chapitre 1, tome I.

254. Après de brillantes études à Cambridge, Margaret Drabble (Grande-Bretagne,1939) publie son premier livre en 1963, *Une volière en été* (*A Summer Birdcage*, Robert Laffont). Au travers d'une dizaine de romans (dont sept ont été traduits en français), elle essaie de décrire « les obstacles intérieurs et psychiques, obstacles d'un type nouveau, qui se dressent devant une femme alors qu'elle peut se considérer comme "libérée", nantie d'un métier et même assurée de sa réussite » (Christine Jordis, *Magazine littéraire*, 1983).

255. *Tarantula* : voir note 68, chapitre 6, tome I.

256. *La Chose surgie des ténèbres* : voir note 158 du présent chapitre.

257. *Them* (1954). Réalisateur : Gordon Douglas.

258. *Les soucoupes volantes attaquent* : voir note 33, chapitre 6, tome I.

259. *Shudder pulps* : *pulps* spécialisés dans les histoires d'épouvante, qui textuellement – *shudder* signifie « frisson » – font frissonner.

260. Sur Arthur Hailey, voir note 1, chapitre 4, tome I.

261. Sur John D. MacDonald, voir note 25, chapitre 5, tome I.

262. Ray Cummings : écrivain américain (1887-1957), un des plus prolifiques de l'ère des *pulps*. Deux de ses romans ont été publiés en France dans la mythique collection « Le Rayon Fantastique » : *Le Maître du temps* (*The Man who Mastered Time*, 1929) et *Tarrano le conquérant* (*Tarrano the Conqueror*, 1930).

263. Ecrivain américain (1889-1970), créateur du célèbre avocat Perry Mason (voir note 23, chapitre 7, tome I).

264. Ecrivain américain (1904-1969). Frank Gruber, auteur de nombreux romans policiers (dont une série fameuse mettant en scène les joyeux aigrefins Johnny Fletcher et Sam Cragg), a réuni ses souvenirs d'écrivain populaire dans un livre intitulé *Pulp Jungle* (*The Pulp Jungle*, 1967 ; Editions Encrage, collection « Travaux », 1989).

265. Sur *Black Mask*, voir note 34, chapitre 2, tome I.

266. Sur James M. Cain, voir note 19, chapitre 2, tome I.

267. Sur Cornell Woolrich, voir note 19, chapitre 8.

268. *The Vengeance of Nitocris* (1928), nouvelle de Tennessee Williams publiée en français aux Editions Futuropolis, collection « Futuropolice Nouvelle », 1983.

269. Ecrivain américain né en 1925. Gore Vidal est l'auteur d'une quarantaine d'ouvrages comprenant romans, essais, pièces de théâtre, et de romans policiers sous le pseudonyme d'Edgar Box. Si ses premiers romans furent des romans de guerre, l'Histoire est aujourd'hui au centre de ses préoccupations. Parmi la vingtaine de romans traduits en français, citons *Lincoln* (*Lincoln*, 1984 ; Editions Julliard) et *En direct du Golgotha* (*Live from Golgotha*, 1992 ; Editions Fayard).

270. Ecrivain américain né en 1934. Dans les années 60, il fit figure de rénovateur de la science-fiction en publiant une anthologie à valeur de manifeste : *Dangereuses Visions* (*Dangerous Visions*, 1967 ; J'ai lu, n° 626 et n° 627). Nouvelliste avant tout (son œuvre comptabilise un millier de nouvelles), il fut couronné par sept prix Hugo et trois prix Nebula ; il a par ailleurs participé à l'écriture de nombreux scénarios de séries télévisées : *Star Trek*, *La Quatrième Dimension*, *Des agents très spéciaux*, etc. Négligé par les éditeurs français depuis une quinzaine d'années, il continue de publier régulièrement nouvelles et essais, et il a réuni en 1991 une monumentale (plus de mille pages !) rétrospective de ses meilleurs textes, *The Essential Ellison*.

271. Kitty Genovese : cette jeune femme a été violée et tuée en mars 1964, devant l'immeuble où elle demeurait, sans qu'aucun de ses voisins réagisse à ses hurlements, certains d'entre eux ayant même assisté à la scène du haut de leur balcon.

272. *The Whimper of Whipped Dog* (1973), texte paru en français dans *L'assassin habite au XXIᵉ siècle*, anthologie de Pierre K. Rey, Editions Londreys.

273. Auteur de quantité de romans et de nouvelles dans tous les genres et sous divers pseudonymes, Paul Fairman (Etats-Unis, 1916-1977) fut également le rédacteur en chef du célèbre magazine *Amazing Stories* de 1956 à 1958. Une de ses nouvelles, *The Cosmic Frame* (1953), a inspiré le film *Invasion of the Saucer Men* d'Edward L. Cahn (1957), évoqué par Stephen King dans le tome I.

274. *The City on the Edge of Forever*, épisode de la première saison de *Star Trek*, réalisé par Joseph Pevney, première diffusion française : 13 juin 1982 (source : *Star Trek, le fabulaire du futur*, par André-François Ruaud, Editions DLM, ex-Carrien n'a d'importance, 1995).

275. « Geste de l'oiseau » : geste obscène typiquement américain, on joint les deux mains et on mime un oiseau en train de voler ; de même, l'expression « pour les oiseaux » (*for the birds*, mentionnée plus loin dans le texte pour expliquer la genèse du pseudonyme Cordwainer Bird) fait partie du langage américain : « travailler pour les oiseaux », c'est travailler pour de la merde.

276. *The New York Review of Bird* (1975).

277. *Strange Wine* (1978), Les Humanoïdes Associés, 1979.

278. Voir note 275 du présent chapitre.

279. *Pimple* : comédon, point noir.

280. *Croatoan* (1975).

281. Thomas Pynchon (Etats-Unis, 1937) est un écrivain des plus secrets. Disparu de la scène publique depuis 1963, date de la publication de son premier roman, *V.* (Editions du Seuil, collection « Points »), il se fit remplacer par un acteur lors de la remise en 1967 du plus important prix littéraire américain, le National Book Award, qu'il venait d'obtenir pour *L'Arc-en-ciel de la gravité* (*Gravity's Rainbow*, Editions du Seuil).

282. Inédit en France.

283. Le film en production auquel Stephen King fait allusion est sans nul doute *L'Incroyable Alligator* (*Alligator*, 1980) de Lewis Teague.

284. Citation de *Hitler peignait des roses*, d'après la traduction de Guy Casaril (Les Humanoïdes Associés), pour tous les extraits cités.

285. Sur les EC Comics, voir note 18, chapitre 2, tome I.

286. Jonathan Edwards : philosophe et théologien américain (1703-1758), calviniste dans la tradition puritaine, auteur de plusieurs ouvrages de théologie.

287. Sur Stanley Elkin, voir note 92 du présent chapitre.

288. Edward Teach, dit Barbe-Noire, célèbre pirate du XVIIIe siècle dont la cruauté est restée célèbre. « Au soir de grandes beuveries, il faisait éteindre les chandelles et tirait dans l'obscurité avec ses [six] pistolets, en un horrible jeu de massacre. » (René Reouven, *Dictionnaire des assassins*, Denoël.)

289. « Résurrectionnistes » écossais du XIXe siècle. « A l'école de chirurgie d'Edimbourg, exerçait dans les années 20 un certain professeur Knox, qui poursuivait des études anatomiques d'un caractère très particulier. Pour ses recherches, il avait besoin de nombreux sujets. Il s'aboucha donc avec un "résurrectionniste", nommé Burke. On appelait ainsi des hommes de main spécialisés dans la fourniture aux amphithéâtres des cadavres qu'ils allaient déterrer dans les cimetières, la nuit des enterrements. [...] Mais voilà : le professeur Knox exigeait toujours de nouveaux cadavres. [...] Alors, Burke et son complice Hare se mirent à errer dans les rues où les passants isolés pressent le pas. [...] Et le professeur payait sans poser de questions. Quand ils furent arrêtés, les deux hommes avouèrent une trentaine d'assassinats. » (René Reouven, *Dictionnaire des assassins*, Denoël.) Ce fait divers a inspiré à Stevenson une nouvelle, *Les Pourvoyeurs de cadavres*, et plusieurs films d'épouvante, dont *Le Récupérateur de cadavres* de Robert Wise (*The Body Snatcher*, 1945).

290. Général nordiste américain (1839-1876). Sorti de West Point, George Armstrong Custer se distingua dans la guerre de Sécession. Promu général, il fut cerné et massacré avec plusieurs centaines de ses hommes au cours d'une opération contre les Sioux.

291. Sur Kurt Vonnegut, voir note 58, chapitre 6, tome I.

292. Sur Joseph Heller, voir note 91 du présent chapitre.

293. Voir note 281 du présent chapitre.

294. L'histoire de succube écrite par Matheson à laquelle King fait allusion est sans doute *Julie* (*The Likeness of Julie*, 1962), publiée en France dans le recueil *Cimetière Blues* (Editions Clancier-Guénaud).

295. *Lonely Women are the Vessels of Time* (1976).

296. *Emissary from Hamelin* (1977).

297. *From A to Z in the Chocolate Alphabet* (1976).

298. Sur Clark Ashton Smith, voir note 40, chapitre 2, tome I.

299. Rod McKuen : poète américain contemporain, également parolier de chansons (on lui doit entre autres *If You Go Away*, adaptation de *Ne me quitte pas* de Brel), à qui l'on a souvent reproché d'écrire à l'eau de rose (l'écoute de ladite adaptation de Brel justifie à elle seule ce reproche).

300. Sur Roald Dahl, voir note 129, chapitre 8.

301. Une soixantaine de nouvelles insolites, fantastiques ou criminelles constamment rééditées dans les anthologies anglo-saxonnes n'ont pas réussi à imposer en France le nom de John Collier (1901-1980), alors que Saki et Roald Dahl, près desquels on pourrait le ranger, ont gagné chez nous un vaste public. Né en Angleterre, il écrivit son premier roman en 1930 (*His Monkey Wife* ; *Le Mari de la guenon*, Julliard). Suivirent quelques romans d'anticipation parmi lesquels *Full Circle* (1933). En 1942, il se fixa aux Etats-Unis et continua son travail d'écrivain en rédigeant essentiellement des nouvelles. Reconnu comme un maître du suspense et de l'histoire à chute, il reçut en 1951 un Edgar pour son recueil *Fancies & Goodnights*. Ses thèmes de prédilection sont les histoires d'empoisonnement, le pacte diabolique et l'assassinat de l'épouse gênante. En dehors de son premier roman et de quelques nouvelles éparpillées dans des revues ou des anthologies, il n'existe qu'un seul recueil traduit en français, *Un rien de muscade* (*A Touch of Nutmeg*, 1943 ; Julliard).

302. Sans doute un des plus grands écrivains du XXᵉ siècle, Jorge Luis Borges (Argentine, 1899-1986) a fait de l'érudition et de la métaphysique une variété de la littérature fantastique. Pour lui, la bibliothèque – il fut durant de longues années bibliothécaire à Buenos Aires – est une image du monde, ou mieux elle *est* le monde. Dans une de ses nouvelles les plus célèbres, *Tlön Uqbar Orbis Tertius* (*Ficciones* ; *Fictions*, Gallimard), quelques pages supplémentaires d'une encyclopédie décrivant un pays inconnu suffisent à contaminer l'univers au point de le transformer. Parmi ses nombreux ouvrages – recueils de nouvelles, poèmes, essais – dont la totalité a été traduite en français, citons *L'Aleph* (*El Aleph*, 1949 ; Gallimard) et *Le Livre de sable* (*El Libro de arena*, 1975 ; Gallimard). La prestigieuse « Bibliothèque de la Pléiade » a publié en 1993 le premier tome de ses *Œuvres complètes*.

303. Sur Robert Marasco, voir note 2, chapitre 4, tome I.

304. Race imaginaire inventée par Tolkien dans son roman *Bilbo le hobbit* (*The Hobbit, or : There and Back Again*, 1937). Signe particulier : un hobbit n'a pas besoin de chaussures, la plante de ses pieds est pourvue naturellement d'une bonne semelle de cuir.

305. Contrée désolée dans les Terres du Milieu, une des régions les plus sinistres de la géographie imaginaire du *Seigneur des anneaux* de Tolkien (voir note 187 du présent chapitre).

306. Les *Cliff Notes* et les *Monarch Notes* sont des guides de lecture écrits à l'intention des élèves du secondaire ; Stephen King n'est pas le premier à leur reprocher de déprécier les œuvres qu'ils analysent.

307. Critique littéraire et éditeur américain né en 1906, membre du mouvement des « New Critics », Cleanth Brooks est l'auteur de plusieurs ouvrages, seul ou en collaboration.

308. *Alice's Restaurant* (1969). Réalisateur : Arthur Penn.

309. Sur Charles L. Grant, voir note 77 du présent chapitre.

310. Manly Wade Wellman : écrivain américain (1905-1986), un des six dédicataires d'*Anatomie de l'horreur*. Très prolifique durant la grande époque des *pulps* ; il est surtout connu pour son personnage de John le Baladin (auquel il a consacré une demi-douzaine de romans et une vingtaine de nouvelles), dans les aventures duquel il tire un merveilleux parti du folklore de la Caroline du Nord, région dans laquelle il s'était établi depuis les années 50. Seules quelques-unes de ses nouvelles ont été traduites en français.

Chapitre 10

1. *The Dead Zone* (1979), Le Livre de Poche n° 7488 (ce roman a également été publié par les Editions Lattès sous le titre *L'Accident*).

2. Charles Whitman : tueur de masse ayant sévi en juillet 1966 sur le campus de l'université du Texas à Austin. Posté au sommet de la Texas Tower, il a tiré sur la foule avec son fusil, tuant plusieurs personnes. Parmi les rescapés figurait un étudiant de vingt et un ans nommé Whitley Strieber (l'auteur de *Wolfen* et des *Prédateurs*), qui devait rester à jamais marqué par cette expérience. Ce fait divers a inspiré deux nouvelles à Stephen King : *La Révolte de Caïn* (*Cain Rose Up*, in *Brume*) et *Un élève doué* (*Apt Pupil*, in : *Différentes Saisons*).

3. Kinky Friedman est également l'auteur de romans policiers publiés aux Editions Rivages dans la collection « Rivages/Noir » : *Meurtre à Greenwich Village* (n° 62), *Quand le chat n'est pas là* (n° 108).

4. Né en 1926 dans une famille d'émigrés italiens, Ed McBain (de son vrai nom Salvatore Lombino) enseigna quelque temps dans un lycée technique et, mettant à profit son expérience de professeur, écrivit sous le pseudonyme d'Evan Hunter *Graine de violence* (*The Blackboard Jungle*, 1954), roman porté à l'écran l'année suivante par Richard Brooks. La chance lui sourit une seconde fois quand un éditeur lui demande une série de romans criminels. « Je lui ai soumis un projet ; des romans dont les héros seraient les flics d'un commissariat. » Ainsi naquit la fameuse saga du 87e District qui compte aujourd'hui plus d'une trentaine de titres. Désireux de bénéficier d'une totale liberté sur le plan politique et géographique, Ed McBain situa l'action de sa série dans une ville imaginaire, Isola (mot qui en italien signifie île), synthèse de plusieurs quartiers de New York où se trouvent rassemblées toutes les couches de la société. Cette suite romanesque commencée en 1956 avec *Du balai !* (*Cop Hater* ; « Série Noire » n° 341) évite les pièges de la monotonie grâce à l'aspect

« documentaire social » présent dans chaque épisode. En fait, les policiers du 87ᵉ District sont les témoins privilégiés de l'évolution de la société américaine.

5. *Fuzz* (1968), « Série Noire » n° 1295.

6. *Fuzz*, film de Richard Colla, 1972.

7. Inspecteur de police de souche italienne, Steve Carella est le personnage central de la série du 87ᵉ District d'Ed McBain.

8. *M*A*S*H*, film de Robert Altman, 1970.

9. *The Naked City*, film de Jules Dassin, 1948.

10. Joueur de base-ball américain, Roger Maris (1934-1985) se signala, en 1961, en battant le record de frappes établi en 1927 par Babe Ruth et resté inégalé jusque-là.

11. *Hiroshima, mon amour*, film d'Alain Resnais, 1959.

12. *Varney the Vampire, or : The Feast of Blood*, roman anglais anonyme attribué à Thomas Prest ou à James Malcom Rymer. Il connut, lors de sa parution en 1847, un énorme succès populaire. Inédit en français.

13. *Penny dreadfuls* : fascicules en vente pour un penny et racontant le plus souvent des histoires horribles et sensationnelles. *Dime = 10 cents*.

14. Sur le *Comics Code*, voir note 18, chapitre 2, tome I.

15. *Creepy* et *Eerie* (dont il est question un peu plus loin) sont des magazines de bandes dessinées « pour adultes » lancés par la firme Warren, le premier en 1965 et le second en 1967. Ajoutons qu'il y eut entre 1969 et 1972 une édition française de *Creepy*, d'*Eerie* ainsi que de *Vampirella*, magazine publié par la même firme et que Stephen King cite dans *Salem*.

16. Les bandes dessinées horrifiques des EC Comics comportaient des personnages récurrents qui présentaient les récits et donnaient le mot de la fin. A côté de la Vieille Sorcière, on trouvait également le Gardien du Caveau et le Gardien de la Crypte.

17. Dessinateur américain d'origine italienne né en 1927.

Certaines de ses planches pour les EC Comics ont été publiées en France dans des anthologies : *Les Meilleures Histoires de science-fiction*, *Les Meilleures Histoires de suspense* (Les Humanoïdes Associés, collection « Xanadu ») et *Planète rouge*, anthologie regroupant des histoires inspirées par des nouvelles de Ray Bradbury (Albin Michel, collection « Spécial U.S.A. »).

18. Sur William M. Gaines, voir note 18, chapitre 2, tome I.

19. L'histoire que raconte ici Stephen King lui a inspiré une nouvelle intitulée *The Blue Air Compressor* (parue en 1971 dans *Onan*, rééditée dans une version révisée en 1981 dans *Heavy Metal*). Il ne l'a jamais reprise dans un recueil et elle reste inédite en français.

20. SLA : *Symbionese Liberation Army*, groupe terroriste dirigé par Donald DeFreeze, qui se rendit célèbre en kidnappant Patty Hearst. A noter que William Wolfe, un des membres de la SLA, avait adopté comme nom de guerre celui de Cujo, que Stephen King devait par la suite utiliser de façon mémorable.

21. L'action du roman de l'écrivain américain Horace McCoy (1897-1955) *They Shoot Horses, Don't They ?* (1935 ; « Folio » n° 962) se déroule lors d'un marathon-spectacle – comme on en organisait à l'époque de la Dépression – où un public avide de sensations venait voir de pauvres diables prêts à toutes les humiliations pour toucher quelques dollars. Sidney Pollack a réalisé en 1969 une adaptation cinématographique très réussie de ce roman.

22. Inédit en français.

23. *Earth Abides* (1949), Robert Laffont, collection « Ailleurs & Demain/Classiques ».

24. *The Stand*. La première édition (1978) de ce roman fut tronquée par l'éditeur Doubleday. Ce n'est qu'en 1990 que Stephen King en publia l'édition intégrale (et légèrement remaniée), disponible en trois volumes aux Editions J'ai lu (n° 3311, n° 3312 et n° 3313).

25. Allusion à la nouvelle *Le Troisième Sous-Sol* (voir note 108, chapitre 8).

26. *Mc Teague* (1899) de Frank Norris (1870-1902) est considéré comme le plus grand roman naturaliste américain. Tragédie de la destruction d'un être fruste par la ville, ce roman inspira à Erich von Stroheim un des chefs-d'œuvre du cinéma muet, *Greed* (1925, *Les Rapaces*). Le roman de Frank Norris a été réédité en 1990 aux Editions Phébus.

27. En français dans le texte.

28. Allusion à un épisode de *La Maison d'à côté* d'Anne Rivers Siddons.

29. Allusion à un épisode de *La Foire des ténèbres* de Ray Bradbury.

30. Allusion au *Seigneur des anneaux* de J. R. R. Tolkien (voir note 305, chapitre 9).

31. Sur James Dickey, voir note 244, chapitre 9.

Postface

1. Stuart David Schiff : éditeur et anthologiste né en 1946. Sa revue *Whispers*, créée en 1977 et malheureusement disparue aujourd'hui, fut un des magazines les plus importants des années 70-80 et donna naissance à une série de six anthologies publiées par Doubleday ainsi qu'à une petite maison d'édition, Whispers Press, spécialisée dans les tirages limités (Robert Bloch, Fritz Leiber...). Schiff fut à quatre reprises lauréat du *World Fantasy Award*. Le n° 17/18 de *Whispers* (août 1982) était un spécial Stephen King et contenait *Before the Play*, un prologue inédit de *Shining*, et une première version de la nouvelle *Ça vous pousse dessus* (*It Grows on You* ; version définitive parue dans *Rêves et Cauchemars*), ainsi qu'un essai de King racontant dans quelles circonstances il avait écrit ces textes.

LES LIVRES

Voici une liste d'une centaine de livres – romans et recueils de nouvelles – parus durant la période qui nous intéresse. Ils sont rangés par ordre alphabétique d'auteur. Peut-être ne les trouverez-vous pas tous à votre goût, mais ils sont tous – du moins à mes yeux – d'une importance indiscutable dans l'histoire du fantastique et de l'horreur. Un grand merci à Kirby McCauley, qui m'a aidé à dresser cette liste, et à « Fast Eddie » Melder, propriétaire d'un pub à North Lovell, qui a souvent eu à supporter nos bavardages bien après l'heure de fermeture.

J'ai signalé par un astérisque (*) les ouvrages me paraissant particulièrement importants.

Richard ADAMS : *Les Chiens de la peste (The Plague Dogs*, Belfond), *Les Garennes de Watership Down** (*Watership Down*, Flammarion).

Robert AICKMAN : *Cold Hand in Mine, Painted Devils.*

Marcel AYMÉ : *Le Passe-Muraille* (Gallimard, « Folio » n° 961).

Beryl BAINBRIDGE : *Harriet dit...* (*Harriet Said*, Flammarion, « Connection »).

J. G. BALLARD : *I.G.H.* (*High Rise*, Pocket, « Science-Fiction » n° 5287), *L'Ile de béton** (*Concrete Island*, 10/18, « Domaine étranger » n° 2215).

Charles BEAUMONT : *Hunger**, *The Magic Man.*

Robert BLOCH : *Pleasant Dreams**, *Psychose** (*Psycho*, Pocket, « Terreur » n° 9014).

Ray BRADBURY : *La Foire des ténèbres** (*Something Wicked This Way Comes*, Denoël, « Présence du Futur » n° 71), *Le Pays d'octobre* (*The October Country*, Denoël, « Présence du Futur » n° 20), *Le Vin de l'été* (*Dandelion Wine*, Denoël, « Relire »).

Joseph Payne BRENNAN : *The Shapes of Midnight**.

Fredric BROWN : *Fantômes et Farfafouilles** (*Nightmares and Geezenstacks*, Denoël, « Présence du Futur » n° 65).

Edward BRYANT : *Parmi les morts* (*Among the Dead*, Le Livre de Poche, « Science-Fiction »).

Janet CAIRD : *The Loch*.

Ramsey CAMPBELL : *Demons by Daylight*, *Le Parasite** (*The Parasite*, J'ai lu, « Epouvante » n° 2058), *La Poupée qui dévora sa mère** (*The Doll Who Ate His Mother*, J'ai lu, « Epouvante » n° 1988).

Suzy McKee CHARNAS : *Un vampire ordinaire* (*The Vampire Tapestry*, J'ai lu, « SF/Fantasy » n° 2433).

Julio CORTÁZAR : *Fin d'un jeu* (*Final del Juego*, in : *Nouvelles, 1945-1982*, Gallimard, « Du monde entier »).

Harry CREWS : *La Foire aux serpents* (*A Feast of Snakes*, Gallimard, « Série Noire » n° 2359).

Roald DAHL : *Bizarre ! Bizarre !** (*Someone Like You*, Gallimard, « Folio » n° 395), *Kiss Kiss** (*Kiss Kiss*, Gallimard, « Folio » n° 1029).

Les DANIELS : *Le Vampire de la Sainte Inquisition* (*The Black Castle*, J'ai lu, « SF/Fantasy » n° 3352).

Stephen R. DONALDSON : *Trilogie de Thomas Covenant** : *Les Chroniques de Thomas l'incrédule* (*Lord Foul's Bane*, J'ai lu, « Science-Fiction » n° 2232), *Le Réveil du titan* (*The Illearth War*, J'ai lu, « Science-Fiction » n° 2306), *L'Eternité rompue* (*The Power That Preserves*, J'ai lu, « Science-Fiction » n° 2406).

Daphné DU MAURIER : *Pas après minuit* (*Not After Midnight* ou *Don't Look Now*, Albin Michel).

Harlan ELLISON : *Deathbird Stories**, *Hitler peignait des roses** (*Strange Wine*, Les Humanoïdes Associés).

John FARRIS : *Ecailles* (*All Heads Turn When the Hunt Goes By*, J'ai lu, « Epouvante » n° 2225).

Charles G. FINNEY : *The Ghosts of Manacle*.

Jack FINNEY : *I Love Galesburg in the Springtime*, *L'Invasion des profanateurs** (*Invasion of the Body Snatchers*, Denoël, « Présence du Futur » n° 546), *The Third Level**, *Le Voyage de Simon Morley** (*Time and Again*, Denoël, « Présences »).

Gabriel GARCÍA MÁRQUEZ : *Cent Ans de solitude* (*Cien Años de Soledad*, Seuil, « Points Roman » n° 18).

William GOLDING : *Sa Majesté des Mouches** (*Lord of the Flies*, Gallimard, « Folio » n° 1480).

Edward GOREY : *Amphigorey*, *Amphigory Too*.

Charles L. GRANT : *The Hour of the Oxrun Dead*, *The Sound of Midnight**.

Davis GRUBB : *Twelve Tales of Horror**.

William H. HALLAHAN : *The Keeper of the Children, Les Renaissances de Joseph Tully* (*The Search for Joseph Tully*, Pocket, « Terreur » n° 9056).

James HERBERT : *Fog* (*The Fog*, Pocket, « Terreur » n° 9032), *La Lance** (*The Spear*, Pocket, « Terreur » n° 9064), *Le Survivant* (*The Survivor*, Pocket, « Terreur » n° 9036).

William HJORTSBERG : *Le Sabbat dans Central Park** (*Falling Angel*, Gallimard, « Folio » n° 2651).

Shirley JACKSON : *Le Cadran solaire* (*The Sundial*, Pocket, « Terreur » n° 9151), *La Loterie** (*The Lottery and Others*, Pocket, « Terreur » n° 9108), *Maison hantée** (*The Haunting of Hill House*, Pocket, « Terreur » n° 9092).

Gerald KERSH : *Men Without Bones**.

Russell KIRK : *The Princess of All Lands*.

Nigel KNEALE : *Tomato Caine*.

Jerzy KOSINSKI : *L'Oiseau bariolé** (*The Painted Bird*, J'ai lu n° 270).

William KOTZWINKLE : *Docteur Rat** (*Doctor Rat*, Lattès).

Ursula K. LE GUIN : *L'Autre Côté du rêve** (*The Lathe of Heaven*, Pocket, « Science-Fiction » n° 5178), *Chroniques orsiniennes* (*Orsinian Tales*, Actes Sud).

Fritz LEIBER : *Notre-Dame des Ténèbres** (*Our Lady of Darkness*, Denoël, « Présence du Fantastique » n° 23).

Ira LEVIN : *Les Femmes de Stepford* (*The Stepford Wives*, J'ai lu, « Science-Fiction » n° 649), *Un bébé pour Rosemary** (*Rosemary's Baby*, J'ai lu, « Epouvante » n° 342).

John D. MACDONALD : *The Girl, the Gold Watch, and Everything*.

Michael McDOWELL : *The Amulet**, *Les Brumes de Babylone** (*Cold Moon Over Babylon*, Pocket, « Terreur » n° 9024).

Ian McEWAN : *Le Jardin de ciment* (*The Cement Garden*, Seuil, « Point-Virgule » n° V6).

Bernard MALAMUD : *The Natural, Le Tonneau magique** (*The Magic Barrel*, Gallimard, « Du monde entier »).

Robert MARASCO : *Notre vénérée chérie** (*Burnt Offerings*, Pocket, « Terreur » n° 9094).

Richard MATHESON : *Echos* (*A Stir of Echoes*, Clancier-Guénaud), *L'Homme qui rétrécit** (*The Shrinking Man*, Denoël, « Présence du Futur » n° 18), *Je suis une légende** (*I Am Legend*, Denoël,

« Présence du Futur » nº 10), *La Maison des damnés* (*Hell House*, J'ai lu, « Epouvante » nº 612), *Shock II*.

John METCALFE : *The Feasting Dead*.

Iris MURDOCH : *Le Château de la licorne* (*The Unicorn*, Mercure de France, « Parallèles »).

Joyce Carol OATES : *Nightside**.

Flannery O'CONNOR : *Les braves gens ne courent pas les rues** (*A Good Man Is Hard to Find*, Gallimard, « Folio » nº 1258).

Mervyn PEAKE : *Trilogie de Gormenghast : Titus d'enfer* (*Titus Groan*, Le Livre de Poche, « Biblio » nº 3096), *Gormenghast* (*Gormenghast*, Stock), *Titus errant* (*Titus Alone*, Stock).

Thomas PYNCHON : *V.** (*V.*, Seuil, « Points Roman » nº 524).

Edogawa RAMPO : *Tales of Mystery and Imagination*.

Jean RAY : *Ghouls in My Grave*[1].

Anne RICE : *Entretien avec un vampire* (*Interview with the Vampire*, Pocket, « Terreur » nº 9031).

Philip ROTH : *Le Sein* (*The Breast*, Gallimard, « Folio » nº 1607).

Ray RUSSELL : *Sardonicus**.

Joan SAMSON : *The Auctioneer**.

William SANSOM : *The Collected Stories of William Sansom*.

SARBAN : *Ringstones, Le Son du cor** (*The Sound of His Horn*, Le Livre de Poche, « Science-Fiction » nº 7028).

Anne Rivers SIDDONS : *La Maison d'à côté** (*The House Next Door*, Pocket nº 9104).

Isaac Bashevis SINGER : *The Seance and Other Stories**[2].

Martin Cruz SMITH : *Le Vol noir* (*Nightwing*, Pocket, « Terreur » nº 9037).

Peter STRAUB : *Ghost Story** (*Ghost Story*, Pocket, « Terreur » nº 9033), *Julia* (*Julia*, Pocket, « Terreur » nº 9020), *Shadow-*

---

1. Traduction partielle du recueil *Les 25 Meilleures Histoires noires et fantastiques* (Marabout, 1961, « Marabout Géant » nº 114). Le recueil américain recommandé par Stephen King contient la traduction des nouvelles suivantes : *Dents d'or, La Ruelle ténébreuse, J'ai tué Alfred Heavenrock, Le Gardien du cimetière, Le Psautier de Mayence, Le Dernier Voyageur, Le Miroir noir* et *Mr. Cless change de direction*. (*N.d.l'E.*)

2. *Le Blasthémateur* d'Isaac Bashevis Singer (Stock, 1971) regroupe en un seul volume deux recueils de nouvelles, *The Seance and Other Stories* et *A friend of Kafka*. (*N.d.l'E.*)

land* (*Shadowland*, J'ai lu, « Epouvante » n° 2249), *Tu as beaucoup changé, Alison* (*If You Could See Me Now*, J'ai lu, « Epouvante » n° 2816).

Theodore STURGEON : *Caviar, Cristal qui songe* (*The Dreaming
Jewels*, J'ai lu, « Science-Fiction » n° 369), *Un peu de ton sang**
(*Some of Your Blood*, in : *Alfred Hitchcock présente : Histoires
à faire peur*, Robert Laffont).

Thomas TESSIER : *La Nuit du sang* (*The Nightwalker*, J'ai lu,
« Epouvante » n° 2693).

Paul THEROUX : *The Black House*.

Thomas TRYON : *L'Autre** (*The Other*, Pocket, « Terreur » n° 9065).

Les WHITTEN : *Progeny of the Adder**.

Thomas WILLIAMS : *Tsuga's Children**.

Gahan WILSON : *I Paint What I See*.

T. M. WRIGHT : *Strange Seed**.

John WYNDHAM : *Les Chrysalides* (*The Chrysalids*, Opta, « Club du
Livre d'Anticipation » n° 62), *Les Triffides** (*The Day of the Trif-
fids*, Opta, « Anti-Mondes » n° 15).

BIBLIOGRAPHIE

Ouvrages consultés
pour l'édition française

I) STEPHEN KING

1) *Ouvrages en langue française*

a) Etude

KAUFFMAN, Christophe : *Stephen King, de l'angoisse à la peur*, Editions Phénix, 1993.

b) Articles et revues

ASSOULINE, Pierre : *Le Phénomène Stephen King*, in : *Lire*, n° 174, mars 1990.

BRÈQUE, Jean-Daniel : *Stephen King, l'horreur moderne*, in : *Europe*, n° 707, mars 1988.

Halloween, n° 1, novembre 1985 : *Dossier Stephen King*.

Phénix, n° 29, décembre 1991 : *Stephen King sous toutes les coutures*.

2) *Ouvrages en langue anglaise*

BEAHM, George : *The Stephen King Story*, Warner Books, 1994.

WINTER, Douglas E. : *Stephen King : The Art of Darkness*, Signet, 1986.

II) FANTASTIQUE ET SCIENCE-FICTION

1) Ouvrages en langue française

BARETS, Stan : *Catalogue des âmes et cycles de la* S.-F. (nouvelle édition revue et augmentée), Denoël, « Présence du Futur » n° 275, 1981.

BARETS, Stan : *Le Science-Fictionnaire* (deux volumes, édition définitive du précédent), Denoël, « Présence du Futur » n°s 548 et 549, 1994.

FINNÉ, Jacques : *La Bibliographie de Dracula*, L'Age d'Homme, « Contemporains », 1986.

FINNÉ, Jacques : *Panorama de la littérature fantastique américaine*, C.L.P.C.F., « Bibliothèque des paralittératures de Chaudfontaine », 1993.

GOIMARD, Jacques : *L'Année de la science-fiction et du fantastique* (éditions 1977-78, 1978-79, 1979-1980, 1980-81, 1981-82), Julliard.

GOIMARD, Jacques et STRAGLIATI, Roland : *La Grande Anthologie du fantastique* (dix volumes), Presses Pocket 1977, 1981.

GUIOT, Denis, ANDREVON, Jean-Pierre et BARLOW, George : *La Science-Fiction*, MA Editions, « Le Monde de... », 1987.

LACASSIN, Francis : *Les Rivages de la nuit, Mythologie du fantastique*, Le Rocher, « Littérature », 1991.

LOVECRAFT, Howard Phillips : *Epouvante et surnaturel en littérature*, in : *Œuvres complètes* de Lovecraft, tome III, Robert Laffont, « Bouquins », 1991.

MARIGNY, Jean : *Le Vampire dans la littérature anglo-saxonne* (deux volumes), Didier Erudition, 1985.

MURAIL, Lorris : *Les Maîtres de la science-fiction*, Bordas, « Les Compacts », 1993.

NOLANE, Richard, D. : *Who's Who in Fantasy & Horror (1960-1923)*, Olivier Raynaud, 1983.

RAYMOND, François et COMPÈRE, Daniel : *Les Maîtres du fantastique en littérature*, Bordas, « Les Compacts », 1994.

RICHE, Daniel : *L'Année 1982-1983 de la science-fiction et du fantastique*, Temps Futurs, 1983.

SADOUL, Jacques : *Histoire de la science-fiction moderne*, Albin Michel, 1973.

VERSINS, Pierre : *Encyclopédie de l'utopie et de la science-fiction*, L'Âge d'Homme, 1972.

2) Ouvrages en langue anglaise

ASHLEY, Mike : *Who's Who in Horror & Fantasy Fiction*, Elm Tree Books/Hamish Hamilton, 1977.

CAWTHORN, James et MOORCOCK, Michael : *Fantasy : 100 Best Books*, Xanadu, 1988.

CLUTE, John et NICHOLLS, Peter : *The Encyclopedia of Science-Fiction* (nouvelle édition de *The Science Fiction Encyclopedia*, ouvrage cité par Stephen King), Orbit, 1993.

JONES, Stephen et NEWMAN, Kim : *Horror : 100 Best Books*, New English Library, 1992.

SULLIVAN, Jack : *The Penguin Encyclopedia of Horror and the Supernatural*, Viking, 1986.

3) Revues

Europe n° 707, mars 1988 : « Le Fantastique américain ».
Phénix n° 10, septembre 1987 : Dossier « Robert Bloch ».
Phénix n° 12, mars 1988 : Dossier « Robert E. Howard ».
Phénix n° 13, juin 1988 : Dossier « Ramsey Campbell ».

III) LITTÉRATURE POLICIÈRE

1) Ouvrages en langue française

BAUDOU, Jacques et SCHLERET, Jean-Jacques : *Les Métamorphoses de la chouette*, Futuropolis, 1986.

GRUBER, Frank : *Pulp Jungle*, Encrage, « Travaux », 1989.

MARTENS, Michel : *Undervoood U.S.A.*, Balland, 1980.

MESPLÈDE, Claude et SCHLERET, Jean-Jacques : *S.N. :*

Voyage au bout de la noire (deux volumes), Futuropolis, 1982, 1985.

2) Ouvrages en langue anglaise

DEANDREA, William L. : *Encyclopedia Mysteriosa*, Prentice Hall General, Reference, 1994.

STEINBRUNNER, Chris & PENZLER, Otto : *Encyclopedia of Mystery and Detection*, McGraw-Hill, 1976.

IV) LITTÉRATURE GÉNÉRALE

1) Ouvrages en langue française

Dictionnaire des œuvres de tous les temps et de tous les pays (cinq volumes), S.E.D.E., 1968.

Ecrivains britanniques de Victoria à la fin des années 30, L'Œil de la lettre, 1989.

Ecrivains britanniques de 1945 à nos jours, L'Œil de la lettre, 1989.

Les Ecrivains des Etats-Unis, 1800-1945, L'Œil de la lettre, 1993.

Les Ecrivains des Etats-Unis, 1945-1994, L'Œil de la lettre, 1994.

2) Ouvrages en langue anglaise

HINCKLEY, Karen et HINCKLEY, Barbara : *American Best Sellers*, Indiana University Press, 1989.

OUSBY, Ian : *The Cambridge Guide to Literature in English*, Cambridge University Press, 1988.

V) CINÉMA

1) Ouvrages en langue francaise

BOJARSKI, Richard et BEALE, Kenneth : *Boris Karloff*, Henry Veyrier, 1975.

BOURGOIN, Stéphane : *Roger Corman*, Edilig, « Filmo », n° 2, 1983.

BOURGOIN, Stéphane : *Terence Fisher*, Edilig, « Filmo », n° 7, 1984.

BOUYXOU, Jean-Pierre : *La Science-Fiction au cinéma*, U.G.E. « 10/18 », n° 564/565/566, 1971.

BRION, Patrick : *Le Cinéma fantastique*, La Martinière, 1994.

COURSODON, Jean-Pierre et TAVERNIER, Bertrand : *50 Ans de cinéma américain* (deux volumes), Nathan, 1991.

GOLDNER, Orville et TURNER, George E. : *Comment nous avons fait « King Kong »*, La Courtille, 1976.

MÉRIGEAU, Pascal et BOURGOIN, Stéphane : *Série B*, Edilig, « Cinégraphiques », 1983.

SABATIER, Jean-Marie : *Les Classiques du cinéma fantastique*, Balland, 1973.

TULARD, Jean : *Guide des films* (deux volumes), Robert Laffont, « Bouquins », 1990.

2) Ouvrages en langue anglaise

EYLES, Allen, ADKINSON, Robert et FRY, Nicholas : *The House of Horror, The Complete Story of Hammer Films*, Lorrimer, 1984.

MALTIN, Leonard : *Leonard Maltin's Movie and Video Guide 1995*, Signet, 1994.

NEWMAN, Kim : *Nightmare Movies*, Proteus Books, 1984.

VI) SÉRIES TÉLÉVISÉES

1) Ouvrages en langue française

BAUDOU, Jacques et PETIT, Christophe : *Les Grandes Séries britanniques*, Huitième Art, « Les Grandes Séries », 1994.

CARRAZÉ, Alain et PETIT, Christophe : *Les Grandes Séries américaines des origines à 1970*, Huitième Art, « Les Grandes Séries », 1994.

JELOT-BLANC, Jean-Jacques : *Télé Feuilletons*, Ramsay, « Cinéma », 1993.

RUAUD, André-François : *Star Trek : Le Fabulaire du futur*, ... Car rien n'a d'importance, « Le Guide du Téléfan », 1995.

2) Ouvrages en langue anglaise

HAINING, Peter : *The Television Late Night Horror Omnibus*, Artus Books, 1993.

SANDER, Gordon F. : *Serling : The Rise and Twilight of Television's Last Angry Man*, Dutton, 1992.

3) Revues

« La Quatrième Dimension », in : *Génération Séries* n° 7, septembre 1993.

« Les Séries télévisées américaines » (dirigé par Christophe Petit), *CinémAction TV* n° 8, mars 1994, Corlet-Télérama.

VII) DIVERS

The New American Desk Encyclopedia, Signet, 1989.

FILIPPINI, Henri : *Dictionnaire de la bande dessinée*, Bordas, 1989.

REOUVEN, René : *Dictionnaire des assassins*, Denoël, 1974.

VIII) SERVEURS MINITEL

3615 ELECTRE (Cercle de la librairie)
3615 OFFI (*L'Officiel des spectacles*)

A

B

C

D

E

F

G

T

U

V

W

Z

TABLE

ÉPOUVANTE

Depuis deux siècles, le roman d'épouvante fascine des générations de lecteurs avides et terrifiés. Mary Shelley, Bram Stoker lui ont donné ses lettres de noblesse. Stephen King, Dean Koontz, Joe Lansdale, Brian Stableford et d'autres talentueux inventeurs de cauchemars ont régénéré ses thèmes.

Sous le signe du surréel, le genre est une véritable plongée dans des jardins secrets où fleurit l'horreur.

BARKER CLIVE
Cabale
3051/4
Livres de sang

Plus sombres qu'un cauchemar, puisées dans les ténèbres de l'âme, voici les histoires écrites sur le *Livre de Sang*. Celles d'un monde de terreur où les morts se révoltent et se vengent des vivants !

- Livre de sang
2452/3
- Une course d'enfer
3690/4
- Confessions d'un linceul
3745/4
- Apocalypses
4008/4
- Prison de chair
4065/4
- La mort, sa vie, son œuvre
4202/4

BLATTY WILLIAM P.
L'exorciste
630/4

BRITE POPPY Z.
Âmes perdues
4136/6

Dans les bas-fonds de La Nouvelle-Orléans, Molochai, Twig et Zillah choisissent leurs victimes parmi les ados désespérés, qui traînent là où règnent le sexe, le rock, l'alcool et la drogue. Après une nuit passionnée, les garçons sont vidés de leur sang. Les filles, elles, servent à la reproduction des vampires.

CAMPBELL RAMSEY
La poupée qui dévora sa mère
1998/3 Inédit
Le Parasite
2058/5 Inédit
La lune affamée
2390/5
Spirale de malchance
3711/8 Inédit
Désirs inavouables
4112/7 Inédit

L'immeuble n'était pratiquement pas habité. Juste une vieille dame, qu'on voyait de temps en temps. Plutôt gentille : le genre à vous apporter un gâteau. D'un goût plutôt bizarre, d'ailleurs. Et puis l'horreur fondit sur eux...

CITRO JOSEPH A.
L'abomination du lac
3382/4 Inédit

CLEGG DOUGLAS
Neverland
3578/5

COLLINS NANCY A.
La volupté du sang
3025/4 Inédit

Internée dans un asile d'aliénés, Sonia Blue est en réalité un vampire. Lorsqu'elle parvient à s'échapper, c'est pour se venger de ceux qui ont cherché à la détruire.

Appelle-moi Tempter
3183/4 Inédit
Garouage
4181/3 Inédit

Jusqu'alors, Skinner avait été plutôt solitaire. Jusqu'à ce qu'il découvre *Vargr*, un groupe de hard-rock dément. Alors, il eut la révélation de sa vraie nature. Skinner était un loup-garou, comme tous les membres de *Vargr*.

Péchés innommables
4328

GARTON RAY
Tapineuses vampires
3498/3

GOWER DANIEL
Le Procédé Orphée
3851/7

HODGE BRIAN
La vie des ténèbres
3437/7 Inédit
Les saints les plus sombres
4223/6 Inédit

JAMES PETER
Possession
2720/6
Prophétie
3815/6 Inédit

Trois siècles après la mort de Lord Halkin, son esprit maléfique s'empare d'un jeune garçon pour accomplir son œuvre destructrice.

Bruits de tombes
4157/6 Inédit
Morte en mémoire vive
4280/8 Inédit

JETER K. W.
Les âmes dévorées
2136/4 Inédit
Le ténébreux
2356/4 Inédit
La source furieuse
3512/4

KAYE MARVIN
Lumière froide
1964/3

ÉPOUVANTE

KOJA KATHE
Brèche vers l'enfer
3549/4
Décérébré
3650/4 Inédit
Corps outragés
3764/5 Inédit
Le sang des anges
4097/4 Inédit

C'était une œuvre étrange, qui évoquait Bosch, ou peut-être Bacon. Renseignements pris, son auteur était schizophrène, interné dans un hôpital psychiatrique. Le tableau fascinait Grant, l'obsédait. Il n'avait plus qu'une idée en tête : retrouver le génie singulier qui l'avait peint.

KOONTZ DEAN R.
Feux d'ombre
2537/7
Chasse à mort
2877/6
Les étrangers
3005/9
Les yeux foudroyés
3072/8
Le temps paralysé
3291/6
Midnight
3623/8

LAWS STEPHEN
Darkfall
3735/5 Inédit

LEVIN IRA
Un bébé pour Rosemary
342/4

LIGNY JEAN-MARC
Inner City
4159/4

MATHESON RICHARD
La maison des damnés
612/4

McCAMMON ROBERT R.
Mary Terreur
3264/7 Inédit

MONTELEONE THOMAS
Fantasma
2937/4 Inédit
Le sang de l'agneau
4342/5 Inédit

QUENOT KATHERINE E.
Rien que des sorcières
3872/7

SAUL JOHN
Le châtiment
des pécheurs
3951/6 Inédit

SELTZER DAVID
La malédiction
796/2 Inédit

SHELLEY MARY
Frankenstein
3567/3
Le Dr Frankenstein parvient à animer une créature reconstituée à l'aide de débris humains...

SIMMONS DAN
Le chant de Kali
2555/4
Des cadavres qui ressuscitent, une déesse dévoreuse d'âmes : il est des endroits maléfiques. Calcutta est de ceux-là.

SKIPP & SPECTOR
Décibels
3927/7 Inédit

SOMTOW S.P.
Vampire Junction
2862/6
Il a douze ans et c'est un phénomène, puisqu'il est chanteur et déjà milliardaire. Mais il délire : il dit qu'il n'a pas d'âme, qu'il est un vampire. Les médecins haussent les épaules : psychose. Mais s'ils se trompaient ?

STABLEFORD BRIAN
Les loups-garous
de Londres
3422/7 Inédit
Menant une enquête en Egypte sur les phénomènes occultes, un homme et un enfant sont propulsés dans un univers de songes sataniques... les loups-garous se réveillent.

L'ange de la douleur
3801/7 Inédit

STOKER BRAM
Dracula
3402/7

STRIEBER WHITLEY
Wolfen
1315/4
Les prédateurs
1419/4
Cat Magic
2341/7
Animalité
3587/6
Feu d'enfer
4051/6

TESSIER THOMAS
La nuit du sang
2696/3

WATKINS GRAHAM
Sacrifices aztèques
3603/6

X
*Histoires de sexe
et de sang*
- Histoires de sexe
  et de sang
3225/4
- Le choix ultime
3911/6

4411

Photocomposition Assistance 44-Bouguenais
Achevé d'imprimer en Europe (France)
par Brodard et Taupin à La Flèche (Sarthe)
le 20 février 1997. 1946R
Dépôt légal février 1997. ISBN 2-290-04411-3

Éditions J'ai lu
84, rue de Grenelle, 75007 Paris
Diffusion France et étranger : Flammarion